GONGSI QUANCHENG
FALÜ FENGXIAN
YU HEGUI GUANLI

公司全程法律风险与合规管理

陈小英　蒋　利◎著

中国法治出版社
CHINA LEGAL PUBLISHING HOUSE

自序：如何让公司不用打官司、不怕打官司？

子曰："听讼，吾犹人也。必也使无讼乎！"① 在先贤孔子看来，对诉讼案件的明察善断固然重要，但更重要的是使诉讼案件自始不产生。与之相仿，笔者在长期为公司提供各类诉讼、仲裁案件代理专业法律服务的过程中，从企业家和公司高级管理人员口中听到最多的一句话也是：在"风险社会"背景下，面对日益激烈的国内外市场竞争环境，有没有可能最大限度地让公司不用打官司？如果实在迫不得已必须打官司，有没有可能最大限度地让公司不怕打官司？这可以说是深藏在广大企业家和公司高级管理人员心底的两个"法律之问"。

与此同时，基于法律实务经验，我们清楚地知道，企业家和公司高级管理人员提出这两个"法律之问"，并不是因为他们不重视法律，而恰恰相反，他们往往是在公司经历了仲裁或诉讼案件，即俗称的"官司"之后，才越发有这样的"法律之问"。从大数据角度看更是如此，国家统计局发布2022年我国GDP约为121万亿元②，而2023年《最高人民法院工作报告》显示，2022年我国地方各级法院和专门法院结案标的额9.9万亿元③，结案标的额占GDP的比重约为8%，同时如果将结案标的额和一

---

① 杨伯峻：《论语译注》，中华书局2012年版，第179页。
② 《2022年国民经济和社会发展统计公报发布 中国国内生产总值超121万亿元》，载中国政府网，https://www.gov.cn/xinwen/2023—03/01/content_5743783.htm，最后访问于2024年6月3日。
③ 《最高人民法院工作报告——2023年3月7日在第十四届全国人民代表大会第一次会议上》，载最高人民法院网站，http://gongbao.court.gov.cn/Details/0cf2ab48a3d2a9cd604af4991aa7d7.html?sw=%E5%B7%A5%E4%BD%9C%E6%8A%A5%E5%91%8A，最后访问于2025年7月16日。

线城市的 2022 年 GDP 对比，则约相当于 2.2 个上海[①]或 3.4 个广州[②]的 GDP。

对此，首先，我们需要确切地指出，企业家和公司高级管理人员的上述"法律之问"背后，对公司而言，有着深刻的现实背景和客观原因，具体包括但不限于：第一，就算是稳赢的官司，走完一审、二审等全部司法程序也可能要拖个一两年，时间成本非常高；第二，官司赢了之后，能否执行可能还是个问题；第三，一旦争议金额比较大，诉讼费、仲裁费等司法维权成本通常也不菲；第四，公司作为被告的，公司财产还可能被查封，导致现金流困难；第五，官司打多了，难免给潜在客户造成不好的印象；第六，败诉还可能面临巨额经济赔偿责任；等等。

其次，我们更需要旗帜鲜明地指出，广大企业家和公司高级管理人员们的上述"法律之问"，有非常明确的肯定性答案，那就是通过卓有成效的法律风险与合规管理，可以最大限度地让公司不用打官司，就像"上医治未病"一样。如果不得不打官司，也可以最大限度地让公司不怕打官司。当然，这对广大公司而言，都是一个长期的、专业的系统工程，还要寄希望于企业家和公司高级管理人员，在从公司筹备成立到公司合法注销的全生命周期，均持之以恒地贯彻"商业+管理+法律"的深度融合发展理念，借助外聘律师、法务人员等专业力量，将有效的法律风险与合规管理落实到公司经营管理的全过程与各方面。从公司决策的角度看，也就意味着，企业家和公司高级管理人员要在专业化法律风险与合规管理的基础上，进行商业判断和利益平衡，最终统筹兼顾实现公司利益最大化和行稳致远。

具体而言，通过卓有成效的法律风险与合规管理，最大限度地让公司

[①] 《上海经济，韧性中昭示信心 2022 年地区生产总值超 4.4 万亿元 继续保持全国经济中心城市首位》，载上海市人民政府网，https：//www.shanghai.gov.cn/nw4411/20230121/15a534dcb5654d9880c843872be9623e.html，最后访问于 2024 年 6 月 3 日。

[②] 《2022 年广州市国民经济和社会发展统计公报》，载广州市人民政府网，https：//www.gz.gov.cn/zwgk/sjfb/tjgb/content/post_8922708.html，最后访问于 2024 年 6 月 3 日。

不用打官司、不怕打官司，对公司而言，至少可以体现在以下十一个方面的积极作用：

一是可以让公司尽可能地避免落入合作方有意、无意设置的各种"法律陷阱"，最后即便全力申请仲裁或提起诉讼维权，也不得不接受败诉后的巨额财产损失。

二是可以让公司、企业家和公司高级管理人员尽可能地避免因不当商业模式创新而面临违法、违规的行政处罚甚至是刑事法律风险。

三是可以让公司尽可能地避免因客观情况变化出现涉法涉诉"黑天鹅"现象，进而产生经营严重困难或严峻品牌危机。

四是可以让公司尽可能地避免在经过旷日持久的官司之后，只赢得一张可能会无法执行到位的胜诉判决书。

五是可以尽可能地打消合作方违约或侵权的"碰瓷"风险，从而让公司免受印章、银行账户、资金、场地、设备设施等查封、扣押、冻结的司法限制，尤其是避免因现金流冻结等导致的经营不能，甚至是被迫倒闭。

六是可以让公司即使进入仲裁或诉讼程序，也能在法律依据、证据、事实根据等方面处于优势地位，为迅速地协商解决或调解结案创造有利条件，避免旷日持久、久拖不决，也立于不败之地。

七是可以让企业家和公司高级管理人员自身免受定罪量刑的刑事风险，同时不影响公司的快速发展。

八是可以让公司财产、权益免受来自个别员工等内部的不法侵害。

九是可以让公司的司法维权成本（如诉讼费等）尽量由违约或侵权的合作方承担，增加对方违约或侵权成本，从而更好地保障自身现金流与收益。

十是可以让公司在行政处罚公开、司法公开的大背景下，尽量不因官司而给外界产生资信上的不良印象，从而有利于商务合作与资本市场运作。

十一是可以让公司尽可能地聚焦主营业务，减少内部管理难度、工作事务及沟通成本等。

概言之，本书所称的"公司全程法律风险与合规管理"，是指公司在全生命周期，借助律师等专业法律服务资源，树立、落实商事法律管理筹划理念，通过科学、专业、有效的法律管理筹划，减少、预防商事纠纷产生，以及在商事纠纷不可避免地爆发后力争立于有利甚至是不败之地，从而尽量争取以谈判和解或者是以诉讼促调解等低成本、高效率的方式化解矛盾，最终实现降低或防止商事纠纷对公司运营的负面影响，为公司实现平稳、快速发展提供坚实的法治保障。

通俗地说，就是让公司不用打官司、不怕打官司。

然而长期以来，传统公司法律服务主要是从法律的角度研究公司经营管理过程中出现或存在的问题，着眼于碎片化的公司法律风险的预防、控制和解决。但公司领导者和中、高级管理人员更关心的是商事行为过程中的综合平衡问题，法律风险只是商事行为管理中的一个考虑因素，合规经营虽然是必须的，但在激烈的市场竞争中保持盈利才是生存之本和发展之要。因此，过去主要从商事纠纷爆发后的事后救济和公司经营管理中的某一类静态法律风险防控角度（如劳动人事等）切入的公司法律服务成果，客观上难以完全满足公司经营的实际需要，更是实践中企业家们普遍关心和长期困扰的重大问题。

有鉴于此，笔者从系统论和公司全生命周期出发，借鉴"法学+经济学+管理学"的跨域整合研究思路，结合所带领的专业律师团队为众多公司提供常年法律顾问服务、诉讼仲裁代理和重大专项法律服务的一线实务经验，率先在国内法律界就公司法律服务研究领域，提出了"商事法律管理筹划"的理念，这也是为了给公司法律服务研究领域事实上呈现的法律服务与商业运作脱节的"两张皮"现象提供一种新的解决思路。"商事法律管理筹划"理念的优势主要体现在以下三个方面：

其一，"商事法律管理筹划"理念以实现公司合法权益最大化为目标，而非以公司法律风险预防、控制和解决为目标，公司法律风险预防、控制和解决只是实现公司合法权益最大化的手段，并且只是其中的一种手段。

其二，"商事法律管理筹划"理念注重公司合法权益最大化的可实现性，强调为公司将合法交易中的期待利益转化为现实利益提供有效法治保障，这种保障除了是防御性的公司法律风险预防、控制和解决，更重要的是公司商业模式和经营行为的合法合规建构。

其三，"商事法律管理筹划"理念是"法学+经济学+管理学"的跨域整合，要求从公司全生命周期的视角，将法律风险与合规管理嵌入公司日常经营管理的全过程和各方面，同时灵活并综合运用媒体、公关等多种手段对公司法律风险进行预防、控制和解决。

本书就是在"商事法律管理筹划"理念指引下，覆盖公司主要经营管理领域和以商事纠纷事前预防为主、事中控制为辅的专门著作，建构起涉及公司设立、公司股权结构及激励、公司治理、合同、应收账款、人力资源、投融资、并购、广告、品牌、知识产权、公司财物、电子商务、行政合规、刑事法律风险防控、公司解散、破产、证据、时效和期限、危机和争议解决等公司经营管理重大领域的系统化、类型化实操体系，结合案例实务并对其中涉及的疑难、复杂问题作了初步探讨，基本上覆盖了公司运营全过程中的主要领域。

本书作为笔者筹划与主导的法律服务新业态丛书系列的第二本，对于企业家、公司高级管理人员和法务全面有效防控诉讼或仲裁案件风险，均具有较大的参考和借鉴意义。本书具有以下两方面的显著特点：

一是理念上的引领性。在日益激烈的国内外市场竞争环境和不断改善的法治化营商环境背景下，有效减少、预防商事纠纷产生，以及在商事纠纷不可避免地爆发后力争立于有利甚至是不败之地，从而更好地降低或防止商事纠纷对公司运营的负面影响，是广大公司领导者和中、高级管理人员普遍关心和长期困扰的重要课题，本书率先着眼于此系统研究，无疑具有十分重要的理论意义和实践价值。

二是操作上的价值性。依据2023年修订的《公司法》的规定，笔者在对"商事法律管理筹划"理念指向的公司经营管理重要细分领域进行类型化研究的基础上，还对每一个细分领域进行了系统梳理，并通过一些有代表性的典型案例，总结整理了该领域比较重要的、步骤化的公司法律风险与合规管理筹划技巧，具有很强的操作性和可行性。

与诸君共勉。

是为序。

蒋利　陈小英

2025 年 7 月于广州

目 录

第一章 公司设立法律风险与合规管理 …………………………………… 1

第一节 公司股东出资 …………………………………………………… 3
一、准确把握公司股东出资形式 ………………………………………… 3
二、股东用非货币财产出资程序上须符合法定要求 …………………… 4
三、加强股东出资合规管理 ……………………………………………… 5
四、股东出资不到位可能面临的法律风险 ……………………………… 8

第二节 公司设立文件 ………………………………………………… 11
一、公司设立协议 ……………………………………………………… 11
二、公司章程 …………………………………………………………… 13

第三节 公司发起人责任 ……………………………………………… 15
一、发起人责任类型 …………………………………………………… 16
二、发起人责任规避合规措施 ………………………………………… 18

第二章 公司股权结构及激励法律风险与合规管理 ……………………… 21

第一节 股东资格确认 ………………………………………………… 23
一、根据股东名册确认 ………………………………………………… 23
二、根据公司章程确认 ………………………………………………… 24
三、根据市场主体登记确认 …………………………………………… 24
四、根据实缴或认缴出资的事实确认 ………………………………… 25

　　　　　五、根据受让或继受的事实确认 …… 26
　　　　　六、根据合法有效的代持股协议及出资事实确认 …… 26
　　第二节　公司股权结构设置 …… 27
　　　　　一、股权结构设置不合理常见情形 …… 28
　　　　　二、关于股权结构设置的合规性建议 …… 29
　　第三节　员工股权激励 …… 31
　　　　　一、正确选择员工股权激励的方式 …… 31
　　　　　二、审慎设置员工股权激励方案及协议 …… 33

第三章　公司治理法律风险与合规管理 …… 39

　　第一节　公司股东权利义务 …… 41
　　　　　一、保障股东合法权利的正确行使 …… 41
　　　　　二、督促股东全面合规履行法定的义务 …… 48
　　　　　三、依法保护小股东的合法权益 …… 51
　　第二节　公司组织机构设置 …… 53
　　　　　一、依法设置股东会的职权及规则 …… 53
　　　　　二、依法设置董事会的职权及规则 …… 55
　　　　　三、依法设置监事会（审计委员会）的职权及规则 …… 56
　　第三节　公司董事、监事、高级管理人员 …… 57
　　　　　一、慎重选择董事、监事、高级管理人员，避免出现资格禁止情形 …… 57
　　　　　二、了解董事、监事、高级管理人员的法定义务及法定的禁止行为 …… 58
　　　　　三、加强对董事、监事、高级管理人员的责任监管并及时采取救济行动 …… 59

第四章　合同法律风险与合规管理 …… 61

　　第一节　合同订立 …… 63

一、合同订立前 ……………………………………… 63
　　二、合同订立时 ……………………………………… 66
第二节　合同履行 ……………………………………………… 70
　　一、对合同履行实施全方位的法律监管 …………… 70
　　二、准确把握合同履行变更 ………………………… 71
第三节　合同终止 ……………………………………………… 73
　　一、正确、及时行使合同解除权 …………………… 73
　　二、注意合同终止后的附随义务履行 ……………… 75
　　三、注重对合同结算和清理条款的履行 …………… 75
　　四、建立系统化、规范化的合同归档体系 ………… 76

第五章　应收账款法律风险与合规管理 ……………… 79

第一节　事前预防 ……………………………………………… 81
　　一、充分了解交易相对方资信 ……………………… 81
　　二、交易谈判中重视账款回收细节 ………………… 82
　　三、签订书面合同，明确账款相关条款 …………… 82
　　四、建立公司内部客户诚信数据库 ………………… 83
第二节　事中控制 ……………………………………………… 84
　　一、交易履约监管到位 ……………………………… 84
　　二、交易变更必要、适当且明确 …………………… 85
　　三、交易中止或终止及时、正确 …………………… 86
　　四、证据收集全面、准确 …………………………… 86
第三节　事后监管 ……………………………………………… 87
　　一、全面动态掌握账款情况 ………………………… 87
　　二、及时主动催收账款 ……………………………… 88
　　三、采取有效措施催收账款 ………………………… 89
　　四、及时采取法律手段进行追讨 …………………… 90

第四节　长效机制 91
一、实施应收账款催收专人负责制 91
二、规范账款催收的具体操作流程 92
三、形成账款催收的风险预警机制 92
四、拟定符合法律要求的账款催收配套文件模板 92
五、制定账款催收的法律风险与合规管理制度 93

第六章　人力资源法律风险与合规管理 95

第一节　公司规章制度 97
一、规章制度须明确且具有可操作性 97
二、规章制度制定、修改须履行民主程序 97
三、规章制度须履行公示程序且有效送达给员工 98
四、规章制度内容须合法合理 98

第二节　公司对外招聘 99
一、招聘文件内容不能存有歧视性信息 99
二、招聘文件内容设置需符合岗位实际情况 100
三、公司录用条件需具体明确且存档备案 100
四、录用文件需谨慎作出及发出 101

第三节　员工入职 101
一、选择正确的用工类型 101
二、对员工进行入职审查 102
三、对新员工进行入职培训 103
四、及时与员工签订书面劳动合同 103
五、合法合理设置劳动合同条款 104

第四节　员工在职 105
一、及时为员工购买社会保险 105
二、不得随意变更劳动合同 107

三、及时与员工续签劳动合同 …………………………………… 108

　　　四、公司应注重对特殊劳动者的保护 …………………………… 108

第五节　员工离职 ………………………………………………………… 109

　　　一、依法解除劳动合同 …………………………………………… 109

　　　二、依法终止劳动合同 …………………………………………… 111

　　　三、及时与员工办理离职手续且妥善保管人事档案 …………… 113

　　　四、劳动合同解除或终止后，公司要求员工竞业限制应

　　　　　支付对价 ……………………………………………………… 114

第六节　劳动人事争议前期应对 ………………………………………… 115

　　　一、需摒弃对劳动人事争议的错误认知 ………………………… 115

　　　二、需做好劳动人事争议前期法律应对工作 …………………… 116

第七章　投融资、并购法律风险与合规管理 …………………… 119

第一节　项目启动前 ……………………………………………………… 121

　　　一、确定项目合作模式 …………………………………………… 121

　　　二、慎重确定合作意向 …………………………………………… 122

第二节　项目开启时 ……………………………………………………… 124

　　　一、严格履行公司内部决策程序 ………………………………… 124

　　　二、进行全方位法律尽职调查 …………………………………… 127

　　　三、审慎设置相关合作协议 ……………………………………… 128

　　　四、注重对项目运作全过程法律文件的审查 …………………… 129

第三节　项目退出时 ……………………………………………………… 130

　　　一、及时解除或终止合作协议 …………………………………… 130

　　　二、及时办理股权的转让手续 …………………………………… 131

　　　三、及时做好项目的清算及结算 ………………………………… 132

第八章　广告、品牌法律风险与合规管理 ……………………… 133

第一节　广　　告 ………………………………………………………… 135

　　　　一、法律责任 ………………………………………… 135
　　　　二、注意要点 ………………………………………… 137
　　第二节　品　　牌 …………………………………………… 140
　　　　一、品牌创立 ………………………………………… 141
　　　　二、品牌保护 ………………………………………… 142
　　　　三、品牌推广 ………………………………………… 142
　　　　四、品牌运营 ………………………………………… 143

第九章　知识产权法律风险与合规管理 ……………………… 147

　　第一节　双重价值 …………………………………………… 149
　　第二节　法律责任 …………………………………………… 150
　　　　一、民事责任 ………………………………………… 150
　　　　二、行政责任 ………………………………………… 151
　　　　三、刑事责任 ………………………………………… 152
　　第三节　常见类型 …………………………………………… 153
　　　　一、商业秘密 ………………………………………… 153
　　　　二、商标专用权 ……………………………………… 155
　　　　三、专利权 …………………………………………… 157
　　　　四、著作权 …………………………………………… 159

第十章　公司财、物法律风险与合规管理 …………………… 163

　　第一节　公司财产 …………………………………………… 165
　　　　一、财产混同 ………………………………………… 165
　　　　二、公司资产刑事法律风险防控 …………………… 169
　　　　三、数据、网络虚拟财产等新型资产 ……………… 171
　　第二节　公司物品 …………………………………………… 173
　　　　一、公司印章 ………………………………………… 173

二、公司会计资料 …………………………………… 176

第十一章　电子商务法律风险与合规管理 ………… 179

第一节　电子合同管理 ………………………………… 181
　　一、电子合同订立 …………………………………… 181
　　二、电子合同履行 …………………………………… 183

第二节　特殊电子商务交易 …………………………… 186
　　一、线上促销 ………………………………………… 186
　　二、"直播带货" ……………………………………… 188

第三节　电子商务知识产权、个人信息保护 ………… 190
　　一、电子商务知识产权保护 ………………………… 190
　　二、电子商务个人信息保护 ………………………… 191

第十二章　行政法律风险与合规管理 ………………… 195

第一节　行政合规多元价值 …………………………… 198
第二节　主要适用领域 ………………………………… 199
第三节　行政合规管理体系 …………………………… 203
　　一、公司行政监管合规风险调查、评估 …………… 203
　　二、建立公司行政监管合规专项计划 ……………… 204
　　三、强化公司行政监管合规培训 …………………… 205

第四节　行政执法调查 ………………………………… 206

第十三章　刑事法律风险防控 ………………………… 209

第一节　风险严重性与多样性 ………………………… 211
第二节　刑事法律风险防控双重价值 ………………… 212
第三节　刑事法律风险调查、评估 …………………… 213
第四节　刑事法律风险防控管理体系 ………………… 216

第五节　法法衔接 218
　　一、行政许可与公司刑事法律风险防控 218
　　二、行政处罚与公司刑事法律风险防控 219
　　三、行政执法与刑事司法衔接 220
　　四、监察调查与公司刑事法律风险防控 221

第十四章　公司解散、破产法律风险与合规管理 223

第一节　公司解散 225
　　一、公司内部需先明确是否具备法定的解散事由 225
　　二、公司解散需根据不同的解散方式，履行不同的法定程序 226

第二节　公司破产 233
　　一、需严格审查公司破产的必要性 233
　　二、公司申请破产需真实可靠，切勿虚假破产 234
　　三、公司有关人员应履行公司破产相关法定义务 235

第十五章　证据、时效和期限法律风险与合规管理 239

第一节　证　据 241
　　一、明晰证明责任分配与举证不能的不利法律后果 241
　　二、掌握证据的形成、收集与保全方式 242
　　三、了解证据的法定形式与司法要求 245
　　四、明确举证时限要求 247

第二节　时　效 248
　　一、民事诉讼中的诉讼时效 248
　　二、商事仲裁时效 251
　　三、行政执法中的追究时效 252
　　四、对违法行政行为的救济时效 253

第三节　期　　限 ··· 255
　　一、实体法上的期限 ································· 255
　　二、约定中的期限 ··································· 256
　　三、程序法上的期限 ································· 257

第十六章　危机和争议解决法律风险与合规管理 ········· 259

第一节　解纷手段比较适用 ····························· 261
　　一、非诉讼手段 ····································· 261
　　二、诉讼手段 ······································· 264
　　三、非诉讼手段与诉讼手段的组合运用 ··············· 270
第二节　预防性长效机制 ······························· 271
第三节　法律专业智慧定位 ····························· 273
　　一、底线思维 ······································· 274
　　二、专业思维 ······································· 274
　　三、管理思维 ······································· 275
　　四、长线思维 ······································· 276

后记：优化法治化营商环境与合规经营 ················ 277

第一章
公司设立法律风险与合规管理

如今已是公司设立门槛较低、手续颇为便利的时代，各股东（出资人）出于合意而设立一家有限责任公司来运作某一经营性项目，在实践中已非常普遍。一般来说，股东之间签署一份合作协议，履行相应的出资义务，制定公司章程，去市场监督管理部门办理公司注册登记手续，一家公司基本上也就设立完成了。然而，看似简单的公司设立过程，实际上暗藏着不少法律风险，也存在不少设立合规问题，比如，股东不按照协议约定出资（出资不到位等）、股东出资形式或程序存在瑕疵、公司设立协议条款存在瑕疵、公司章程不符合法律规定等。而这些问题将很有可能导致公司设立失败，从而引发公司设立纠纷或发起人责任纠纷，设立阶段的股东或发起人还可能面临"竹篮打水一场空"式的尴尬境地，既投资不成，又要不回本金。

因此，在公司设立初期，在考虑"人合性"的同时，设立阶段的股东或发起人也需要先对公司设立阶段的法律风险及合规管理问题进行一定的了解，避免出现因公司设立阶段合规管理不到位而导致公司设立失败或股东承担相关责任的情况。

第一节 公司股东出资

公司设立初期,股东出资是需要重点把握的环节,因为一旦股东出资出现问题,将意味着公司设立缺乏最基础的根基,对于公司设立将是"致命"的打击。股东出资瑕疵不仅包括出资形式上的瑕疵,还包括出资程序、出资不到位等多方面的瑕疵。而结合司法实践来看,这些瑕疵出现的最主要原因还是设立股东对出资的法定要求及法律风险不清楚,对出资的合规管理不了解、不重视等。因此,公司设立阶段的股东(尤其是发起人股东)需要加强出资设立方面法律知识的学习,最大程度保障自身的投资计划得以成功,同时也可以避免投资不成反而"引火上身"的情况。

一、准确把握公司股东出资形式

依据《公司法》及《市场主体登记管理条例》的规定,股东可以用货币出资,也可以用实物、知识产权、土地使用权、股权、债权等可以用货币估价并可以依法转让的非货币财产作价出资,但不得以劳务、信用、自然人姓名、商誉、特许经营权或者设定担保的财产等作价出资。也就是说,并非任何财产都可用于公司股东出资,一旦存在出资形式上的瑕疵,将可能存在如下法律风险:

其一,出资股东对用于出资的财产不享有所有权,股东之间因此发生争议而诉至法院的,法院可能会认定该出资股东为无处分权人,所有权人有权追回该财产,除非该股东已经善意取得该出资财产,否则一旦出资财产被所有权人追回,则该出资股东实际上相当于未出资。

其二,出资股东用于出资的货币若是通过贪污、受贿、侵占、挪用等违法犯罪而取得,在其违法犯罪行为被追究刑事责任时,由此取得的公司股权还将可能被法院采取拍卖或者变卖的方式处置。

其三，出资股东以划拨土地使用权出资，或者以设定权利负担的土地使用权出资，公司、其他股东或者公司债权人可向法院请求认定出资股东未全面履行出资义务，法院将责令出资股东在指定的合理期间内办理土地变更手续或者解除权利负担，出资股东逾期未办理或者未解除的，将面临被法院认定未依法全面履行出资义务的法律后果。

其四，出资股东通过其合法持有但不可转让，或者出资股权上存在权利瑕疵或负担的股权出资的，公司、其他股东或者公司债权人可向法院请求认定出资股东未履行出资义务，法院将责令出资股东在指定的合理期间内采取补正措施，以达到法定的股权出资条件，出资股东逾期不予以补正的，也将面临被法院认定未依法全面履行出资义务的法律后果。

二、股东用非货币财产出资程序上须符合法定要求

结合《公司法》及相关司法解释等规定，股东用非货币财产出资，若存在出资程序上的瑕疵，可能面临如下法律风险：

其一，若出资财产未依法评估作价，公司、其他股东或者公司债权人可向法院请求认定出资人未履行出资义务，法院将委托具有合法资质的评估机构对该财产评估作价。若评估确定的价额显著低于公司章程所定价额，出资股东将面临被法院认定未依法全面履行出资义务的法律后果，但因市场变化或者其他客观因素导致出资财产贬值的，公司或其他股东不得再要求出资股东补足差额，除非股东之间存在特别约定。

其二，出资股东使用已经办理了权属登记的房产、土地使用权、知识产权，或已经办理了市场主体登记的股权等财产出资但未办理相关转移变更登记手续的，公司、其他股东或者公司债权人可向法院请求认定出资人未履行出资义务，法院将责令出资股东在指定的合理期间内办理相关权属或市场主体变更登记手续。

其三，出资股东虽然办理了出资财产的权属变更手续，但是未将出资

财产交付公司使用的，将面临被法院认定在实际交付出资财产之前不享有相应股东权利的法律后果。

三、加强股东出资合规管理

结合上述法律风险分析可知，股东在设立公司初期，必须严格按照法律规定对股东出资形式及程序进行合规审查，采取相应的合规管理措施。

（一）股东以货币出资

其一，在需股东实缴时，股东应将货币出资足额存入公司在银行开设的账户，且要保留出资的相关凭证，如银行汇款回执单等。

其二，若股东出资款是由他人代缴的，则需由代缴人在进行转账或汇款时备注"代某某某支付××公司出资款"，并取得转账或汇款凭证妥善保管。

其三，公司可要求出资股东对其货币资金的来源进行书面说明，并对货币资金来源的合法及责任承担等作出书面承诺，防止出现货币资金不合法导致公司受牵连的情况发生，同时在股东出资完成后要求出资股东提供相关出资凭证，以作为后续确认股东资格的相关依据。

（二）股东以实物出资

其一，用于出资的实物需具备一定的价值，且必须进行评估作价。

其二，用于出资的实物需由股东享有所有权且没有设定任何担保物权。

其三，公司需对股东用于出资的实物的现状（如是否完好或具备使用价值等）、权属（如是否出资股东所有）、权利状况（如是否设有担保物权等）等进行核实，以确保该实物可以用于出资。

其四，用于出资的实物需依法办理财产权的转移手续，如为动产，则出资股东需与公司之间办理相关移交手续；如为不动产，则出资股东需到相关部门与公司办理权属转移登记，且同时需实际向公司交付实物。

（三）股东以知识产权出资

其一，用于出资的知识产权必须真实存在且在有效期限内。

其二，用于出资的知识产权须由股东享有所有权且不存在任何的权利瑕疵。

其三，公司需依法对用于出资的知识产权进行评估作价。

其四，出资股东需与公司办理知识产权的权利转移手续，如到商标局办理商标登记转移等，同时还需将知识产权实际交付公司使用。

其五，公司除核实股东用于出资的知识产权的权属、权利期限等外，还需进一步核实相关知识产权上是否存在独占性许可、排他性许可，是否为职务成果、与他人的合作成果等，避免出现权利使用的限制情形。

（四）股东以土地使用权出资

其一，公司首先需核查股东用于出资的土地使用权是通过划拨方式取得还是出让方式取得，若为划拨用地则可能存在土地用途及转让的限制，如需取得相关土地主管部门的批准并办理出让手续等。因此，股东以划拨方式取得的土地使用权出资，应当在合理期限内办理土地使用权变更手续。

其二，公司需依法对用于出资的土地使用权价值进行评估作价，如出资地块上存有上盖建筑物，根据我国"房随地走"的原则，也需同步对上盖建筑物的价值进行评估作价。

其三，出资股东需与公司之间办理土地使用权的转移登记手续，若存有上盖建筑，也需办理相关建筑物的权属变更登记手续，同时股东需将土地使用权及上盖建筑物（如有）实际交付给公司使用，并办理相关的移交接收手续。

其四，公司需进一步核实用于出资的土地使用权及上盖建筑物（如有），如土地使用权或上盖建筑物上是否存有权利负担（抵押、担保、查封等），若存在，则需限定股东在合理期间内解除相关的权利负担。

（五）股东以股权出资

其一，公司需首要核查用于出资的股权权属是否清楚、权能是否完整①，即出资股权上是否存在股权质押、冻结等权利负担或权利瑕疵而影响股权转让的情形，同时是在中国境内设立的公司的股权。公司除自行核查市场主体登记信息外，还可让出资股东提供股东名册、公司章程等证明材料。

其二，公司需对用于出资的股权进行评估作价。

其三，出资股东需与公司办理用于出资的股权的变更登记手续，同时公司需注意审查该股权所在公司对股权转让事项的内部决议文件，避免出现股权转让手续的程序瑕疵问题。

其四，公司需对出资股权所在公司的章程进行查阅，审查该公司章程是否规定禁止将股权用于其他公司出资，避免出现股权出资行为因违反公司章程而被撤销的法律风险。

（六）股东以债权转为股权出资

其一，若为合同履行阶段形成的债权，则需审查债权人已经履行债权所对应的合同义务，且不存在违反法律、行政法规或者公司章程的禁止性规定等情形。

其二，若为已进入诉讼程序的债权，则需审查对应的债权已经经过法院生效裁判或者仲裁机构裁决的确认，取得了相应的法律文书。

其三，若为公司破产重整或者和解期间达成一致的债权且签署了相关和解协议，则需审查对应债权已列入经法院批准的重整计划或者裁定认可的和解协议。

其四，用以转为公司股权的债权若有两个以上债权人，则需审查债权

---

① 《市场主体登记管理条例实施细则》第十三条第三款规定：依法以境内公司股权或者债权出资的，应当权属清楚、权能完整，依法可以评估、转让，符合公司章程规定。

人对债权已经作出分割，并签署了相关的有效协议。

其五，债权转为公司股权的，公司应当相应增加注册资本。

四、股东出资不到位可能面临的法律风险

实践中，经常会出现股东自身未按照公司章程履行或未全面履行出资义务、因出资形式或程序瑕疵而被法院认定未全面履行出资义务、抽逃出资等股东出资不到位的情形。依据《公司法》及相关司法解释等规定，股东（含发起人）出资不到位，出资股东、发起人、公司等相关主体将可能面临如下法律风险：

（一）承担民事责任

第一，公司或其他股东可向法院请求出资股东向公司依法全面履行出资义务，该股东需承担举证责任，证明自身已履行出资义务，且不得以出资义务超过诉讼时效为由进行抗辩。

第二，股东用于出资的非货币财产的实际价额显著低于公司章程所定价额的，应当由该股东补足其差额，公司设立时的其他股东承担连带责任。

第三，股东不按照法律规定缴纳出资，除应当向公司足额缴纳外，还应当向已按期足额缴纳出资的其他股东承担违约责任。

第四，公司债权人可向法院请求未履行或者未全面履行出资义务或抽逃出资的股东在未出资或抽逃出资本息范围内，对公司债务不能清偿的部分承担补充赔偿责任。

第五，股东未履行或者未全面履行出资义务或抽逃出资，公司可根据公司章程或者股东会决议对该股东的利润分配请求权、新股优先认购权、剩余财产分配请求权等股东权利作出相应的合理限制。

第六，公司成立后，董事会应当对股东的出资情况进行核查，发现股东未按期足额缴纳公司章程规定的出资的，应当由公司向该股东发出书面

催缴书，催缴出资，可给予股东不少于60日的宽限期，宽限期届满，股东仍未履行出资义务的，公司经董事会决议可以向该股东发出书面的失权通知，自通知发出之日起，该股东丧失其未缴纳出资的股权。

第七，公司财产不足以清偿债务时，债权人可向法院主张未缴出资股东以及公司设立时的其他股东或者发起人在未缴出资范围内对公司债务承担连带清偿责任。

第八，公司董事、高级管理人员若在股东未全面履行出资义务时未尽到忠实、勤勉义务，公司、其他股东或者债权人有权向法院请求该董事、高级管理人员承担相应责任，董事、高级管理人员承担责任后可向该出资股东进行追偿。若公司其他股东、董事、高级管理人员或者实际控制人协助出资股东抽逃出资，则应对该出资股东出资不到位承担连带责任。

第九，公司股东未履行或者未全面履行出资义务即转让股权，受让人知道或者应当知道的，公司可在请求该股东履行出资义务的同时，要求受让人对此承担连带责任，受让人承担相关责任后可向该股东追偿，除非当事人之间另有约定。

(二) 面临行政处罚

第一，公司的发起人、股东虚假出资，未交付或者未按期交付作为出资的货币或者非货币财产的，根据《公司法》第二百五十二条的规定，将可能面临被公司登记机关责令改正，处以5万元以上20万元以下的罚款；情节严重的，处以虚假出资或者未出资金额5%以上15%以下的罚款；对直接负责的主管人员和其他直接责任人员处以1万元以上10万元以下的罚款。

第二，公司的发起人、股东在公司成立后，抽逃其出资的，根据《公司法》第二百五十三条的规定，将面临被公司登记机关责令改正，处以所抽逃出资金额5%以上15%以下的罚款；对直接负责的主管人员和其他直接责任人员处以3万元以上30万元以下的罚款。

第三，在股东未全面履行出资义务的情况下，公司若未进行全面审查，可能会导致公司在设立时所报备的注册资本与实际注册资本不符或提供相关出资虚假材料等情形。若公司存在虚报注册资本、提交虚假材料或者采取其他欺诈手段隐瞒重要事实取得公司登记的，根据《公司法》第二百五十条的规定，可能面临公司登记机关责令改正，对虚报注册资本的公司，处以虚报注册资本金额5%以上15%以下的罚款；对提交虚假材料或者采取其他欺诈手段隐瞒重要事实的公司，处以5万元以上200万元以下的罚款；情节严重的，吊销营业执照；对直接负责的主管人员和其他直接责任人员处以3万元以上30万元以下的罚款。

（三）承担刑事责任

若公司类型为法律法规规定的必须实缴注册资本的公司，或公司注册资本虽可以认缴但按照公司章程或法律规定期满必须实缴，公司发起人、股东或其他人员存在下列情形之一的，可能承担相应的刑事责任：

其一，公司发起人、股东违反《公司法》的规定未交付货币、实物或者未转移财产权，虚假出资，或者在公司成立后又抽逃其出资，可能构成虚假出资、抽逃出资罪①。

其二，公司发起人、股东或其他主管人员在申请公司登记时使用虚假证明文件或者采取其他欺诈手段虚报注册资本，欺骗公司登记主管部门，取得公司登记的，可能构成虚报注册资本罪②。

---

① 《刑法》第一百五十九条规定：公司发起人、股东违反公司法的规定未交付货币、实物或者未转移财产权，虚假出资，或者在公司成立后又抽逃其出资，数额巨大、后果严重或者有其他严重情节的，处五年以下有期徒刑或者拘役，并处或者单处虚假出资金额或者抽逃出资金额百分之二以上百分之十以下罚金。单位犯前款罪的，对单位判处罚金，并对其直接负责的主管人员和其他直接责任人员，处五年以下有期徒刑或者拘役。

② 《刑法》第一百五十八条规定：申请公司登记使用虚假证明文件或者采取其他欺诈手段虚报注册资本，欺骗公司登记主管部门，取得公司登记，虚报注册资本数额巨大、后果严重或者有其他严重情节的，处三年以下有期徒刑或者拘役，并处或者单处虚报注册资本金额百分之一以上百分之五以下罚金。单位犯前款罪的，对单位判处罚金，并对其直接负责的主管人员和其他直接责任人员，处三年以下有期徒刑或者拘役。

其三，公司发起人、股东或其他工作人员利用职务上的便利，挪用公司注册资本的，可能构成挪用资金罪①。

第二节 公司设立文件

一、公司设立协议

（一）及时签署公司设立协议

根据《公司法》的规定，有限责任公司设立时的股东可以签订设立协议，明确各自在公司设立过程中的权利义务，但前述规定并非强制性的规定，因此实践中仍然大量存在有限责任公司缺乏设立协议的情况。

所谓公司设立协议，实质上就是设立阶段股东之间达成的合作设立一家公司的合意，并就此签署的书面文件。实践中常见的设立协议有合伙人协议、合作协议、出资协议等。笔者基于多年的实务经验，总结出导致公司设立协议缺失的主要原因包括：一是股东之间系朋友关系，彼此较为信任，达成口头的"君子协议"；二是股东认为设立公司仅需签署一份公司章程即可，无须再签署其他文件；三是公司设立全权交由一名股东去办，其他股东完全不参与，认为没必要签署协议；四是股东法律意识不强，不清楚需要签署设立协议等。

然而公司设立协议缺失背后暗藏着诸多法律风险：一是公司设立时股东之间就公司章程制定出现不同意见时无设立协议作为基础支撑，导致公

---

① 《刑法》第二百七十二条第一款规定：公司、企业或者其他单位的工作人员，利用职务上的便利，挪用本单位资金归个人使用或者借贷给他人，数额较大、超过三个月未还的，或者虽未超过三个月，但数额较大、进行营利活动的，或者进行非法活动的，处三年以下有期徒刑或者拘役；挪用本单位资金数额巨大的，处三年以上七年以下有期徒刑；数额特别巨大的，处七年以上有期徒刑。

司设立出现僵局；二是发起人存在过错导致公司设立不成时，其他发起人或股东无法依据设立协议要求过错发起人承担内部侵权责任；三是公司设立失败时股东之间无法根据设立协议处理后续事宜，如剩余出资款返还等；四是公司设立失败且需对外承担责任时，发起人及股东之间无法根据设立协议划分责任比例；五是股东出资（启动资金）不到位时无法根据设立协议追究其违约责任。前述法律风险又将可能给设立股东带来巨大的经济损失。

因此，在公司设立前，股东之间最好就所达成的公司设立合意签署书面的设立协议，对与公司设立有关的事项作出具体明确的约定，以便后续更好地开展与公司设立、经营有关的一系列活动。

（二）公司设立协议条款需完善

实践中，除了设立协议缺失的情形外，还普遍存在公司设立协议条款不完善的情况，比如重要条款缺失、内容约定不清楚、条款之间相互冲突等。而一旦公司设立协议的条款设置存在重大瑕疵，所带来的法律风险将不亚于设立协议缺失。因此，股东在签订公司设立协议时，需严格审查设立协议的条款。

其一，设立协议条款需完备。我国现行法律法规未对公司设立协议条款的具体内容作出明确规定，但作为一份协议，其需符合我国《民法典》中关于合同的基本要求，如需具备合同的必备条款（如当事人条款等），同时需具备基础性的条款（如股东权利义务等），否则可能出现协议因缺乏合同主体而无效或协议条款不完备而引发争议等情况。

概言之，设立协议的主要条款包括但不限于：公司设立的条件（注册资本、经营范围、经营期限等），股东出资的形式、时间及要求，设立筹备期间筹备工作的分工、费用安排和承担，发起人的职责范围，股东退出机制，侵权损害赔偿情形，股东或发起人的竞业限制情形，公司设立失败后的事项处理，公司成立后的重要人事安排，公司表决权、分红权及承担有限责任的比例,设立协议与章程冲突的解决,争议解决条款等。

其二,设立协议条款需明确。实践中经常出现协议条款所约定事项与协议各方或一方所想要达成的事项不符,或者协议约定内容不清楚、不明确等情况。为避免发生前述情况而导致协议一方不严格按照协议履行或存在重大误解,又或者协议各方各执一词而引发争议等问题,在订立公司设立协议时就应当对协议内容作出具体明确的约定,避免在协议中出现一语双关、意思笼统、词不达意、模棱两可、前后矛盾的词汇或语句。

二、公司章程

依据《公司法》的规定,设立公司必须依法制定公司章程,公司章程对公司、股东、董事、监事、高级管理人员具有约束力,股东应当在公司章程上签名、盖章。公司章程是公司运作及治理的基本规则,在公司具有最高的法律效力,且在市场监督管理部门备案后也将对外进行公示。因此,公司设立时必须重视公司章程的设置以及严格按照公司章程规定的事项对公司进行经营管理,否则将可能出现公司债权人根据公司章程规定追究公司或相关股东责任的法律风险。

(一) 公司章程制定需符合法定要求

公司章程的制定要严格符合我国法律法规的规定,否则会导致公司章程存在效力瑕疵。从某种程度上说,公司章程具备一定的合同属性,因为公司的章程是由股东共同制定的,这一合同属性也导致公司章程一经生效,就对全体股东具有法律约束力。因此,要想使公司章程充分发挥作用,公司管理者(尤其是设立时的股东)就需要了解哪些事项属于必须严格依照法律法规规定操作的事项,即不可以通过股东协商一致后在公司章程中进行自由规定的事项,若将法定事项当成自由约定事项在章程中进行规定,则可能导致公司章程不合规,进而出现因公司章程内容违反法律规定而被法院确认无效,使得公司在诉讼或仲裁中优势变劣势的情况。

例如，依据《公司法》第六十六条第三款的规定，股东会作出修改公司章程、增加或者减少注册资本的决议，以及公司合并、分立、解散或者变更公司形式的决议，应当经代表三分之二以上表决权的股东通过。例如，某公司的公司章程中规定公司的解散必须经代表公司二分之一以上表决权的股东通过，之后公司若真的面临解散的问题，而各股东对于是否解散公司的意见不统一，在公司根据公司章程的前述规定直接作出了一份关于解散公司的股东会决议后，不同意解散公司的股东可以该份股东会决议不符合法律规定为由向法院申请确认该份决议不成立，那么法院大概率也会支持。

而对于可以在公司章程中自由约定的事项，则可由公司设立初期的股东通过协商一致的方式进行明确并写进公司章程。概括而言，公司章程可自由约定的事项主要包括：公司的经营范围、法定代表人、营业期限、公司向其他企业投资或者为他人提供担保、限制未履行或者未全面履行出资义务或者抽逃出资的股东的股东权利、股东请求查阅或者复制公司特定文件材料、股东分取红利和认缴新增资本、股东会的职权、董事会的职权等。

（二）违反公司章程可能承担的法律风险

公司章程在公司合规管理中发挥着非常重要的作用，一经制定就必须严格履行。若公司自身行为或股东行为等违反公司章程的规定，则可能带来如下法律风险：

其一，决议被撤销或部分撤销。对于股东会、董事会的会议召集程序、表决方式违反公司章程，或者决议内容违反公司章程的，股东可以向法院申请撤销该份决议；股东会决议中载明的利润分配完成时间超过公司章程规定时间的，股东可以请求法院撤销决议中关于该时间的规定。

其二，决议不成立。股东会或者董事会决议对应出席会议的人数或者股东所持表决权不符合公司章程规定，或会议的表决结果未达到公司章程规定的通过比例的，相关利害关系人可向法院主张决议不成立。

其三，承担赔偿责任。公司股东违反公司章程，滥用股东权利损害公司或者其他股东的利益，应当承担赔偿责任；董事、监事、高级管理人员执行公司职务时违反公司章程的规定，给公司造成损失或损害股东利益的，应当承担赔偿责任；清算组成员从事清算事务时，违反公司章程给公司或者债权人造成损失的，应当承担赔偿责任。

因此，从公司合规管理角度来讲，公司或公司人员违反公司章程的行为本身就是不合规的行为。公司章程一经制定生效，无论是公司的股东，还是管理人员，都应当严格按照公司章程约束自己的行为，正确履行各自的职责；公司也需严格按照公司章程开展相应的经营管理活动，以免出现上述法律风险而导致公司人员被追责或公司经营受到不利影响。

第三节　公司发起人责任

实践中，公司在设立之前都要经过设立筹备阶段，在该阶段，公司虽然尚未成立，但也需为设立公司进行一些必要的民事活动，如场地租赁、人员招聘等。这些民事活动往往是由设立时的股东（通常为某一个股东）去完成，该股东实质上就是承担了公司设立的职责，依据《最高人民法院关于适用〈中华人民共和国公司法〉若干问题的规定（三）》第一条的规定，为设立公司而签署公司章程、向公司认购出资或者股份并履行公司设立职责的人，应当认定为公司的发起人，包括有限责任公司设立时的股东。在公司还未设立时，发起人为了能让公司顺利地设立，往往会以自己的名义对外从事与公司设立有关的民事活动。举例来说，实践中经常出现发起人以自己的名义租赁场地，作为未来公司成立后的办公场所，公司成功注册后大部分租赁合同的承租方会变更为新设立的公司，但若公司设立失败，发起人将继续保留承租人的身份，而实际上对发起人自身而言，其已经缺乏继续履行租赁合同的意义。那么问题就来了，公司设立失败后，发起人要承担哪些责任？如何进行合规管理才能避免承担发起人责任呢？

一、发起人责任类型

依据《民法典》第七十五条的规定，设立人为设立法人从事的民事活动，其法律后果由法人承受；法人未成立的，其法律后果由设立人承受，设立人为二人以上的，享有连带债权，承担连带债务。具体而言，公司未设立的情况下，发起人责任主要存在如下几种类型：

其一，承担对外合同违约责任。发起人为设立公司以自己的名义对外签订合同，若因为公司设立失败而导致合同不需要继续履行且发起人不再履行的话，合同相对人可以向法院请求该发起人承担违约责任。如有多个发起人则发起人应共同承担连带清偿责任。同时发起人对外所需承担的合同责任不因发起人对外转让所约定持有的公司股份而转移，除非股份的转让已经取得合同债权人的同意。

举例来说，在某甲公司与黎某某、吴某某装饰装修合同纠纷一案[1]中，法院认为，某甲公司起诉要求黎某某、吴某某共同向其支付装修工程款306600元。一审法院根据某甲公司的主张以及查明的事实认定吴某某与黎某某签订股东投资合作协议书目的在于设立公司经营棋牌，黎某某为设立公司，以自己名义与某甲公司签订合同而产生债务。现吴某某上诉认为其与黎某某的投资合作关系已解除，二人最终未成立公司，且吴某某并非涉案装修合同相对方，其不应对黎某某所负的涉案债务承担责任。对此，根据《民法典》第七十五条"设立人为设立法人从事的民事活动，其法律后果由法人承受；法人未成立的，其法律后果由设立人承受，设立人为二人

---

[1] 参见广东省中山市中级人民法院（2024）粤20民终242号二审民事判决书。本书参考的裁判文书，除另有说明外，均来源于中国裁判文书网，最后访问于2025年3月7日。其中适用的法律法规等条文均为案件裁判当时有效，下文不再对此进行提示。

以上的,享有连带债权,承担连带债务。设立人为设立法人以自己的名义从事民事活动产生的民事责任,第三人有权选择请求法人或者设立人承担"及《最高人民法院关于适用〈中华人民共和国公司法〉若干问题的规定(三)》第四条第一款"公司因故未成立,债权人请求全体或者部分发起人对设立公司行为所产生的费用和债务承担连带清偿责任的,人民法院应予支持"之规定,吴某某与黎某某作为公司发起人,虽公司因故未成立,但二人仍需对设立公司行为所产生的费用和债务承担连带清偿责任,吴某某也未提交任何证据证明其与黎某某已解除投资合作关系,且二人签订的协议书仅对发起人之间权利义务如何承担进行约定,属于其二人的内部关系。一审法院据此判决吴某某对黎某某以自己名义对外签订涉案施工合同所产生的债务即装修工程款、逾期付款违约金及律师费承担连带责任并无不妥,二审法院予以维持。

其二,承担设立费用或相关债务。公司若未能成功设立,债权人可以请求全体或者部分发起人对设立公司行为所产生的费用和债务承担连带清偿责任。与此同时,部分发起人在承担了前述设立费用或相关债务后,可要求其他发起人按照约定的比例承担责任;没有约定责任承担比例的,按照约定的出资比例承担责任;没有约定出资比例的,按照均等份额承担责任。

例如,在林某某与陈某某、轩某公司股权转让纠纷一案①中,法院认为,本案中,林某某是与陈某某签订案涉协议的主体,签约时又是轩某公司在册股东和法定代表人,其以自己的银行账户实际接收了陈某某的股权转让款 2.8 万元和其他支出费用 3424 元,合计 31424 元,且对陈某某股权转让入股的意愿表示接纳,犹如有限责任公司设立阶段中的发起人,故陈某某诉请林某某承担退款责任,法院予以支持。另外,本案无证据证明林某某收取上述款项 31424 元之后已经进入轩某公司名下,故陈某某诉请轩

---

① 参见广东省江门市中级人民法院(2022)粤07民终6110号二审民事判决书。

某公司承担退款责任，法院不予支持。

其三，承担侵权损害赔偿责任。发起人若因履行公司设立职责而侵犯第三人合法权益，造成他人损害，公司未设立时，受害人可以请求全体发起人承担连带赔偿责任，公司设立后第三人有权选择请求公司或者公司设立时的股东承担，但公司或者无过错的股东承担赔偿责任后，可以向有过错的股东追偿。

二、发起人责任规避合规措施

一家公司的设立看似简单，实际上是一个复杂的过程，且设立过程中出现的不确定因素或变动都可能导致公司设立不成。比如，设立过程中任一方股东反悔不履行出资义务，又或者公司想要收购的项目完成不了等。这个过程中就必然会涉及公司设立不成时股东内部以及对外的责任承担问题。因此，公司发起人在承担公司设立职责时，无论有偿还是无偿，都需要重视责任规避，事前、事中、事后都需要及时采取一定的合规措施。

其一，事前采取预防措施。依据《公司法》第四十三条的规定，有限责任公司设立时的股东可以签订设立协议，明确各自在公司设立过程中的权利和义务。也就是说，发起人在开始启动公司设立事项前，可先通过签署合作协议等书面文件的方式，与其他股东或发起人就公司设立事项的负责人、设立阶段费用支出、对内及对外的责任承担、责任比例等作出具体明确的约定（可详见前文中提到的"设立协议主要条款"），避免后续发起人之间或股东之间就公司设立费用等问题产生纠纷而导致公司设立不成，或因公司设立不成时对责任承担发生争议，甚至产生官司。

其二，事中采取止损措施。发起人在公司设立过程中若发现发起人或股东存在怠于履行所约定的股东义务或发起人义务等情形，又或者是出现了某些客观情况（如收购项目谈不成等），可能导致公司未来无法设立，发起人可以及时采取相应的止损措施，如暂停相关设立事项、及时与相关合同相对方沟通中止合同的履行等，以防止公司设立不成时产生较大损失，并因此承担相关过错责任等。

  其三，事后采取补救措施。当公司设立不成时，发起人需及时停止相关设立事项，及时与其他股东沟通协商关于外部合同终止、责任承担等事宜，及时与有关合同相对方沟通协商合同解除事宜，采取相应的补救措施，防止损失进一步扩大。

第二章
公司股权结构及激励法律风险与合规管理

随着公司设立门槛的降低以及公司商事登记便捷程度的大幅提升等，公司这一市场经济主体的数量日益增多，与此同时，作为公司投资者的股东的股权也同步呈现股权确认难度大、纠纷多的问题，股东越来越寄希望于通过诉讼的方式进行确认。在这一趋势的背后，公司管理者对于股东股权确认缺乏全面的法律认知与合规管理思维是主要原因之一，如公司不依法给股东签发股东名册而导致股东向法院起诉要求签发等。

同时，公司为了吸引人才、留住人才而给予员工股权的激励方式已被越来越多的公司运用，但也衍生出诸多新问题，如员工辞职时股权未返还等，也因此引发大量的股权激励纠纷案件。结合实践，笔者认为，主要原因可能在于公司管理者并未全面、深入认识到员工股权激励背后的法律意义及效果，从而缺乏对法律风险的精准识别与合规管理。

第一节　股东资格确认

公司股东可基于多种原因取得公司股权，如出资设立公司、收购股东股份、投资增加公司注册资本、接受赠与、行使质押权、法院强制执行等，同时往往伴随着相关协议签署，如合作协议、股权转让协议、增资协议、抵押担保协议、赠与协议等。而依据《民事案件案由规定》的规定，在与公司有关的纠纷中，股东资格确认纠纷、股东名册记载纠纷、股东出资纠纷、股东知情权纠纷、损害股东利益责任纠纷、损害公司债权人利益责任纠纷、股权转让纠纷等，都是较为常见的与公司股权有关的民事诉讼案件类型。

实践中大量存在的股东向法院起诉要求确认其股东资格的案件中，公司通常作为原告起诉股东不认可其持有公司股权即享有股东资格，或者作为被告被股东起诉要求确认其股东资格。即使是股东之间的资格确认纠纷，公司也会作为案件的第三人参与诉讼。而发生前述股东资格确认纠纷案件，最核心的原因在于股东所持有股权不被认可，导致其无法行使股东权利。而股权不被认可的背后，一方面主要是股权涉及大量的经济利益博弈，另一方面是一些股东或公司缺乏股权确认的相关法律风险与合规管理意识及专业知识，导致股东或公司存在错误的法律认知，从而引发原本可以避免的法律或案件风险。

因此，公司对确认股东股权的有效根据及方式进行全面了解，并做好相关的法律风险与合规管理（如投资时签署相关的协议等），对公司具有非常重要的意义。

一、根据股东名册确认

依据《公司法》第五十六条第二款的规定，股东名字或名称记载于公司股东名册的，则可以依股东名册主张行使股东权利。同时，若公司股东退出股份，公司也应当及时对股东名册进行修改，否则可能存在退股股东仍可根据股东名册确认其股东资格并要求行使股东权利（如查阅账簿等）的法律风险，并引发诉讼案件。

同时，结合司法实践来说，若公司与股东、股东与股东之间就股东资格发生纠纷，法院一般会以股东名册作为认定股东资格的依据。

二、根据公司章程确认

实践中，公司不向股东签发股东名册的情形较为常见，但也有大部分公司会将股东出资、金额、时间等详细记载于公司章程之中，若发生股东资格确认纠纷，股东也可凭该公司章程对其股东资格进行确认。但前提是该股东在公司章程上进行了签名确认，且公司章程符合股东名册的形式要件。

举例来说，在杨某某与刘某某、吉林鑫某公司股东资格确认纠纷一案[①]中，法院认为，公司章程是公司成立的基础性法律文件。签署公司章程，是行为人设立公司并加入公司的真实意思表示。被公司章程记载为股东，是公司及其他股东同意其加入公司、承认其股东资格的真实意思表示。因此，对于公司内部的股东资格确认之诉，在不存在股权变更的情况下，公司章程的记载情况是股东资格确认的最主要依据。刘某某在鑫某公司章程上被记载为股东，并在公司章程上签名确认，表明自己受公司章程约束，同时刘某某在鑫某公司有关市场主体登记文件中被列明为股东，故应当认定刘某某为鑫某公司股东。

三、根据市场主体登记确认

依据《公司法》的规定，设立公司，应当依法向公司登记机关申请设立登记。公司登记事项包括有限责任公司股东、股份有限公司发起人的姓

---

① 参见吉林省吉林市中级人民法院（2019）吉02民终683号二审民事判决书。

名或者名称。公司登记事项发生变更的，应当依法办理变更登记。公司登记事项未经登记或者未经变更登记，不得对抗善意相对人。也就是说，公司股东的名字或名称将在登记机关进行登记且对外公示。但若公司与股东之间或股东与股东之间发生股东资格纠纷，公司和股东不能仅根据市场主体登记信息确认股东资格，而需结合股东名册、公司章程、出资事实、相关协议（如代持股协议）等情况综合确定。

但是，对于善意第三人而言，若第三人与股东之间发生资格确认纠纷，结合相关司法实践，法院则通常主要审查市场主体登记中股东的相关信息来确认股东的资格。

四、根据实缴或认缴出资的事实确认

实践中，经常会出现自然人或法人向公司进行了实缴或认缴出资，但公司未向其签发股东名册，未在公司章程中进行确认，也未办理登记等情况，这并不代表该自然人或法人完全无法确认股东资格。依据《最高人民法院关于适用〈中华人民共和国公司法〉若干问题的规定（三）》的规定，当事人之间对股权归属发生争议的，可以通过已经依法向公司出资或者认缴出资，且不违反法律法规强制性规定的事实确认股东资格。

举例而言，在任某某、张某某股东资格确认纠纷一案[①]中，法院认为，本案任某公司登记的股东为任某某和律某某，当时二人名下登记的50万元注册资本金实为张某某所出。任某公司成立时的登记地点也系张某某名下的房屋。结合一审的证人证言及本案当事人的陈述，可以证明张某某当时确实要开办一家物业公司，公司成立时张某某实际投入了注册资本金，又以自己名下房屋作为登记的公司住所地，且在任某公司成立之初，张某某也实际参与了经营，后因身体原因未再继续参与经营……张

---

① 参见天津市第二中级人民法院（2019）津02民终4962号二审民事判决书。

某某要求确认对于登记在任某某名下的任某公司60%股份归其所有，本院予以支持。

五、根据受让或继受的事实确认

依据《最高人民法院关于适用〈中华人民共和国公司法〉若干问题的规定（三）》的规定，当事人之间股权归属发生争议的，可以通过已经受让或者以其他形式继受公司股权且不违反法律法规强制性规定的事实确认股东资格。现实中，通过前述形式取得股权的方式包括但不限于股权投资、股权转让、赠与、继承等，并对应签署相关的股权转让合同、赠与合同或订立遗嘱等。但结合相关司法实践来看，并非签署了前述合法有效的文件，自然人或法人就可凭借这些文件确定股东资格，还需审核该自然人或法人是否严格履行前述文件中约定的相关义务，如股权转让合同中约定的支付股权转让款的义务，股权投资协议中约定的出资义务等，否则也无法仅根据受让或继受事实确认股东资格。

举例来说，在王某某诉万某公司股东资格确认纠纷一案[①]中，法院认为，综合《入股投资协议书》的内容及其履行情况，王某某已履行《入股投资协议书》中约定的主要合同义务，王某某按照协议以投资公司、提升公司及股东整体利益的方式作为其继受股权的对价不违反法律法规强制性规定，应当按照协议第一条约定内容确定万某公司股权比例，即王某某占55%，伦某某、黄某某及杨某某各占15%。王某某关于确认其为万某公司的股东，并占万某公司股权份额55%的诉请，有事实及法律依据。

六、根据合法有效的代持股协议及出资事实确认

现实中，股权代持的现象非常普遍，但存在实际出资人与名义股东之间未签署代持股协议，或协议内容违反法律法规强制性规定，或实际

[①] 参见陕西省高级人民法院（2018）陕民再102号再审民事判决书。

出资人未进行出资等多种情况，导致实际出资人很难确认其股东资格。依据《最高人民法院关于适用〈中华人民共和国公司法〉若干问题的规定（三）》的规定，实际出资人在股权代持的情况下要想确认其股东资格，需满足两个条件：一方面，实际出资人与名义股东要签署合法有效的股权代持协议；另一方面，实际出资人要实际履行了出资义务且留有出资的相关凭证。同时，司法实践中，名义股东以公司股东名册记载、公司登记机关登记为由否认实际出资人权利的，法院通常不予支持。

举例来说，在潘某某与某置业公司股东资格确认纠纷一案[1]中，法院认为，原告潘某某诉求其为中某公司的全资出资人、唯一股东，既无其与第三人的代持股协议，亦无其他证据证明登记的股东与实际股东不符，其诉求应予驳回……上诉人潘某某（即原告潘某某）仅能证明其向刘某某转账400万元，未提供代持股协议，在刘某某否认潘某某主张的情况下，无法认定双方之间系代持股法律关系，上诉人的主张证据不足，应承担举证不能的法律后果（即驳回潘某某确认公司股东资格的诉讼请求）。

第二节　公司股权结构设置

在共同出资设立公司的过程中，众多股东往往未对股权结构进行深入的专业考量。这可能是基于股东间的相互信任而随意设定，或是缺乏对"商事+法律"风险及合规管理的深刻理解，导致决策过程中的"即兴"决定。然而，股权结构的不科学和不合理设置，可能导致公司决策陷入僵局。若长时间无法形成有效的决策，极有可能引发股东诉诸法院，要求回购股份或解散公司等。因此，股东间应避免股权结构设置的不科学和不合理，以降低公司发生诉讼案件的可能性。

---

[1] 参见山东省聊城市中级人民法院（2020）鲁15民终1394号二审民事判决书。

一、股权结构设置不合理常见情形

（一）股权比例过于均衡

实践中，一些公司股东为了体现"人和性"，会按照股东人数对股权进行均衡设置，如有两名股东则各占50%的股份，有三名股东则各占33.3%的股份等。该种股权设置虽然能起到股东之间权利均衡的作用，但若公司内部遇到重大事项，尤其是按照《公司法》的要求必须经三分之二以上表决权的股东通过的相关事项时，一旦有一名股东不同意，公司就难以对该重大事项作出决议。特别是在两名股东各占50%股份的情况下，哪怕是公司的一般性事项需要过半数以上表决权的股东通过，两名股东若存在不同意见，公司的正常经营也会受到阻碍，很容易陷入决策僵局。

（二）股权比例部分均衡

有些公司在股权设置时会出现某两名股东股权相等，一名股东持有少数股份，在进行表决时却被该小股东拥有决定权的情况，如三名股东的股权比例为45%、45%、10%或35%、35%、20%。若公司章程规定的一般性事项需要经过半数以上表决权的股东通过，两名持有45%股权的股东意见不一致时，则只需持有10%的小股东同意任何一方的意见就可形成有效决议，此时就会出现小股东对公司事项起到关键性决定作用的情形，从某种程度上来说也可能会对公司的正常管理造成一定的不良影响。

（三）股权比例过于集中

有些股东可能会对公司的运作及发展起到关键性作用，比如某股东的知识成果、人物形象、技能等，导致公司大多数股权集中于该名股东，该股东可能会持有公司50%以上的股份，甚至多达90%以上，从而成为控股股东（大股东），对公司享有相对或绝对的控制权。具体而言，在该控股股东持有股权50%以上但未到67%时，对于公司需经过半数以上表决权的股东通过的一般性事项，该控股股东实际无须经过其他股东的同意就可作出有效决议。若该控股股东持有股权达到67%及以上时，对于公司需经过三分之二以上表决权的股东通过的重大事项，该控股股东也无须经过其他股东的同意就可作出有效决议。

因此，虽然公司的主要经营依托于大股东的资源等，但一旦拥有控制权的大股东出现任何意外情况不能及时处理公司事务，公司将陷入瘫痪的状态，也很容易出现大股东损害或剥夺小股东合法权益的情形。

（四）股权比例严重分散

实践中，还不乏存在公司设立时股东人数较多，且持股比例相等的情况。笔者曾经遇到过一家公司股东有十个人，相互之间为同事关系，从同一家公司辞职后共同创业设立一家新公司，出资金额相同，各占公司10%的股份。后续在公司经营过程中，无论是公司的一般性事项还是重大事项，公司都无法在短时间内作出决议，甚至无法形成有效决议，公司仅经营两年就关闭了。

股东众多的公司在实际经营过程中会出现大部分股东不参与经营管理，仅享受利润分红的情况，当公司事项需要股东表决时，不参与实际经营的股东可能会由于对公司的经营情况不了解，仅从自身权益获得角度出发，而不支持主要负责经营管理的股东的决定。这一方面可能会阻碍公司的发展，另一方面也会打击实际经营管理股东的积极性，从而导致公司经营不下去，短时间内就停止经营甚至注销。

二、关于股权结构设置的合规性建议

股权结构的配置乃公司治理之核心要素，适当的股权分配比例能够实现利益相关方的均衡，激发团队动力，吸引投资者，并确保公司的稳定发展。在企业创立及吸引合作伙伴过程中，企业家可综合考量以下关键因素以合理配置股权结构及比例。

（一）综合考虑股东贡献

1. 需考量股东的资金投入

资本结构是企业运营的基础，股东资本的投入是关键的考量因素，但并非唯一因素。例如，若某企业启动资金为100万元，股东出资70万元，其股权比例亦不宜仅以70%简单设定。

2. 需考量股东的技术贡献

在科技型企业中，技术构成企业的核心资产。对于技术创始人或关键技术人员而言，其技术贡献应通过知识产权评估、技术成果市场价值等途径，在股权分配过程中得到充分的体现。

3. 需考量股东所拥有的市场资源

企业所涉及的资源不仅涵盖客户关系、销售渠道、品牌影响力等关键要素，还包括其他在市场拓展和品牌建设过程中不可或缺的资产。股东所掌握的这些市场资源对于企业的发展和竞争力提升具有深远的影响，因此在股权分配的过程中，这些因素应当被赋予相应的权重和考量。

4. 需考量股东的管理经验与人力投入

对于全职参与公司运营的核心团队成员，特别是公司创始人，其管理经验与时间精力等无形资产的贡献不容忽视。公司可考虑将股权划分为"资金股"与"人力股"，并确保"人力股"占据主要比例。

（二）必要时保障公司控制权

1. 了解股权结构中的关键股权比例线

第一，绝对控股（占股比例超过67%）。持有超过67%股权的股东在公司的一般事务及重大事务上均具备决策权。例如，在公司重大战略决策、章程修改等事项上，绝对控股股东拥有主导权。

第二，相对控股（51%以上）。持有超过半数股权的股东在公司一般事务中拥有决策权，并在重大事项上具备一票否决权。

第三，一票否决权（34%）。持有34%股权的股东拥有对公司重大事项的否决权，该事项需获得超过三分之二股东的同意方能通过。此机制确保了该股东在公司关键决策过程中能够有效维护其权益。

2. 必要时实施创始人控制人保障措施

第一，关于创始人的股权比例问题。创始人或核心管理团队应持有较高比例的股权（如60%至80%），以便主导公司的战略方向。在经历融资过程之后，仍需保持至少30%的股权比例，以确保在公司上市时能够保持控制权。

第二，关于一致行动人协议。若创始人的股权比例未达到三分之二（67%），则可通过订立一致行动人协议，与其他股东协同行动，以实现对公司的控股效果，达到或超过67%。

第三，持股平台。搭建有限合伙企业作为持股平台，创始人担任普通合伙人（GP），掌握决策权和控制权，其他合伙人和小股东作为有限合伙人（LP），享有分红收益权。

第三节 员工股权激励

一、正确选择员工股权激励的方式

实践中经常存在公司为了激励员工而给予员工一定股份（公司赠与或由员工按一定金额出资购买），让员工成为公司股东的情形，即员工股权激励。而很多公司管理者对于员工股权激励的方式存在一定的法律认知错误，导致对应的激励类型、持股方式等存在某种程度上的错误设计，使得公司进行股权激励的效果与其初衷背道而驰并引发纠纷。因此，公司股东及管理者首先需要对实务中较为常见的股权激励类型及员工持股方式进行一定了解，才能结合公司的目的，制订适合公司的员工股权激励方案。

(一) 股权激励类型

第一，股权期权。股权期权在上市公司比较常见，一般的有限责任公司也可使用变通的股权期权的方式对员工进行股权激励。如在引进人才时可与该员工约定，当其在公司工作满五年时可按照×××元每股的价格购买公司的股份。

第二，限制性股权。限制性股权是指公司虽事先给予员工一定的公司股权，但与员工约定该股权不得转让、对外质押等。

第三，业绩股权。业绩股权是公司事先与员工达成约定，当员工业绩达到公司设置的要求时，公司同意出售或赠与一定的股权给员工，或员工可享有公司股权带来的分红权益。

第四，延期股权。延期股权是公司事先给予员工一定的股权，但与员工达成约定，只有当公司的销售业绩达到一定程度或公司发展到一定规模，员工才享有公司股权带来的分红权益。

第五，虚拟股权。虚拟股权不是实质意义上的股权，而更倾向于分红权。员工持有虚拟股权，不享有股权的所有权（通常情况下不会办理股权登记）及表决权，而仅是根据公司的盈利情况享有相应的利润分配。

现实生活中不乏公司管理者本意仅是给予员工一定比例的分红权，以激发员工的工作积极性，却因为误将分红权等同于股权，而与员工签订相关的股权激励协议，并在协议中赋予了员工股权的表决权、分红权等的情况。而一旦员工向公司主张行使股东权利，要求查阅公司账簿等，公司如果不同意，员工就将很大概率向法院起诉要求确认其股东资格，并支持其行使股东权利，法院也可能会凭借股权激励协议等确定员工股东资格，并同意员工以股东身份查阅公司账簿等。因此，公司股东及管理者在进行员工股权激励时，选择正确、合适的股权激励方式是重要前提。

（二）股权持有方式

第一，员工直接持股。即员工以自己的名义直接持有公司给予的股权，且由员工直接与公司签订相关的股权激励协议。该种持股方式通常适用于激励员工人数相对较少的情形，由员工直接持股有利于公司直接与员工之间进行相应的约定，明确股权激励条件及各自的权利义务。

第二，员工通过持股平台间接持股。商事实践中，存在公司一次性给予较多员工股权激励的情形，如给予某一个销售团队股权激励。在这种情况下，公司可选择成立一家持股平台，如一家公司或一家合伙企业等，由员工成为该持股平台的股东，再由持股平台购买公司的股份，成为公司的股东。在员工人数较多的情况下，通过这种间接持股的方式，会更加有利于公司对所激励股权的管理。

二、审慎设置员工股权激励方案及协议

实务中，很多公司管理者认为员工股权激励只是简单地给予员工股份，以提高员工工作积极性，增强其与公司的黏性。这往往导致公司在进行员工股权激励时，未对员工持股的条件进行审慎的设置，导致最终出现即使员工离职也继续持有公司股权且要求分红的情况，而公司不得不通过打官司要求员工退还股权，且可能面临股权难以追回的法律后果。

（一）需对员工股权激励对价进行明确具体的设置

其一，对股权激励中员工获得股权的"先行条件"进行具体明确约定。在实践中，一些公司通过给予员工"期权"的方式对员工进行股权激励，而"期权"对应的是员工获取股权所需达到的"先行条件"，如员工的销售绩效达×××万元、员工获得某项专利等。而若公司对于前述"先行

条件"约定不明确，则会出现员工认为满足了股权激励的条件，但公司认为尚未达到且不同意给予员工股份的情况，双方之间很可能发生争议而诉至法院。法院作出相应判决的主要依据是公司与员工之间签署的股权激励协议，若协议中未对员工所需达到的"先行条件"进行明确约定，法院就很有可能支持员工要求持股或分红的诉讼请求。

其二，对股权激励中员工应履行的对等义务进行具体明确约定。实践中，大量公司在给予员工股权的同时，会要求员工履行相应的对等义务，以作为员工获得公司股份的对价。但是也经常有公司对员工对应义务未进行书面约定（如未约定员工在职期间不得对外转让股份等），导致员工股权激励失去真正的意义；又或是约定不明确（如"为公司创造业绩""服务期限不固定"等），由此导致在公司认为员工能力不达标或员工主动提出辞职时，公司无法凭借股权激励协议等要求员工退还股份或承担相应违约责任。

其三，对员工出资义务进行具体明确约定。实践中，公司在进行股权激励时，员工出资的形式五花八门，经常会出现因为公司对员工出资义务约定不明确而导致员工未出资却享有股权分红的情况。主要包括：第一，员工出资来源于公司借款且以员工名义实缴出资，公司未在协议中明确约定员工返还出资款的时间，甚至未约定出资款为公司借款，导致员工恶意不返还公司借款时，公司无法以员工未实际出资为由要求员工退还股份及已经获取的分红，甚至无法要求员工返还公司借款。第二，员工出资来源于工资或奖金（按月抵扣工资或一次性扣取奖金等），公司未在协议中明确约定员工出资的来源，则可能导致后续员工向相关部门主张公司随意扣发工资或奖金，并以此为由解除劳动合同且要求公司进行经济补偿等情形，公司也将面临在补发相关工资或奖金后难以追回员工已获取的分红的法律风险。第三，公司未在协议中明确约定员工获取股权是否需要出资，且在协议中约定为股权激励等，则可能存在法院认定该股权为公司赠与，实际不需要出资且要求公司根据股权激励协议进行分红的法律风险。

其四，对员工作为股东享有的权利义务进行具体明确约定。对员工进行股权激励，员工较大可能会因此成为公司股东之一，而实践中，很多公司会出于管理的需要，在相对合理的情况下，限制员工股东的某些股东权利，如员工股东不参与公司重大事项表决等。这些限制需要公司在股权激励方案或协议中加以明确，否则公司限制员工股东权利缺乏相应的根据，也可能引发相应的股东权利义务纠纷。因此，若公司希望员工股东的权利区别于公司的出资股东，就需要在设计股权激励方案或与员工签署股权激励协议时，对员工作为股东所享有的具体的权利以及需承担的义务进行明确，否则员工将享有《公司法》赋予的股东权利义务，公司不得随意剥夺或限制。但需要提醒公司管理者注意的是，对员工股东的权利限制需把握一个合理的尺度，否则将失去员工股权激励的初衷即"激励员工"。

（二）需重视股权激励方案及协议与公司其他管理制度的衔接

员工股权激励中的股权与一般的股东股权存在一定的区别，员工股权是基于特定的身份而享有且其权利义务具有双重属性，一方面是股东权利义务，另一方面是劳动者的权利义务。而公司对员工进行管理的根本性文件是公司的相关管理制度，如公司章程、规章制度、员工手册等。实践中，公司在设置股权激励方案或协议时，也存在未全面考虑公司现有管理制度的规定，而导致股权激励方案或协议的约定与公司管理制度的规定不一致的情形。例如，劳动合同中约定的合同期限与股权激励协议中约定的持股期限等不一致。而一旦出现多份有效法律文件中对于同一事项作出不同规定的情况，就会导致公司在主张相关权利时难以确定权利根据，且可能引发审判机关作出的裁判结果对公司不利的法律风险。

（三）需对员工退还股份的情形进行明确具体的设置

员工作为公司的劳动者，可能存在劳动关系随时终止（如员工主动辞职等），或是恶意损害公司利益等情形。因此，在对员工进行股权激励时，公司管理者必须考虑员工作为劳动者及股东的双重身份属性，对员工股权退出情形进行明确具体的设置，否则可能导致劳动关系终止时股权难以收回或员工损害公司利益时无法要求员工退还股份，公司只能通过诉讼追讨。具体而言：

其一，需明确约定劳动关系终止时，员工应退还所持有的公司股权。劳动关系的终止（包括但不限于员工辞职、员工达到法定退休年龄、劳动合同期满终止、员工严重违反公司规章制度被开除等情形），意味着员工股权激励的身份属性不存在了，公司需要及时将股权收回。而收回股权的依据更多的是公司与员工之间签署的相关股权激励协议，若未在协议中对劳动关系终止时员工需退还公司股权作出具体明确的约定，公司要求员工退还股份则缺乏依据，公司就不得不通过诉讼等方式要求员工退还股份，同时还可能存在败诉的法律风险。另外，需提醒公司注意的是，若因公司违法解除劳动关系或因公司违反劳动法而导致员工被迫辞职，即使股权激励协议中约定了劳动关系终止时退股的相关条款，公司可能也无法根据该条款要求员工退还股份。

其二，需明确约定当员工损害公司利益时，应退还所持有的公司股权。实践中经常出现员工因故意或重大过失给公司造成严重经济损失的情形，如员工违反公司业务操作规程导致出现重大安全事故等，而员工损害公司利益并不当然导致劳动关系的终止。那么，在员工损害公司利益但劳动关系又存续的情况下，公司若认为该员工不符合公司的员工激励机制，则需提前在股权激励协议中明确员工损害公司利益时应退还公司股份。另外，对于员工损害公司利益的行为及后果，我国现行法律法规并未作出具体明确的列举式规定，而司法实践中又需要用人单位自行举证证明员工存在损害公司利益的行为以及公司因此遭受的具体损失。若公司未在股权激励协议中明确损害公司利益行为的具体表现形式，也未在公司规章制度中加以规定，一方面公司较难说明员工存在损害公司利益行为的依据，另一方面也可能难以准确计算出因此遭受的经济损失（尤其是潜在的利益）。

由此而言，公司不仅需要在股权激励协议中明确约定员工出现损害公司利益行为时公司可要求员工退出股份，还需要对"员工损害公司利益"这一行为及所产生的后果进行具体明确的约定，避免因为约定太过笼统而无法作为对公司有利的依据使用。

其三，需明确约定当员工违反约定义务时，须退还所持有的公司股份。现实中，可能出现公司员工违反竞业限制义务、保密义务或忠实义务等情形，公司一方面可依据《劳动法》及公司有效规章制度等对员工的劳动关系进行处理；另一方面对于违反前述义务的员工，公司也可能认为不再适合对其进行股权激励而希望员工退回股份。对此，需要公司提前在股权激励协议中对员工违反约定义务时需退还所持有的公司股份作出明确约定，否则可能导致股权追回缺乏相应的依据。

其四，需明确约定当员工工作岗位调整时，应退还所持有的公司股权。实践中，公司给予员工股权激励往往与员工的岗位挂钩，而若员工的岗位发生变化则可能会导致公司股权激励落空。举例而言，若适用公司股权激励的销售经理（且对应任务为年业绩达到××万元）因工作岗位调整为办公室经理且不再负责销售，那么对于公司而言，继续对该销售经理实施股权激励就变得没有意义。在此种情况下，对于具有特殊岗位要求的员工股权激励，公司需在股权激励协议中明确约定当员工工作岗位调整且工作内容发生实质性变更时，公司有权收回股权且员工需配合退还相应的股份，避免引发相应的诉讼或仲裁和公司因缺乏依据而可能面临败诉的法律后果。

（四）需对员工退股的条件进行明确具体的设置

实践中，一些公司虽约定了员工退股的情形，但未约定员工退股的相关细节，如未明确约定员工退股的对价、股权转让的价格、股权转让时间等，导致员工不同意无偿退还股份且要求按照市价进行股权转让，或者员工要求对公司股权价格进行评估，或员工故意拖延不予办理股权转让手续等。而一旦出现前述情况，在公司与员工无法协商一致时，公司就不得不通过打官司来解决前述问题。同时，在股权激励协议中未对前述退股条件作出具体明确约定的情况下，还可能导致法院支持员工的主张而要求公司对收回的股权支付对价，甚至对股权价格进行评估等风险或负担。因此，公司需在股权激励协议中对员工退股的条件进行明确具体的设置，一旦出现员工退股的情形，公司便可按照股权激励协议有条不紊地收回股份。

综上所述，公司股权可以说是公司的灵魂，关乎公司和每一位股东的权益，而股东权益纷争又是公司不断爆发官司的高危领域。公司股东股权确认、股权结构设置及员工股权激励设置将直接影响到公司股东资格、所持股权的比例及权益获得。因此，公司管理者必须从公司长远有序发展的角度，重视股权的确认、股权结构及员工股权激励的法律风险与合规管理。一方面，公司管理者需要从公司经营实际出发，审慎考虑股权结构设置的科学性、合理性；另一方面，公司管理者需要从员工股权激励本质出发，慎重考虑员工持股的比例、条件等，为公司量身定做符合公司实际需要且切实可行的员工股权激励方案，并制定配套法律文件，以实现股权激励的真正价值和作用。总的来讲，就是让有效的法律风险与合规管理助力公司远离股权纷争。

第三章
公司治理法律风险与合规管理

公司治理是公司经营运作的基石，笔者结合多年服务多家公司的经验来看，公司内部经常会出现公司股东之间因经营管理问题发生争议而导致公司解散，或者公司股东会或董事会运作不规范而导致公司无法形成有效决议，从而经营受阻等情况。"人和"对于公司而言固然重要，但治理规范化、合规化在很大程度上决定着公司的长远与未来。因此，公司管理者需严格按照相关法律法规、公司章程及公司内部规章制度等，加强公司治理的合规经营与管理，让公司内部形成规范化、法治化、合规化的长效治理管理机制，避免公司因股东之间、公司与股东之间打官司而陷入经营僵局的尴尬境地。

第一节　公司股东权利义务

一、保障股东合法权利的正确行使

股东权利是基于股东资格和身份而产生的权利，其行使并非不受任何约束及限制。依据《公司法》的规定，公司股东应当遵守法律、行政法规和公司章程，依法行使股东权利，不得滥用股东权利损害公司或者其他股东的利益，否则应当依法承担赔偿责任。对于公司而言，就需要确保在保障和行使股东权利方面合法合规，避免出现随意剥夺股东的法定权利、自身作为股东不合法合规行使权利而导致权利被限制等情况。因此，公司需全面了解股东依法享有哪些权利以及权利行使背后的合规管理要求。

（一）股东可要求公司明确其股东资格及身份

依据《最高人民法院关于适用〈中华人民共和国公司法〉若干问题的规定（三）》的规定，公司应当在股东依法履行出资义务或者依法继受取得股权后，及时签发出资证明书、记载于股东名册并向公司登记机关办理登记。公司若不及时对股东的资格及身份进行明确，将可能面临股东起诉公司要求公司履行前述义务的法律风险；反之，股东若不及时要求公司明确自身的股东资格及身份，后续将可能面临无法行使相关股东权利以及合法权益受损等法律风险。关于股东资格及身份的确认详见本书第二章。

（二）股东可向法院请求撤销公司决议

依据《公司法》的规定，股东会、董事会的会议召集程序、表决方式违反法律、行政法规或者公司章程，或者决议内容违反公司章程的，股东可请求法院撤销公司的相关决议。但股东行使该项权利也需注意如下事项，否则可能导致撤销权灭失或法院不予支持撤销请求：

其一，股东提起撤销决议之诉须自决议作出之日起60日内向法院提起，超过前述时效的，法院将不予受理。

其二，股东向法院提起撤销公司相关决议的，公司可向法院提出要求股东提供相应的担保，法院可依职权决定是否同意，若法院同意，则股东需向法院提供相应的担保。

其三，股东请求撤销的决议应属于在会议召集程序或者表决方式方面存在重大瑕疵的决议，若为仅有轻微瑕疵且对决议未产生实质影响的公司决议，法院对于股东的撤销请求将大概率不予支持。

（三）股东可要求查阅或复制公司相关特定文件材料

依据《公司法》及相关司法解释的规定，股东有权查阅、复制公司章程、股东名册、股东会会议记录、董事会会议决议、监事会会议决议和财务会计报告，并可以要求查阅公司会计账簿、会计凭证。同时，股东查阅前述规定的材料，可以委托会计师事务所、律师事务所等中介机构进行。若公司无正当理由不配合股东或其委托的中介机构行使该项权利或直接拒绝股东查阅相关特定文件，则将可能导致股东向法院起诉，公司将陷入官司当中，且很有可能承担败诉的法律后果。但是，股东行使该项权利也有如下三方面的要求和限制：

其一，股东向法院起诉要求查阅公司特定文件材料时需具备股东资格及身份，或是有初步证据证明在持股期间其合法权益受到损害，否则公司可拒绝股东行使该项权利，法院也将驳回股东相应的起诉。

其二，股东向公司请求查阅会计账簿、会计凭证，应当向公司提出书面请求，并说明目的，且不能存在不正当目的（如股东自营或者为他人经营与公司主营业务有实质性竞争关系的业务，为了向他人通报有关信息而查阅公司会计账簿，可能损害公司合法利益），否则公司在股东提出书面请求之日起 15 日内书面答复股东并说明理由后可拒绝股东查阅，法院也将大概率不予支持股东的相关请求。

其三，股东查阅或复制公司特定文件材料后，必须保守公司商业秘密，一旦泄露公司商业秘密导致公司合法利益受到损害，公司也有权要求其赔偿公司损失。

（四）股东可依法分配公司利润及剩余财产

分配利润通常是股东出资的核心目的，实践中因为利润分配而引发案件的情况比比皆是，结合相关司法实践来看，最主要的问题是股东利润分配方案的形成及执行不合规，由此导致股东之间或股东与公司之间发生争议而诉至法院。而公司作为被告一方时，若无证据证明公司股东之间已经就利润分配形成书面方案或有正当理由无法执行已经形成的方案，将面临败诉的法律风险。因此，公司在进行股东利润分配时，需知晓如下三个方面，以防止不合规的情况出现：

其一，依据《公司法》的规定，股东按照实缴的出资比例分取红利，但公司全体股东也可在协商一致的情况下，对公司利润分配方案作出特别约定，如可约定不按实缴出资比例分配等，同时需签署书面文件进行确认，或形成有效的股东会决议。股东会作出分配利润决议的，董事会应当在股东会决议之日起 6 个月内进行分配。

其二，股东会作出了关于分配利润的有效决议且决议中载明了具体的分配方案，董事会未在规定期限内进行分配的，股东可向法院请求公司分配利润，法院也将大概率判决公司按照决议载明的具体分配方案向股东分配利润。

其三，若公司股东之间未就利润分配方案作出特别约定，就需股东实缴出资且未抽逃资金，股东未履行或者未全面履行出资义务或者抽逃出资，公司可根据公司章程或者股东会决议对股东利润分配请求权作出相应的合理限制。

其四，公司在清算完成之后，公司财产在支付清算费用、职工的工资、社会保险费用和法定补偿金，缴纳所欠税款，清偿公司债务后的剩余财产，股东有权按照出资比例分配公司的剩余财产。

（五）股东可优先认购公司的新增资本

股东（此处指有限责任公司股东）有权优先认购公司新增资本的这一权利在我国《公司法》及相关司法解释中有明确的规定，但实践中仍然大量存在公司侵犯股东优先认购权且遭败诉的情况，往往是公司在处理股东优先认购权时不合规导致，比如未形成书面决议或随意剥夺股东权利等。因此，在股东行使新股优先认购权时，公司应当注意如下合规事项：

其一，公司全体股东可在协商一致的情况下，对公司新增资本优先认购权作出特别约定，如可约定不按实缴出资比例优先认缴出资等，但需签署书面文件进行确认或在公司章程中作出特殊规定，或形成有效的股东会决议，避免股东各执一词而引发争议。

其二，若公司股东之间未就新增资本优先认购作出特别约定，那么股东行使该权利就需实缴出资且未抽逃资金，股东未履行或者未全面履行出资义务或者抽逃出资，公司可根据公司章程或者股东会决议对股东新股优先认购权作出相应的合理限制。

（六）股东可依法转让公司股权及优先购买股权

依据《公司法》及相关司法解释的规定，公司股东对外转让股权，在同等条件下，其他股东有优先购买权。股东对外转让股权及行使优先购买权，需注意如下事项：

其一，股东向股东以外的人转让股权的，应当将股权转让的数量、价格、支付方式和期限等事项书面通知其他股东，其他股东在同等条件下享有优先购买权，其他股东自接到书面通知之日起满30日未答复的，视为放弃优先购买权。

其二，两个以上股东行使优先购买权的，协商确定各自的购买比例；协商不成的，按照转让时各自的出资比例行使优先购买权。

其三，其他股东的优先购买权是在同等条件下方才享有，而所谓的"同等条件"是针对公司股东之外的第三人所提出的条件而言的，且并非仅限于股权转让价格，而是综合考虑转让股权的数量、价格、支付方式及期限等因素。

其四，股东主张股权优先购买权的，应当在收到股权转让股东发出的股权转让通知后，在公司章程规定的行使期间内提出购买请求。公司章程没有规定行使期间或者规定不明确的，以股权转让通知确定的期间为准，通知确定的期间短于30日或者未明确行使期间的，行使期间为30日。其他股东若未在前述期限内作出购买的明确意思表示，则视为放弃优先购买权。

其五，在法院依照法律规定的强制执行程序转让股东的股权时，其他股东在同等条件下有优先购买权，但若自法院通知之日起满20日不行使优先购买权，则视为放弃优先购买权。

其六，股权转让股东向股东以外的第三人转让股权，未就其股权转让事项征求其他股东意见，或者以欺诈、恶意串通等手段，损害其他股东优先购买权，其他股东可向法院主张按照同等条件购买该转让股权，但其他股东应当自知道或者应当知道行使优先购买权的同等条件之日起30日内，或者自股权变更登记之日起1年内向法院提出前述优先购买股权的请求，逾期提出的将不能获得支持。

其七，若股权转让股东未保障其他股东的优先购买权而直接与股东以外的其他人签订股权转让协议，一旦其他股东依法主张行使优先购买权且被法院支持，股权受让人则可以向法院请求股权转让股东承担相应民事责任，如支付违约金、赔偿损失等。

其八，股权转让股东在其他股东主张优先购买后又不同意转让股权的，其他股东可向法院主张其赔偿自己的合理损失。

（七）股东可请求公司收购股权

依据《公司法》的规定，公司股东会作出相关决议而股东不同意该决议且投反对票的，或者公司的控股股东滥用股东权利，严重损害公司或者其他股东利益的，股东可向公司请求按照合理价格收购其股权。股东行使前述权利时，也需注意如下几个方面：

其一，股东仅能针对公司作出法律法规规定的三种决议行使要求公司收购股权的权利，决议包括：（1）公司连续5年不向股东分配利润，而公司该5年连续盈利，并且符合法定的分配利润条件；（2）公司合并、分立、转让主要财产；（3）修改章程而使公司存续的相关决议。

其二，若在相关股东会决议作出之日起60日内，股东与公司不能达成股权收购协议，股东可以自股东会决议作出之日起90日内向法院提起诉讼。

其三，若公司同意收购股东股权，股东应当在六个月内依法转让股权或者注销。

（八）股东可依法对公司及股东权益受损进行救济

若存在董事、监事、高级管理人员执行职务违反法律、行政法规或者公司章程的规定，给公司造成损失或损害股东利益，或者出现他人侵犯公司的合法权益等情况，依据《公司法》及相关司法解释的规定，有限责任公司的股东、股份有限公司连续180日以上单独或者合计持有公司1%以上股份的股东可以自行进行如下权利救济：

其一，对于董事、高级管理人员存在的侵权行为，股东可以书面请求监事会向法院提起诉讼；而若是监事存在侵权行为，则股东可以书面请求董事会向法院提起诉讼。

其二，监事会或者董事会收到股东书面请求后拒绝提起诉讼，或者自收到请求之日起30日内未提起诉讼，或者情况紧急、不立即提起诉讼将会使公司利益受到难以弥补的损害的，股东有权为公司利益以自己的名义直接向法院提起诉讼。

其三，若他人侵犯公司合法权益，给公司造成损失，股东可以按照上述两个步骤向法院提起诉讼。

其四，股东基于上述诉讼案件胜诉而获取的利益属于公司所有的，公司应当承担股东因参加诉讼支付的合理费用。

其五，若董事、高级管理人员损害股东利益，股东可以直接向法院提起诉讼。

（九）股东可向法院请求解散公司

依据《公司法》及相关司法解释的规定，单独或者合计持有公司全部股东表决权10%以上的股东，当公司出现如下情形之一，通过其他途径无法解决时，可以请求法院解散公司：

其一，公司持续两年以上无法召开股东会，公司经营管理发生严重困难。

其二，股东表决时无法达到法定或者公司章程规定的比例，持续两年以上不能做出有效的股东会决议，公司经营管理发生严重困难。

其三，公司董事长期冲突，且无法通过股东会解决，公司经营管理发生严重困难。

其四，经营管理发生其他严重困难，公司继续存续会使股东利益受到重大损失。

另外，需提醒公司股东及管理者注意的是，股东以知情权、利润分配请求权等权益受到损害，或者公司亏损、财产不足以偿还全部债务，以及公司被吊销企业法人营业执照未进行清算等为由，提起解散公司诉讼的，法院将不予受理。

综上可知，《公司法》及相关司法解释赋予了股东各项权利，但权利的背后也存在诸多限制，这必然要求公司股东在行使权利时从法律层面严格把握行使的条件、期限、程序等。同时公司一方面要保障股东的权利，另一方面也要严格监督股东行使权利，只有这样才能让公司的经营正常有序进行。另外，公司股东的权利实际上并非仅限于上述列明的几项权利，还包括选举或被选举董事、监事，提议召开临时股东会、董事会或自行召集、主持股东会，知晓董事、监事、高级管理人员报酬，依章程或依法表决，自然人股东资格依法被继承、起诉关联交易损害公司利益或撤销关联交易合同等，在此不再详述。

二、督促股东全面合规履行法定的义务

有权利就有对等的义务，公司股东在享有公司章程或法律法规赋予的权利的同时，也需严格按照公司章程及法律规定履行义务，否则自身的股东资格和身份将受到影响，也可能无法全面行使权利。而股东不履行相应的义务也必定会给公司的正常运作带来不利影响，如股东不按时足额缴纳出资导致公司缺乏运作资金，股东从事关联交易损害公司合法权益等，因此，公司也需督促股东全面合规履行其法定义务。

（一）股东应按时足额缴纳出资且不得抽逃出资

依据《公司法》的规定，股东应当按期足额缴纳公司章程中规定的各自认缴的出资额，且自公司成立之日起5年内缴足，同时不得抽逃出资。实践中，经常出现股东出资不实、非货币财产出资价额低于认缴出资额、出资后抽逃资金等情形，导致该股东被公司、其他股东及债权人追究相关责任的情形。总的来说，股东不履行出资义务或履行不到位的，公司股东或管理人员可能面临如下法律风险：

其一，股东未按期足额缴纳出资，除应当向公司足额缴纳外，还应当对给公司造成的损失承担赔偿责任。

其二，公司设立时，股东未按照公司章程规定实际缴纳出资，或者实际出资的非货币财产的实际价额显著低于所认缴的出资额的，设立时的其

他股东与该股东在出资不足的范围内承担连带责任。

其三，公司成立后，董事会应当对股东的出资情况进行核查，发现股东未按期足额缴纳公司章程规定的出资的，应当由公司向该股东发出书面催缴书，催缴出资。董事会未及时履行前述义务，给公司造成损失的，负有责任的董事应当承担赔偿责任。

其四，股东未按照公司章程规定的出资日期缴纳出资，公司向该股东发出书面催缴书催缴出资的，可以载明缴纳出资的宽限期，宽限期自公司发出催缴书之日起，不得少于60日。宽限期届满，股东仍未履行出资义务的，公司经董事会决议可以向该股东发出书面的失权通知，自通知发出之日起，该股东丧失其未缴纳出资的股权。股东因此丧失的股权应当依法转让，或者公司相应减少注册资本并注销该股权；6个月内未转让或者注销的，由公司其他股东按照其出资比例足额缴纳相应出资。

其五，公司成立后，股东不得抽逃出资，否则股东应当返还抽逃的出资；给公司造成损失的，负有责任的董事、监事、高级管理人员应当与该股东承担连带赔偿责任。

其六，公司的发起人、股东在公司成立后，抽逃其出资的，由公司登记机关责令改正，处以所抽逃出资金额5%以上15%以下的罚款；对直接负责的主管人员和其他直接责任人员处以3万元以上30万元以下的罚款。

其七，公司的发起人、股东虚假出资，未交付或者未按期交付作为出资的货币或者非货币财产的，由公司登记机关责令改正，可以处以5万元以上20万元以下的罚款；情节严重的，处以虚假出资或者未出资金额5%以上15%以下的罚款；对直接负责的主管人员和其他直接责任人员处以1万元以上10万元以下的罚款。

其八，公司债权人向法院请求未履行、未全面履行出资义务或者抽逃出资的股东，在未出资本息或抽逃出资本息范围内，对公司债务不能清偿的部分承担补充赔偿责任的，法院将予以支持。

其九，股东未履行或者未全面履行出资义务或者抽逃出资，公司可根据公司章程或者股东会决议对其利润分配请求权、新股优先认购权、剩余财产分配请求权等股东权利作出相应的合理限制。

其十，股东未履行出资义务或者抽逃全部出资，经公司催告缴纳或者返还，其在合理期间内仍未缴纳或者返还出资，公司可以以股东会决议解除该股东的股东资格。

（二）股东不得从事关联交易

依据《公司法》及相关司法解释的规定，公司的控股股东不得利用其关联关系损害公司利益，违反规定给公司造成损失的，应当承担赔偿责任。关联交易损害公司利益的，公司及其他股东可向法院主张要求控股股东承担损失赔偿责任，同时若关联交易合同存在无效或者可撤销情形，公司及其他股东可向法院主张确认合同无效或撤销合同。

（三）股东不得随意减少出资

《公司法》规定股东各自所认缴的出资额应自公司成立之日起5年内缴足，这一规定打破了以前公司注册资金的"绝对认缴制"。"绝对认缴制"是公司可以在章程中任意设置注册资金的金额、股东认缴出资的年限等，该种认缴制也导致实践中存在一些公司注册资本虚高（如注册资本1亿元），认缴期限过长（如50年）等问题。与此同时，《公司法》还规定了"本法施行前已登记设立的公司，出资期限超过本法规定的期限的，除法律、行政法规或者国务院另有规定外，应当逐步调整至本法规定的期限以内；对于出资期限、出资额明显异常的，公司登记机关可以依法要求其及时调整。具体实施办法由国务院规定"。这一规定的出台则意味着未来可能出现大量此前注册资本虚高的公司需要对公司进行减资，这背后实际上就是公司的股东不再愿意承担此前随意认缴的过高的出资金额。因此，一方面，公司管理者应当重新审视公司的注册资本，结合自身的实际发展需要设置公司注册资本；另一方面，公司股东更应当重新考量自己对公司的出资，结合自身的真正投资需要认缴出资，切勿盲目认缴。同时，股东要想减少出资而导致公司需减少注册资本的，无论是公司还是股东都应当按照《公司法》的要求，做好减资的法律风险与合规管理。具体要求如下：

其一，公司减少注册资本，应当由股东会作出减少注册资本的决议，且该决议应当经代表三分之二以上表决权的股东通过。

其二，公司减少注册资本，应当编制资产负债表及财产清单。公司应当自股东会作出减少注册资本决议之日起10日内通知债权人，并于30日内在报纸上或者国家企业信用信息公示系统公告。债权人自接到通知之日起30日内，未接到通知的自公告之日起45日内，有权要求公司清偿债务或者提供相应的担保。

其三，公司减少注册资本，应当按照股东出资比例相应减少出资额，法律另有规定、有限责任公司全体股东另有约定的除外。

其四，公司减少注册资本用于弥补亏损的，公司不得向股东分配，也不得免除股东交纳出资或者股款的义务，公司还应当自股东会作出减少注册资本决议之日起30日内在报纸上或者国家企业信用信息公示系统公告。

其五，公司减少注册资本后，在法定公积金和任意公积金累计额达到公司注册资本50%前，不得分配利润。

其六，公司违反《公司法》的规定减少注册资本的，股东应当退还其收到的资金，减免股东出资的应当恢复原状；给公司造成损失的，股东及负有责任的董事、监事、高级管理人员应当承担赔偿责任。

三、依法保护小股东的合法权益

公司小股东虽然持有的股份较少，或可能不实际参与公司的经营管理，但这并不意味着小股东的合法权益可以随意被损害或剥夺，小股东也当然享有法律赋予的股东资格和权利。小股东的权益一旦受到损害，可以依据《公司法》等法律规定，通过诉讼等法律手段维护自己的合法权益。

而对于公司而言，股东之间或公司与股东之间出现诉讼等纠纷实际上会给公司业务的开展带来负面的影响。比如公司在对外进行项目合作时，若合作相对方了解到公司因为小股东权利受损而正在诉讼，可能导致合作相对方认为公司内部管理不规范、股权架构不稳定等而取消合作。

因此，公司需重视小股东的权益保护。小股东除享有法律法规赋予的一般性的股东权利外，还享有相关特殊权利，具体如下：

其一，召集及主持股东会的权利。依据《公司法》的规定，当公司董事会不能履行或者不履行召集股东会会议职责的，且监事会也不召集和主持的，代表十分之一以上表决权的股东可以自行召集和主持股东会。

其二，提议召开股东会临时会议的权利。依据《公司法》的规定，代表十分之一以上表决权的股东提议召开临时会议的，公司应当召开临时会议。

其三，提议召开董事会临时会议的权利。依据《公司法》的规定，代表十分之一以上表决权的股东可以提议召开董事会临时会议。董事长应当自接到提议后 10 日内召集和主持董事会会议。

其四，请求法院解散公司的权利。依据《公司法》的规定，公司经营管理发生严重困难，继续存续会使股东利益受到重大损失，且通过其他途径不能解决的，持有公司 10% 以上表决权的股东，可以请求法院解散公司。

针对此问题，企业可实施以下合规管理策略，以确保小股东的合法权益得到充分的尊重与保障。

其一，完善公司章程。在公司章程中明确界定小股东的权利与义务，确保其权益得到具体落实。同时，明确股东会、董事会、监事会的职能及议事规则，以防止因程序不明确而侵害小股东的权益。

其二，规范决策程序。严格遵循股东会及董事会的召集与召开流程，确保小股东得以参与公司决策过程。在重大事项的决策过程中，充分吸纳小股东的意见，以保障其知情权与参与权。

其三，强化信息披露机制。定期向所有股东公开公司财务状况、经营成果及重大事项，确保小股东能够及时且准确地掌握公司运营的相关信息。

其四，构建争议解决机制。设立专门的股东权益保护机制，以及时解决股东间的争议与纠纷。提倡通过协商、调解等非诉讼方式解决股东争议，以规避诉讼对公司可能产生的负面影响。

其五，强化内部监督机制。充分行使监事会的监督职能，确保公司管理层的合法合规经营，维护小股东的权益。定期对公司的治理结构和运营状况进行评估，及时识别并纠正可能侵害小股东权益的行为。

第二节　公司组织机构设置

一、依法设置股东会的职权及规则

（一）股东会职权的设置

依据《公司法》的规定，有限责任公司股东会由全体股东组成。股东会是公司的权力机构。股东会的职权包括：（1）选举和更换董事、监事，决定有关董事、监事的报酬事项；（2）审议批准董事会的报告；（3）审议批准监事会的报告；（4）审议批准公司的利润分配方案和弥补亏损方案；（5）对公司增加或者减少注册资本作出决议；（6）对发行公司债券作出决议；（7）对公司合并、分立、解散、清算或者变更公司形式作出决议；（8）修改公司章程；（9）公司章程规定的其他职权。

除上述职权外，《公司法》还规定公司为公司股东或者实际控制人提供担保的，必须经股东会决议。一方面，公司在对外提供担保时需严格按照规定作出股东会决议；另一方面，公司在接受其他公司为其股东或实际控制人提供的担保时，也需审查该公司是否作出股东会决议以及作出决议的程序、内容等是否符合该公司章程规定或法律规定，避免出现因无相关决议或决议无效或不成立而导致担保无效的法律风险。

举例来说，在某水利公司与某投资公司、某建设公司股权转让纠纷一案①中，法院认为，系争《担保协议》仅有占某建设公司（合同担保方）15.83%股权的戴某某签字，并非系由单独或者共同持有公司三分之二以上有表决权的股东签字同意，故不能在没有公司机关决议的情况下，认定《担保协议》符合某建设公司的真实意思表示。因此，某建设公司、某贸易公司对某投资公司系争债务的担保无效，两担保人均无须承担担保责任。

（二）股东会召开程序、议事规则及决议内容的设置

依据《公司法》的规定，公司召开股东会会议，应当于会议召开15日前通知全体股东；但是，公司章程另有规定或者全体股东另有约定的除外。

股东会的议事方式和表决程序通常情况下由公司章程规定，但作出修改公司章程、增加或者减少注册资本的决议，以及公司合并、分立、解散或者变更公司形式的决议，则必须经代表三分之二以上表决权的股东通过，若公司章程的规定违反前述议事方式和表决程序，则可能会存在章程规定无效或决议被撤销的法律风险。

另外，依据《公司法》的规定，若公司股东会的决议内容因违反法律、行政法规而无效，或者决议内容违反公司章程的，则可能面临被法院撤销或被法院认定决议不成立的法律风险。

---

① 参见上海市高级人民法院（2019）沪民终415号二审民事判决书。

二、依法设置董事会的职权及规则

(一) 董事会职权的设置

依据《公司法》的规定,董事会对股东会负责,行使下列职权:(1)召集股东会会议,并向股东会报告工作;(2)执行股东会的决议;(3)决定公司的经营计划和投资方案;(4)制订公司的利润分配方案和弥补亏损方案;(5)制订公司增加或者减少注册资本以及发行公司债券的方案;(6)制订公司合并、分立、解散或者变更公司形式的方案;(7)决定公司内部管理机构的设置;(8)决定聘任或者解聘公司经理及其报酬事项,并根据经理的提名决定聘任或者解聘公司副经理、财务负责人及其报酬事项;(9)制定公司的基本管理制度;(10)公司章程规定或股东会授予的其他职权。

(二) 董事会议事方式、表决程序及决议内容的设置

依据《公司法》的规定,董事会的议事方式和表决程序,除公司法有规定外,由公司章程规定。董事会应当对所议事项的决定作成会议记录,出席会议的董事应当在会议记录上签名。董事会决议的表决,实行一人一票。若董事会的会议召集程序、表决方式违反法律、行政法规或者公司章程,则可能面临董事会决议被法院撤销的法律风险。

《公司法》同时规定,董事会的决议内容违反法律、行政法规的无效。董事会的决议内容违反公司章程的,股东可以自决议作出之日起60日内,请求法院撤销,但是,董事会的会议召集程序或者表决方式仅有轻微瑕疵,对决议未产生实质影响的除外。

例如,在某食品公司等与王某某等公司决议效力确认纠纷一案[①]中,

[①] 参见北京市第一中级人民法院(2023)京01民终2786号二审民事判决书。

法院认为公司章程规定，董事长是公司的法定代表人，在公司章程没有依法变更的情形下，临时董事会决议中关于赵某某担任法定代表人并完成工商变更登记手续的决议内容，违反公司章程的规定，应属不成立。

三、依法设置监事会（审计委员会）的职权及规则

（一）监事会（审计委员会）职权的设置

《公司法》规定，有限责任公司可以按照公司章程的规定在董事会中设置由董事组成的审计委员会，行使本法规定的监事会的职权，不设监事会或者监事。监事会的职权包括：（1）检查公司财务；（2）对董事、高级管理人员执行公司职务的行为进行监督，对违反法律、行政法规、公司章程或者股东会决议的董事、高级管理人员提出解任的建议；（3）当董事、高级管理人员的行为损害公司的利益时，要求董事、高级管理人员予以纠正；（4）提议召开临时股东会会议，在董事会不履行公司法规定的召集和主持股东会会议职责时召集和主持股东会会议；（5）向股东会会议提出提案；（6）当董事、高级管理人员执行职务违反法律、行政法规或者公司章程的规定，给公司造成损失时，对其提起诉讼；（7）列席董事会会议，并对董事会决议事项提出质询或者建议；（8）发现公司经营情况异常，可以进行调查；（9）可以要求董事、高级管理人员提交执行职务的报告；（10）公司章程规定的其他职权。

（二）监事会会议制度的设置

依据《公司法》的规定，监事会每年度至少召开一次会议，监事可以提议召开临时监事会会议。监事会的议事方式和表决程序，除公司法有规定的外，由公司章程规定。监事会决议应当经全体监事的过半数通过，一人一票。监事会应当对所议事项的决定作成会议记录，出席会议的监事应当在会议记录上签名。

第三节　公司董事、监事、高级管理人员

一、慎重选择董事、监事、高级管理人员，避免出现资格禁止情形

选择对公司发展有利且具备一定管理能力的人员固然很重要，但是公司不能忽略董事、监事、高级管理人员的任职资格限制。也就是说，不能选聘法律规定的不得从事董事、监事、高级管理人员的人员，否则可能会因董事、监事、高级管理人员资格不符而导致公司无法作出合法有效的决议。因此，公司需了解到底哪些人员不得担任公司的董事、监事、高级管理人员。依据《公司法》的规定，有如下五种情形的人员不得担任公司的董事、监事、高级管理人员：

其一，无民事行为能力或者限制民事行为能力。

其二，因贪污、贿赂、侵占财产、挪用财产或者破坏社会主义市场经济秩序，被判处刑罚，或者因犯罪被剥夺政治权利，执行期满未逾5年，被宣告缓刑的，自缓刑考验期满之日起未逾2年。

其三，担任破产清算的公司、企业的董事或者厂长、经理，对该公司、企业的破产负有个人责任的，自该公司、企业破产清算完结之日起未逾3年。

其四，担任因违法被吊销营业执照、责令关闭的公司、企业的法定代表人，并负有个人责任的，自该公司、企业被吊销营业执照之日起未逾3年。

其五，个人因所负数额较大债务到期未清偿被法院列为失信被执行人。

若公司违法选举、委派、聘任上述情形之一的人员担任公司董事、监

事或者高级管理人员,该选举、委派或者聘任无效。同时,董事、监事、高级管理人员在任职期间出现上述所列情形的,公司应当解除其职务。

二、了解董事、监事、高级管理人员的法定义务及法定的禁止行为

在公司选定了合适的董事、监事、高级管理人员之后,公司可在章程中或者与董事、监事、高级管理人员签订的劳动合同或聘用协议等文件中,对该等人员所应承担的职责以及不得从事的行为等作出具体的规定或约定。但即使在章程或相关合同中没有规定或约定具体的职责及禁止行为,董事、监事、高级管理人员也必须履行相关法定义务且不得从事禁止性行为。因为董事、监事、高级管理人员一般在公司的重要岗位上,他们如果作出对公司不忠诚或法定的禁止行为,对公司而言将可能是致命的打击。

依据《公司法》的规定,董事、监事、高级管理人员需履行如下法定义务:其一,对公司忠实,应当采取措施避免自身利益与公司利益冲突,不得利用职权牟取不正当利益;其二,对公司勤勉,执行职务应当为公司的最大利益尽到管理者通常应有的合理注意;其三,股东会要求董事、监事、高级管理人员列席会议的,应当列席并接受股东的质询;其四,公司出现法定的解散事由时,董事作为公司清算义务人,应当在解散事由出现之日起 15 日内组成清算组进行清算。

同时,依据《公司法》及相关司法解释的规定,董事、监事、高级管理人员不得有下列行为:(1)侵占公司财产、挪用公司资金;(2)将公司资金以其个人名义或者以其他个人名义开立账户存储;(3)利用职权贿赂或者收受其他非法收入;(4)接受他人与公司交易的佣金归为己有;(5)擅自披露公司秘密;(6)未向董事会或者股东会报告,且未按照公司章程的规定经董事会或者股东会决议通过,本人或有其他关联关系的关联人直接或者间接与本公司订立合同或者进行交易;(7)未向董事会或股东会报

告，且未按照公司章程规定经董事会或者股东会决议通过而利用职务便利为自己或者他人谋取属于公司的商业机会；（8）未向董事会或者股东会报告，且未按照公司章程的规定经董事会或者股东会决议通过，自营或者为他人经营与其任职公司同类的业务；（9）违反对公司忠实义务的其他行为。

举例而言，笔者曾服务过一家企业，该企业委托公司的一名董事（负责公司的日常经营管理）设立一家子公司，专门用于经营该企业的某一领域的业务，后续该企业未参与子公司设立及经营的事项。一段时间之后，该企业发现该名董事将子公司注册在了其个人名下，该名董事为子公司的唯一股东，且利用子公司的账户及其个人账户收取本属于该企业的款项和收入，并未将收取的款项及收入返还给该企业。该企业因为未及时对该董事的忠实义务和禁止性行为进行督促及监管，导致损失了近1800万元，该董事最后也因触犯职务侵占罪而被判处近10年的有期徒刑。

三、加强对董事、监事、高级管理人员的责任监管并及时采取救济行动

当公司的董事、监事、高级管理人员从事损害公司利益或法律规定的禁止行为时，公司若不清楚董事、监事、高级管理人员所需承担的相应责任，以及放任损失扩大而不及时采取救济措施及行动，就可能面临巨额亏损甚至关闭的风险。

依据《公司法》及相关司法解释的规定，董事、监事、高级管理人员需承担的法律责任如下：

其一，董事、监事、高级管理人员执行公司职务时违反法律、行政法规或者公司章程的规定，给公司造成损失的，应当承担赔偿责任。

其二，董事、监事、高级管理人员执行公司职务时违反法律、行政法规或者公司章程的规定，损害股东利益的，股东可以向法院起诉要求赔偿损失。

其三，董事、高级管理人员未对公司尽到忠实义务和勤勉义务导致股东出资未缴足的，公司债权人可向法院起诉要求董事、高级管理人员承担相应责任。

其四，抽逃出资的股东在抽逃出资本息范围内对公司债务不能清偿的部分承担补充赔偿责任时，公司债权人可向法院起诉要求协助抽逃出资的董事、高级管理人员对此承担连带责任。

其五，原股东处分股权造成受让股东损失，受让股东可向法院起诉要求对于未及时办理变更登记有过错的董事、高级管理人员承担相应责任。

其六，董事作为清算义务人未及时履行清算义务，给公司或者债权人造成损失的，应当承担赔偿责任。

另外，公司可以在董事任职期间为其因执行公司职务承担的赔偿责任投保责任保险。董事会应当向股东会报告责任保险的投保金额、承保范围及保险费率等内容。

第四章
合同法律风险与合规管理

我国《民法典》共 7 编 1260 条，其中合同编合计 526 条，占比超过 40%；而根据《2024 年全国法院司法统计公报》显示，民事一审共收案 18236998 件，其中合同和准合同纠纷共 12781493 件[①]，占比约 70%，同比呈上升趋势。结合前述数据来看，在日益完善的法治环境下，合同在成为公司对外开展业务重要桥梁的同时，也逐渐成为公司法律风险的主要来源之一，如合同违约风险、合同履行不能风险等。合同纠纷可能给公司带来高额的经济损失、公司发展僵局以及商业信誉受损等，甚至会直接导致公司关闭、清算或破产。

  导致合同纠纷如此多发的主要原因在于许多公司管理者仅意识到了合同管理的重要性，但未意识到合同管理不是简单地签订合同、保管合同，而是需要从合规管理层面，将可能引发的法律风险（如合同变更未签订补充协议视为未变更）、可能出现对公司不利的法律后果（如合同条款约定不明导致公司败诉）贯穿到合同管理的整个过程中。也就是说，公司管理者需以"商业+管理+法律"三位一体的视角，结合自身经营模式，打造特有的合同法律风险与合规管理长效机制，才能真正实现让公司不打合同纠纷官司或者不怕打合同纠纷官司。

---

① 参见《2024 年全国法院司法统计公报》，载最高人民法院网站，http://gongbao.court.gov.cn/Details/3ece7439305fa8bf1a7aae143d1598.html，最后访问于 2025 年 6 月 9 日。

第一节 合同订立

合同订立阶段的法律风险与合规管理往往是公司管理者最容易忽视的环节，笔者结合经办过的大量合同纠纷案件，发现合同相对方名称错误导致无法起诉或败诉、双方仅订立口头合同导致举证不能而败诉等情况比比皆是，实际上只要在合同订立阶段加强法律风险与合规管理工作，这些情况就都可以避免。正所谓"好的开始等于成功的一半"，合同订立作为合同管理的开始，关键在于通过有效的措施选对合作对象，形成一份充分保障公司合法利益的书面合同。

一、合同订立前

（一）明确交易的现实性、必要性及合法性

第一，结合公司自身的履约能力判断交易是否具有现实可行性。实践中不乏存在明知交易难度很大，但为了公司创收或业绩"搏一把"的现象，如一些中小规模的公司为了拿到大公司的订单，明知合同条款设置不公平、不合理且不能对合同条款进行修改，仍抱着侥幸心理进行交易。在这种情况下，公司须审慎评估该笔交易是否具有现实性，即一方面，公司是否能按照相对方的要求履行合同；另一方面，该笔交易能否给公司带来经济效益或品牌效益等。若该笔交易不存在现实可行性，如相对方的要求根本无法满足，则公司将面临合同违约的风险，可能因此被相对方起诉要求承担违约责任并进行巨额经济赔偿。

第二，结合实际需要判断交易是否确属必要。若公司暂时无法确定该项交易是否需要进行，则不建议公司通过"拍胸脯"等方式向交易对方承诺履约的能力、期限等，导致相对方因产生充分的信赖而相应投入大量人

力、物力、财力。若双方就此达成缔约的合意，甚至签订书面声明、会议记录、备忘录等文件确定交易细节，或通过发送相关电子邮件、微信等对交易细节进行洽谈，在很大程度上会构成《民法典》第四百九十五条规定的预约合同。若公司后续不履行预约合同约定的订立合同义务，则可能面临承担违约责任的法律风险，公司还可能因此构成合同诈骗。

第三，先行调查了解交易标的及行为是否合法。公司管理者需根据磋商进度和情况深入了解交易背后的合法性问题，如交易标的是否存在法律法规禁止交易的情形（如交易盗窃的物品等）；或交易行为是否存在导致合同无效的情形①（如以合同形式掩盖非法目的等）。若存在交易标的或行为不合法的情形，极可能导致合同无效，交易双方需返还各自财产，一旦交易对方拒绝返还公司支付的款项，则公司需通过提起诉讼或仲裁的方式追回款项，且相对方可能已经转移财产，即使赢了官司也无法追回财产②。同时，若交易标的本身是交易对方犯罪所得，公司以低于正常市场价的价格购得，还可能因此被牵连触犯刑法，涉嫌掩饰、隐瞒犯罪所得罪。

（二）审慎选择缔约相对方

第一，对缔约相对方的主体资格进行审查，确保其具备签约主体资格。一方面，缔约相对方若为公司，则必须具备独立的法人主体资格，即在市场监督管理部门设立登记并取得营业执照。未领取营业执照的分公司

---

① 值得注意的是，《最高人民法院关于适用〈中华人民共和国民法典〉合同编通则若干问题的解释》第十七条规定："合同虽然不违反法律、行政法规的强制性规定，但是有下列情形之一，人民法院应当依据民法典第一百五十三条第二款的规定认定合同无效：（一）合同影响政治安全、经济安全、军事安全等国家安全的；（二）合同影响社会稳定、公平竞争秩序或者损害社会公共利益等违背社会公共秩序的；（三）合同背离社会公德、家庭伦理或者有损人格尊严等违背善良风俗的。人民法院在认定合同是否违背公序良俗时，应当以社会主义核心价值观为导向，综合考虑当事人的主观动机和交易目的、政府部门的监管强度、一定期限内当事人从事类似交易的频次、行为的社会后果等因素，并在裁判文书中充分说理。当事人确因生活需要进行交易，未给社会公共秩序造成重大影响，且不影响国家安全，也不违背善良风俗的，人民法院不应当认定合同无效。"

② 本章下文中提及的"合同无效"的法律风险及法律后果与此处一致。

或公司内设部门一般不具备独立的法人主体资格，公司可要求缔约相对方提供营业执照等主体资料进行核对，检查营业执照上是否有"分支机构"等字样。缔约相对方若为自然人，则必须具有完全民事行为能力，一般是年满18周岁。公司可要求自然人提供身份证等身份资料对年龄进行核对。若缔约相对方不具备签约主体资格，则可能导致所签订合同在未被相关真正的权利人（如分支机构的母公司、未成年人的法定监护人）认可之前处于效力待定的状态，若真正的权利人不认可合同，则合同将被认定为无效。

第二，对缔约相对方履约能力进行审查，确保其有合同履行的能力。无论缔约相对方是法人还是自然人，都需要注重对其财产状况、资信状况、涉诉及执行情况等进行全面的审查，以确保其有足够的财产履行合同且不存在因诚信问题而恶意违约的风险。同时，若交易相对方为法人，还需注重对法人的注册资金、经营状况、行政处罚等情况进行审查。

第三，对缔约相对方的代理人身份及权限进行审查，确保其代理行为有效。若缔约相对方委派代理人进行合同的洽谈及签订工作，则公司一方面要审查代理人身份信息，即其是否具备完全民事行为能力，可让其出示身份证件；另一方面要审查代理人的代理权限，即其是否具备洽谈及签订合同的权限，可要求代理人提供公司及法定代表人出具的授权委托书，审查授权范围是否包括合同洽谈及签订，且授权期限仍在有效期内。如果公司不做好前述审查工作，而代理人实际上是无权代理或超越代理权代理，在缔约相对方不予认可代理人行为时，可能导致合同无效。

（三）选择适当的合同形式

实践中，较为常见的合同形式有书面合同及口头合同。一般而言，口头合同具有成本低、简单方便的特点，同时也存在取证难、容易引起纠纷等风险，因而更多适用在及时结清、法律关系简单、标的额较小的交易中。书面合同虽签署周期较长，成本较高，但具有形式固定、易取证等优点，因而可适用在履行期限长、法律关系较为复杂、标的额较大的交易中。因此，公司可根据具体的合同标的、法律关系、金额大小等选择适当的合同形式。建议公司尽量选择书面合同，同时，法律法规规定某些公司必须采用书面形式，如建设工程施工合同、融资租赁合同等，对于这类合同，不能通过约定方式排除法定的书面要求。

二、合同订立时

（一）准确设定合同名称

实践中，往往存在因对法律关系理解错误或其他原因而导致合同名称与合同内容不一致的情形，如合同名称为股权转让协议，但实际上仅是合同一方按出资享有分红，并未涉及股东权利义务。而合同名称与合同内容不一致，将导致双方对合同真正的法律关系认定不清，一旦合同双方就此各执一词，则势必引发合同纠纷，若无法协商一致，就得通过打官司的方式由审判机关来确定合同法律关系。同时，不排除审判机关作出的认定与公司的主张不一致，导致公司订立合同的目的最终无法实现。

举例来说，在笔者曾代理的一宗租赁合同纠纷案件中，合同名称写的是承包经营协议，但内容实际上是场地租赁，导致在法院立案时因合同名称与实际内容不一致而无法确定案由，笔者与法院多次沟通，才将案件确定为房屋租赁合同纠纷案件。但在实际审判过程中，因合同中很多关于承包经营方面的条款乃至违约责任条款等不属于房屋租赁的范畴而不能被法院认定为房屋租赁合同纠纷，公司无法根据合同追究对方违约责任，遭受重大损失。

因此，建议公司根据实际的交易模式及双方所商定的具体权利义务，准确设定合同名称，若无法准确把握交易背后的法律关系，则建议聘请法律专业人士对合同进行审查。

（二）科学设置合同条款

交易双方的权利义务主要通过合同条款约定呈现，因而合同条款的设置是合同法律风险与合规管理的重中之重。

第一，务必设置合同必备条款。合同必备条款（如当事人名称或者姓名、标的、数量等）不完备可能导致合同从根本上无法履行，甚至合同不成立。举例来说，合同双方约定交易一批电视机，在合同中未写明交易标的为电视机，则合同因缺乏标的这一必备条款而无法成立；若合同中约定了交易标的为电视机，但未写明交易的数量，若双方后续无法达成补充协议，则将导致合同无法履行。

第二，准确把握合同主要条款。合同主要条款（如质量、价款或者报酬、履行期限、地点和方式、违约责任、解决争议的方法等）如果约定不清楚，可能导致合同履行出现争议，甚至对方借此恶意违约。举例来说，货款支付时间约定不明确，对方可能会借此故意延期支付货款，即使约定了违约金，也无法确定违约金起算时间，导致公司合法权益严重受损。

第三，注重合同其他重要条款的设置。根据实践经验，合同中其他重要条款的设置也可能对合同双方的权益产生重大影响。举例来说，合同中未约定通知与送达条款，则可能因相对方送达地址不明确而导致公司不能有效送达书面催告文件，无法及时对合同履行进行催告并中断诉讼时效；未约定律师费、评估鉴定费、差旅费等司法维权成本费用由违约方承担，则可能导致公司作为守约方承担更多的诉讼成本，且会降低违约方的违约成本，增加对方的违约概率。

第四，所有合同条款需约定准确、规范、详尽。商事实践中经常出现合同条款约定不准确、不规范、不详尽等情形，如合同中约定采购十台电脑，但未约定具体的电脑型号，可能导致双方在履行过程中发生争议，如果无法协商一致，就要通过诉讼或仲裁解决，不排除法院作出对自己不利的判决。因此，公司需对所有合同条款进行审慎地审查，确保所有合同条款准确无误、用语规范且约定详尽，避免引发不必要的争议及诉讼。

（三）注意把握合同订立主体与签约主体的一致性

合同订立主体是行使权利并承担责任的民事主体，而签约主体是最后签字或盖章的民事主体，合同订立主体与签约主体应当保持一致。现实中存在合同首页写明的合同一方公司名称与合同尾页印章上注明的公司名称不一致的情形。在这种情形下，一旦合同双方就合同履行发生争议，公司欲通过诉讼或仲裁方式解决，就可能因合同主体不明确而无法确定被告或被申请人，进而被法院或仲裁机构不予立案受理。

因此，公司需要注意：一方面，要审查合同上加盖的公司印章或所签署的自然人姓名是否与合同首页订立主体一致；另一方面，当签约主体为代理人时，注意审查授权委托书中受托人的姓名是否与签约处的代理人姓名一致，尤其是在与国外公司签订合同且该公司按国外交易惯例不予加盖公司印章时，更应该多加注意。

（四）准确把握合同签订方式

实务中，很多异地公司之间存在大量的贸易往来，彼此为了节省时间及金钱成本，会选择现场签约之外的其他签约方式，如邮寄、扫描、传真等，因此也经常出现因签约方式不当导致合同未生效的情况。对此，公司需注意：一方面，通过邮寄方式签订合同的，需注意所邮寄地址的有效性，若签约对方为法人，邮寄地址一般为合同约定的送达地址；无约定的，则按市场主体登记注册地址邮寄。若签约对方为自然人，邮寄地址为合同约定送达地址；无约定的，则按自然人身份证上注明的地址邮寄。另一方面，通过扫描或传真方式签订合同的，由于扫描件及传真件的法律效力相当于复印件，与原件的法律效力并不等同，建议公司事先在合同中约定扫描件或传真件的法律效力等同于合同原件，且后续双方在扫描件或传真件上直接加盖公司印章，以作为合同原件留存。

另外，空白合同相当于无限授权，故除非确有必要，不要为了签约方便而随意留有加盖了公司有效印章的空白合同，否则如果公司人员在不告知公司的情况下用空白合同与相对方签订了合同，公司将不得不履行合同义务以避免承担违约责任。

（五）注意把握合同订立时间、生效时间及条件

第一，需注意写明合同签订的时间。在笔者审查过的合同中，大量存在公司签约时不写明签约时间的情形。公司往往认为不写签约时间不会对合同履行产生影响，但事实上，公司如果想凭借合同去起诉相对方要求支付款项，就可能面临合同生效的时间、支付款项的时间、违约金起算时间等无从确定的情况，进而导致法院结合合同实际履行情况来确定相关时间的起算点，甚至出现法院从公司起诉之日起算违约金等费用的情况。若相对方延期付款长达两三年，意味着公司无法追讨多年的违约金，公司也将因为一时疏忽而蒙受巨大的经济损失。

第二，需明确约定合同生效时间。在笔者审查过的合同中，经常有公司在合同中遗漏约定合同的生效时间。在此情况下，只能依据《民法典》第五百零二条的规定，认定合同自成立时生效。而对于合同何时成立，双方又可能各执一词，如果无法达成一致，就将引发合同纠纷案件。

第三，在附条件生效或附期限生效的情况下，需清楚约定生效条件或生效期限。在笔者审查过的合同中，有的合同中约定了附条件生效或附期限生效，但往往所附生效条件或生效期间约定不清楚，或与实际情况不符，或同一份合同中出现多个合同生效要件或生效期限且前后不一致。一旦合同各方对所附条件及期限存在争议，又无法协商一致，则将面临诉讼或仲裁。

举例来说，在一宗合同纠纷案件中，公司向法院起诉要求合同相对方支付预付款及逾期付款的违约金，而合同中既约定了合同自双方盖章签字

之日起生效，又约定合同自对方交付预付款之日起生效。逾期付款一方（被告）向法院主张其未支付预付款所以合同未生效。最后法院采纳了被告的主张并就此判决合同未生效，驳回了原告的全部诉讼请求。此案中，公司不仅没有收到预付款及违约金，且前期为履行合同耗费的成本也无法追回，遭受了巨大的经济损失。

第四，对于依法需办理批准等手续才生效的合同，公司应履行相应程序。需要注意的是，依据《民法典》第五百零二条第一款、第二款的规定，除法律另有规定或者当事人另有约定外，依法成立的合同，自成立时生效。依照法律、行政法规的规定，合同应当办理批准等手续的，依照其规定；未办理批准等手续影响合同生效的，不影响合同中履行报批等义务条款以及相关条款的效力。应当办理申请批准等手续的当事人未履行义务的，对方可以请求其承担违反该义务的责任。因此，对于法律、行政法规规定应当办理批准等手续才生效的合同，公司应当依照规定履行相应程序，否则将面临合同不生效，以及合同相对方请求承担违反该义务的责任的法律风险。

第二节　合同履行

合同履行过程中，经常因多种因素发生履约条件变更或合同一方无法继续履行等情况，这就很容易引发合同纠纷。合同履约过程本质上是一个动态的过程，而合同履行阶段也是合同纠纷的多发阶段，对该阶段进行有效的法律风险与合规管理，在很大程度上可避免合同纠纷演变为诉讼或仲裁案件。

一、对合同履行实施全方位的法律监管

第一，对公司内部进行监管即自我监管。公司对于自身的合同义务需

及时履行到位，且在公司内部做好全方位的履约监控，如财务部门付款进度、生产部门生产及交货进度等，否则就会因公司自身违约而被相对方起诉要求履行合同且承担违约责任，公司也将面临支付违约金、赔偿相对方损失等法律后果。若确实出现合同履行延迟或履行不能等情形，需及时与合同相对方沟通，尽量争取对方的谅解并签订补充协议，变更相关合同条款。

第二，对合同相对方的动态进行监管。一方面，对合同相对方义务的履行实时跟踪及监管。要准确把握合同相对方的履约时间节点，在相对方不及时履行时，需进行催告，采取有效措施防止损失扩大，并为后续维权创造有利条件。另一方面，需对合同相对方的履行能力进行监管。一旦发现合同相对方履行不能或拒绝履行，如失去生产能力、资金状况出现问题、为逃避违约责任恶意转移资产、公司办公地址空置等，要及时行使不安抗辩权、合同解除权等权利，否则合同可能无法继续履行，且即使通过打官司获得了胜诉判决，也会因对方名下无任何财产可供执行而导致债务无法得到清偿。

第三，对合同签订时的客观情况进行监管。在合同履行过程中难免会遇到订立合同时的客观情况发生重大变化（如市场环境因素、国家政策、不可抗力等），导致合同无法继续履行或需适时调整合同条款。此时，公司管理者要及时与合同相对方沟通，提前解除、终止合同或变更合同条款，否则可能导致合同双方出现争议或合同双方损失不断扩大。

二、准确把握合同履行变更

第一，确定合同变更的必要性，切勿单方随意变更合同。《民法典》第五百四十三条规定，当事人经协商一致，可以变更合同。公司要考量变更合同的必要性，即使确有必要，也不能单方随意变更合同，而需与相对方协商一致方能变更，否则将面临违约的法律风险。

第二，准确把握合同变更的尺度。合同内容变更一般是指合同内容的非根本性变更，变更后的合同基本条款、主要内容和变更前需保持同一性及连续性，否则可能产生一份新的合同，直接导致原合同关系的消灭。如将原合同中的标的物"×××牌汽车"变更为"×××牌自行车"，因标的物发生了根本性的变化而产生一份新的合同。

第三，选择适当的合同变更形式。实务中，有的合同双方经常会通过电话沟通的方式对合同条款作出调整，事后却未补充签订书面协议。若合同一方按照口头约定履行了变更后的义务，而对方不予承认，那么已经履行变更后合同义务的一方将遭受经济损失。举例来说，在某个案件中，合同双方约定买卖100个包装箱，之后买方负责对接的业务人员打电话要求多送60个包装箱，所以卖方一次性送了160个包装箱，但送货单上并未对数量进行更改，双方事后也未签订补充协议。之后买方仅支付100个包装箱的货款，不同意支付增加的60个包装箱的货款。卖方诉至法院，却因合同变更证据不足，而被法院驳回了要求支付增加60个包装箱货款的诉讼请求，因此遭受了100多万元的经济损失。

第四，对合同变更事项作出具体明确的约定。《民法典》第五百四十四条规定，当事人对合同变更的内容约定不明确的，推定为未变更。若后续合同相对方否认合同变更事实，则公司需提供其他证据证明已经变更了合同或已经实际履行了变更后的合同义务，否则将面临举证不能且需继续履行原合同或履行的变更后合同义务的部分不被法院认可等法律风险。

举例来说，在一份采购合同的补充协议中，采购方希望售货方能尽早发货并要求写进补充协议中，售货方则在协议中写道"售货方将尽量提前将货物送至采购方指定地点"，该表述实际上就是对交货时间变更约定不明确，最后即使售货方未提前交货，采购方也无法依据补充协议追究售货方延迟交货的违约责任。

第三节 合同终止

实践中，大多数公司管理者会认为合同终止仅仅指合同履行完毕，且此后双方相互不负有任何义务及责任。但事实上，合同因权利义务履行完毕而终止仅是合同终止的一种情形，实践中还存在因一方违约而合同终止等情况，且即使合同正常终止也还有相应的附随义务需要履行，否则公司将需承担违约责任或赔偿损失。

一、正确、及时行使合同解除权

商事交易中，行使合同解除权往往存在两种极端现象：一种是不具备解除条件但滥用合同解除权。所谓滥用，指的是合同一方虽出现违约行为但不构成根本违约，合同另一方在合同未约定解除条件且不符合法定解除条件的情况下，随意作出解除合同的意思表示，导致合同无法继续履行，此时对方可能会向法院起诉要求其继续履行合同，并承担相应违约责任。另一种是具备解除条件但不及时行使合同解除权导致权利消灭。在此情况下，公司后续无法再通过行使合同解除权来防止公司的损失不断扩大。因此，行使合同解除权必须正确、及时。

第一，明确合同解除的依据，不可擅自解除合同。合同解除依法分为三种：第一种，协议解除，即合同双方通过协商一致的方式提前解除合同。此时，要注意与合同相对方制订并签署协商解除合同协议，对于合同已履行和未履行部分、双方责任承担及免除等作出明确约定，避免日后产生分歧，引发纠纷。第二种，约定解除，即双方基于合同约定的解除事由而解除合同。若在合同履行过程中出现合同一方违约且合同解除事由满足的情形，合同守约方可根据合同约定及时行使解除权，维护自身权益，防止违约方不断违约加大己方损失。第三种，法定解除。法定解除权是法律赐予合同当事人的"尚方宝剑",即在出现《民法典》第五百六十三条规定的法定解除事由时,当事人可通过行使法定解除权来消灭合同关系,及时止损。

第二,审查合同解除的必要性,不可随意解除合同。实践中,经常出现公司管理者因为一时意气用事而发出解除合同的通知,之后又反悔想要继续履行合同的现象。但依据我国《民法典》第五百六十五条的规定,合同自通知到达对方时解除。也就是说,无论公司是基于何种原因解除合同,只要解除合同的通知有效到达了相对方,合同就自始解除。若一方反悔希望继续履行合同,双方也再无继续承担合同权利义务的根据。

第三,把握合同解除权行使的期限,防止解除权消灭。依据我国《民法典》第五百六十四条的规定,合同解除权的行使期限主要分为四种情形:(1)合同有约定,从约定,即合同当事人可在合同中对解除权的行使期限作出具体约定;(2)合同未约定,则从法定;(3)合同既未约定又无法定,在对方催告后的合理期限内行使;(4)合同既未约定又无法定的,对方也未催告的,解除权人应当在解除条件成就后的一年内行使。举例来说,《最高人民法院关于审理商品房买卖合同纠纷案件适用法律若干问题的解释》第十一条第二款规定:"法律没有规定或者当事人没有约定,经对方当事人催告后,解除权行使的合理期限为三个月。对方当事人没有催告的,解除权人自知道或者应当知道解除事由之日起一年内行使。逾期不行使的,解除权消灭。"

同时,法律法规规定的解除权的行使期限,如上述规定中的"一年",实际为除斥期间,即该期限不可中断、延长,期限一过则权利消灭。若公司不及时在法定期限内行使解除权,则在解除权期限届满后需继续履行合同,从而导致损失继续扩大。

第四,行使合同解除权的前置法律程序。公司应当采用法律规定或当事人约定的方式行使合同解除权。依据我国《民法典》第五百六十五条的规定,当事人一方依法主张解除合同的,应当通知对方,合同自通知到达对方时解除。通知可以采用书面形式、口头形式或其他形式，但为了避免争议，建议最好采用书面形式。同时，法律、行政法规规定解除合同应当办理批准等手续的，应当依照其规定。另外，还需判断解除函件或邮件的内容表述是否达到了解除的法律效力，如清楚表达解除合同的意思；解除函件或邮件是否有效送达合同相对方，如寄送到合同中约定的相对方地址且能证明已经送达对方（如 EMS 妥投证明），否则可能面临被法院认定合同尚未解除，双方需继续履行合同，解除合同一方承担违约责任并赔偿损失等法律风险。

二、注意合同终止后的附随义务履行

合同基于某种原因终止后，并不意味着合同当事人的义务全部终结，公司管理者往往忽略对合同附随义务的履行，导致后续被合同相对方起诉要求承担损失赔偿责任而不知其所以然。所谓合同附随义务，是指基于诚实信用原则所产生的，合同当事人根据合同的性质、目的和交易习惯所应承担的义务，包括通知义务、协助义务、保密义务、注意义务、说明义务、照顾义务、忠实义务、减损义务等。这些合同附随义务并非基于合同约定而履行，也不能通过合同约定予以排除，且因不同的主给付义务而不同。例如，出卖人在交付所出售的产品后应向买受人告知产品的使用方法；在专利实施许可合同履行完毕后，使用方具有保密的义务等。若公司对合同附随义务不了解或不履行，则可能面临赔偿相对方损失等法律风险。

因此，建议公司管理者根据合同的性质及内容，全面了解己方在合同终止后是否有应当履行的附随义务，如果有，则应当及时履行；如果合同相对方有应当履行的附随义务而不予履行，应及时发出函件催告或采取法律手段维护自身权益。

三、注重对合同结算和清理条款的履行

《民法典》第五百六十七条规定，合同的权利义务关系终止，不影响

合同中结算和清理条款的效力。所谓结算和清理条款，是指合同中关于经济往来的结算以及合同终止后如何处理合同债务问题的条款，如建筑工程施工合同中的工程款结算、长期供货合同中的库存清理等条款。也就是说，若合同当事人事先对合同解除或终止后的债务处理问题等在订立合同时作出了约定，则即使合同提前解除或终止，或者合同被撤销或认定无效，合同双方也应当继续履行合同中的结算和清理条款，否则可能因逾期履行或不履行而面临承担违约责任或赔偿损失的法律风险。

因此，公司管理者要注意对合同中结算及清理条款的准确把握，在合同解除或终止后及时按照约定进行财务结算或债务清理，在发现合同中的结算及清理条款约定不明确或不再适用当时的情况时，要及时与相对方沟通并进一步作出具体明确的书面约定。

四、建立系统化、规范化的合同归档体系

实践中，经常出现公司将合同档案分散在不同人员手中且随意借用等情形，甚至还有合同履行完毕后销毁合同的情况，这些都是合同档案管理不当的表现。事实上，合同档案的法律风险与合规管理直接关系到公司在出现纠纷时谈判地位的优劣，或打官司时的胜败几率。这是因为一旦公司对合同、催告函件等文件保管不当（毁损或丢失等），就相当于前期的合同法律风险与合规管理工作前功尽弃，公司将面临无任何有力证据支撑的悲惨局面。因此，为避免这种情况的发生，公司要做好如下工作：

第一，合同归档实行专人负责制。公司管理者可委派专人或专门的部门（视公司规模而定）对合同相关文件统一归档保管，以免出现因太过分散而导致文件原件丢失的情形。

第二，合同归档应当系统化。合同的归档并非仅对合同文本的妥善保管，而是合同履行过程中涉及的所有文件都必须妥善收集并保管，如送货单、补充协议、催款函等，建议每份合同建立独立的档案，将所有相关文件放置在同一档案中并制作目录标明文件名称，以便随时查阅原件资料，

形成系统化的合同档案。

第三，文件原件借阅实行登记制。为避免出现因合同相关文件被借阅后未能及时归还而丢失且无法归责的情形，建议公司对合同相关文件的原件实行借阅登记制度，即谁借阅、谁登记、谁负责。

综上可知，合同法律风险与合规管理是一项系统、动态、专业的工作，每一份合同背后都可能隐藏着巨大的法律、案件风险及巨额的经济损失。若能建立健全卓有成效的合同法律风险与合规管理体系，风险和损失则可以得到有效防范和避免。上文中提及的管理事项仅是合同法律风险与合规管理过程中的主要环节，合同法律风险与合规管理实际还包括合同模式设计（如年度合同及子合同等）、合同转让、合同证据收集与保存、合同法定义务履行等。

基于此，笔者建议公司聘请法律专业人士结合本公司的实际情况，量身制订公司合同法律风险与合规管理制度，形成长效机制，确保日常的合同管理顺当且不偏离法律轨迹运行，同时还可以有针对性地开展与合同管理相关的专项延伸，如合同专项调研、制订合同审查制度、合同法律风险专项体检与评估、合同法律风险与合规管理培训、合同法律风险与合规管理数字化转型等，以助力公司充分发挥合同所带来的经济效益，实现做大做强的目标。

第五章
应收账款法律风险与合规管理

国家统计局网站发布的数据显示，2024年末，全国规模以上工业企业应收账款26.06万亿元，比上年末增长8.6%①。应收账款金额持续增加，将导致公司的资金压力加大，影响公司日常经营活动的资金周转速度和现金流。同时，应收账款管理不当，形成较多的坏账、呆账，势必导致公司借贷需求增大，形成较多外债。公司若长时间处于入不敷出的状态，将可能面临长期亏损甚至破产关闭的风险。

因此，应收账款的管理对公司具有非常重要的意义。管理应收账款并不是简单的催收账款，若发出的催收函无法成为对公司有利的证据，无法有效中断诉讼时效，同样会导致法律风险的发生，甚至最终因案件败诉而带来实际性的利益损害。公司应收账款法律风险与合规管理需从法律要求及司法实践出发，涵盖"事前预防、事中控制、事后监管"三大环节，确保整个管理体制、催收流程等都符合法律的要求，以实现让公司不打官司就能收回款项或者不怕通过打官司来有效催收账款。

---

① 《2024年全国规模以上工业企业利润下降3.3%》，载中国政府网，https://www.gov.cn/lianbo/bumen/202501/content_ 7001385.htm，最后访问于2025年3月7日。

第一节 事前预防

应收账款的事前预防是指公司提前采取有效措施，防范应收账款的形成。笔者结合实务经验，发现应收账款多为因合同形成的债权。

一、充分了解交易相对方资信

交易相对方的支付能力及诚信与否在一定程度上决定了未来款项收回的概率及时间。若一开始在选择交易相对方时就从款项收回角度注重对交易相对方的调查了解，就会大大减少未来应收账款的形成，确保让公司不用打官司。

其一，审查交易相对方的主体资格，避免后续出现因主体资格不适格导致合同无效或交易行为无效，以致没有适格的账款支付主体而形成应收账款历史挂账，且最终成为呆账、坏账。

其二，了解交易相对方的行业业绩、商业信誉，通俗来说就是交易相对方在该行业内的"口碑"，重点关注款项支付情况、诚信程度等，避免后续出现交易相对方严重不讲诚信、恶意违约不予支付款项等法律风险。

其三，了解交易相对方的资信状况，如是否被列入失信被执行人名单等。若交易相对方因债务未履行而被列为失信被执行人，则其很有可能要么实际无支付能力，要么有支付能力但恶意规避支付义务，一旦与其交易则可能面临后续款项无法收回的法律风险。

其四，了解交易相对方的债务情况，审查是否存在巨额债务风险，如了解交易相对方的涉诉情况以及是否会对支付能力产生影响，或让交易相对方提供近两年的财务报表以查看资产负债情况等，以避免出现交易相对方存在巨额债务而无支付能力，导致款项无法收回的法律风险。

其五，了解交易相对方的财产状况，如公司账户信息及存款、名下动产或不动产等，一方面了解对方的支付能力，另一方面防止未来出现违约情形时对方名下无任何财产可供执行。同时，提前了解对方财产状况也有利于后续诉至法院时，及时向法院提出诉讼保全申请，避免款项无法收回的风险，让公司不怕打官司。

其六，了解交易相对方的实际控制人的情况，如了解对方法定代表人、公司董事长、控股股东等可能成为实际控制人的自然人或法人的资信状况、履约历史等，尽量排除实际控制人原因导致交易相对方恶意违约的情形，如因实际控制人存在大量诉讼案件或未清偿债务而影响公司的支付能力等。

二、交易谈判中重视账款回收细节

在交易谈判过程中，交易双方通常会确定交易模式、交易时间、交易地点等商务条款，却往往对款项支付细节把握不够。举例来说，在笔者审查过的公司合同或代理过的公司合同纠纷案件中，不乏合同中对款项支付时间约定不明确（如"合同签订后支付第一笔款项"），或款项支付存在条件限制（如"款项支付前提为甲方收到第三方支付的款项"），或款项支付延期无任何违约责任等情况，这些对账款收回细节的忽视都将直接导致公司收取款项的难度增大，甚至面临账款无法收回的法律风险。

因此，公司管理者在与交易相对方进行商务谈判时，需注重洽谈账款金额、账款支付时间、账款支付方式、账户信息、延期付款违约责任等细节，确保账款能及时收回或即使无法及时收回也可通过后期谈判或诉讼的方式收回。

三、签订书面合同，明确账款相关条款

在实践中，不乏交易双方未签订书面合同，而仅作出口头约定的情形，导致双方对账款回收细节无法确定，如此一来，前期商务谈判再成功也只是徒劳。一旦后期交易相对方不支付款项，将会存在证据不足（无法

证明存在交易行为等)、款项收回无时间限制等问题,公司也将面临即使打官司也难以收回款项的风险。

同时,交易双方在签订书面合同时,除需对账款收回的条款作出具体明确的约定外,合同其他主要条款与账款收回也有着密切的关系,同样需要具体约定,如数量、质量条款等,否则也将直接影响账款的收回。具体来说:其一,若对数量条款约定不明,又无货物签收凭证(或指向不明),则会存在应收账款总额无法确定的风险;其二,若对质量条款约定不明,则会存在交易相对方以质量不符合要求为由拒绝支付应收账款的风险;其三,在需要运输的交易中,若对运费、保险费、装卸费、保管费等费用约定不明确,则会存在应收账款数额无法确定的风险;其四,若对履行期限、地点和方式等约定不明确,则会存在应收账款起算时间无法确定,难以进行催收的风险;其五,若未约定交易相对方延期付款的违约责任,就需按照《民法典》合同编的相关规定执行,则会存在应收账款权益减少的风险;其六,若对争议解决方法约定不明或约定异地诉讼或仲裁,则会存在后期诉讼或仲裁成本较大,应收账款权益相对减小,或是执行难度加大,导致应收账款收回时间延长等风险;其七,若对通知与送达条款约定不明或未约定,则会存在相关催收文件难以有效送达,甚至超过诉讼时效的法律风险,等等[①]。

四、建立公司内部客户诚信数据库

实践中,公司与同一交易相对方多次发生纠纷,且最终导致公司遭受巨额经济损失的情况很多,一般可能是公司内部对客户信息掌握不全面、信息不对称导致的。基于此,公司可建立内部的客户诚信数据库,在发生新的交易时先在诚信数据库中检索客户信息,排除非优质客户,充分发挥应收账款事前预防的功能,最大限度保障公司的收款率,降低公司打官司

---

① 详见本书第四章之《合同法律风险与合规管理》。

的概率。

具体来讲：其一，主动了解交易相对方的履约历史，如此前是否存在恶意违约的情况等，并进行翔实记录；其二，可结合交易相对方的履约情况、支付能力、资信状况、违约情况等，详细记录交易相对方的相关信息，建立客户的信息卡；其三，对于资信较差、支付能力较差、有过违约历史的交易相对方，在诚信数据库中进行特别标识并坚决摒弃，除非交易相对方同意就交易行为提供足额的抵押或担保；其四，需定时或不定时结合交易相对方的实际情况，对诚信数据库进行更新。

第二节　事中控制

应收账款数额的控制有赖于公司管理者在交易过程中有效地对交易情况进行动态监管，及时采取措施有效防止因交易相对方主观或客观情况变化，而导致应收账款数额的增加，以及防范应收账款催收难度加大且无法收回，从而面临公司案件频发甚至败诉的法律风险。

一、交易履约监管到位

其一，注重对合同条款履行情况的监管，特别是注意对一些重要条款的履行，如货物交付时间、付款时间、质保期条款及违约责任条款等，认清合同履行所处阶段，及时根据合同约定收取相应的款项；其二，及时对履约进度进行分析，判断继续履行合同将面临的重点和难点，以及应收账款收回的可能性，进而制订应对措施；其三，对交易相对方进行动态跟踪，若交易过程中出现了交易相对方履约不积极的情况，公司需及时调查了解交易相对方的经营情况、资信状况、对继续履约所持的态度、实际控制人变更等信息，为随时可能发生的违约情况及应收账款追收风险做好充分的准备。

举例来说，钢材企业甲公司与建筑单位乙公司合作近 10 年，即使乙公司时而存在欠款，也因为甲公司的有效追收而如数归还。但乙公司的法定代表人（实际控制人）移民出国，将公司整体交由其弟弟经营管理并将法定代表人变更为其弟弟，而弟弟的作风比较投机、冒险，接手公司后投资房地产发生巨额亏损，导致公司严重资不抵债。甲公司以为乙公司资信水平没有变化，连公司更换了法定代表人都不知情，等到乙公司的欠款越来越多且迟迟不予支付时，甲公司才决定向法院提起诉讼进行追讨。但甲公司在起诉过程中发现乙公司已经破产，破产债务巨大，甲公司最终只能通过破产程序追回欠款总额的 5%，损失了 300 多万元，代价惨重。

二、交易变更必要、适当且明确

若在交易过程中出现了交易相对方支付能力下降或客观情况发生变化等情况，导致应收账款的收回时间及条件等发生变化，则公司需与交易相对方重新商定，对相关条款进行变更。对于合同的变更，公司要注意如下三个方面：一是交易变更必须是必要的，不得随意变更，否则公司自身可能构成违约。如在交易过程中，公司发现交易相对方被列入失信被执行人名单，认为其支付能力很大程度降低或丧失，公司作为交付货物一方因担心下一批货物交付后无法收到相应的款项而直接减少货物数量或不予送货，同时未与交易相对方先行沟通，了解其支付能力状况，则公司前述行为实际上是对合同的单方变更，且未必是必要的，若交易相对方不同意减少货物数量，那么公司将可能构成单方违约。二是交易变更必须采用书面形式，如签订补充协议等，若对款项支付时间、支付方式及条件等作出了调整而未通过书面方式加以确定，后续就难以证明双方对变更事项达成了一致，就会被视为交易双方未作出变更，双方仍需按照原合同履行。三是必须对交易变更的内容进行明确具体的约定，否则即使交易双方就变更事项达成了一致，也可能出现交易相对方不认可双方协商一致的结果，而选择对其自身有利的主张。届时可能存在如下法律风险：要么法院经审查后采纳交易相对方的主张而作出对公司不利的判决，要么视为交易双方实际未就合同条款进行过变更而认定双方需继续履行原合同。

三、交易中止或终止及时、正确

公司在交易过程中发现交易相对方出现严重不讲诚信、恶意违约不予支付款项或严重丧失履约能力等情形时，需及时利用法律武器维护自身的权益。具体而言，一方面，公司可及时行使不安抗辩权。依据《民法典》第五百二十八条的规定，在交易过程中，若公司作为先履行债务的当事人一方，有确切证据证明交易相对方出现经营状况严重恶化，转移财产、抽逃资金以逃避债务，丧失商业信誉等丧失或者可能丧失债务履行能力的情形，公司可以中止履行先合同义务，但应当及时将中止履行的情况及事由通知交易相对方；若交易相对方提供适当担保，公司应当恢复履行。若公司中止履行后，交易相对方在合理期限内未恢复履行能力且未提供适当担保，则视为其以自己的行为表明不履行主要债务，那么公司可以解除合同，终止合同的履行，并可以要求交易相对方承担违约责任。与此同时，公司若没有确切证据证明符合中止合同履行的条件，不得随意中止履行，否则将面临承担违约责任的法律风险。

另一方面，在交易过程中，如果交易相对方严重不讲诚信且已经构成根本违约，那么公司可根据合同中关于合同解除的约定，或根据法定的合同解除条件，及时且正确地行使单方解除合同的权利。及时行使是为了避免损失进一步扩大，正确行使是需保证公司解除合同不存在权利瑕疵，避免自身解除不当而导致违约。

四、证据收集全面、准确

公司在交易过程中控制应收账款的规模，除及时采取上述法律风险与合规管理措施外，尤其要注重对整个交易过程中相关文件、资料的收集，形成对自身有利的证据链。在出现应收账款无法及时收回的情况时，可以有效利用证据链通过法律手段进行追讨，让公司不怕打官司。具体而言，以设备采购交易为例，公司需收集合同及相关补充协议、设备交付凭证、设备验收凭证、催款凭证（如书面函件、签收记录、快递底单、妥投证明等）、付款或结算凭证及相应发票、相关往来函件等资料。这些是公司后续在委托法律专业人士通过法律手段追讨账款时需提供的资料，若缺失可能会影响法院对应收账款收取时间、方式、诉讼时效等的认定，导致作出对公司不利的判决，面临无法收回应收账款的法律风险。

第三节 事后监管

对一家公司而言，应收账款事前预防及事中控制法律风险与合规管理到位，可以有效控制应收账款的数额及规模。但公司还是可能会因对方故意违约等而存在一定数额的应收账款。应收账款的存在并不可怕，可怕的是公司未能对应收账款进行有效监管，即缺乏事后监管法律风险与合规管理，导致无法通过法律途径或其他合法渠道催收，使公司在诉讼中也处于劣势地位，最终形成呆账、坏账。

一、全面动态掌握账款情况

从形成原因来看，公司的应收账款有多种类型，如货款、租金、管理费、工程款、许可经营费等；从形成时间来看，应收账款有一年期、五年期等时间长短不等的类别。基于此，公司需全面动态掌握应收账款的情况。具体而言，一方面，公司需全面收集应收账款的相关信息，如应收账款的种类、数额、账龄、形成原因、催收情况、现状等，并将这些信息统一详细地记录，以方便公司内部随时查看账款情况，及时采取有效措施进行催收。另一方面，公司内部应定期召开应收账款催收专题会议，结合前述账款信息的收集情况，负责账款催收的相关人员对账款情况进行说明，并就下一步需采取的催收措施进行讨论。必要时公司也可外聘法律专业人士参加会议，由法律专业人士从法律角度对账款的情况进行分析，提示催收风险并提出相关的法律意见与建议，以帮助公司采取正确的催收法律风险与合规管理措施，让公司在不得不通过打官司追讨应收账款时占据优势地位，实现以诉促谈。

如笔者提供常年法律顾问服务的一家公司，成立时间较长及其他原因存在较大数额的应收账款，且数额呈现持续增长的趋势，陷入"资不抵债"的困境，严重影响了公司的经营能力。为此，上级集团决定将该公司当年的重点工作放在应收账款催收上，要求必须在一年期内回收账款超过50%。因此，公司收集应收账款的所有信息，并每周召开一次应收账款催收专题会议，公司领导、财务人员、业务人员、账款催收部门人员、顾问律师等全部参加会议。在此基础之上，公司通过具体账款具体分析的方式，及时有效地采取了催收法律措施，一年时间内完成了上级集团交代的催收指标及任务，公司经营困境得以改善，应收账款的规模及呆账、坏账的数额都得以有效控制。

二、及时主动催收账款

实践中，不少公司因为缺乏风险意识未能及时催收应收账款，或者催收方式不符合法律要求，导致应收账款超过诉讼时效期间，而且有时账款数额巨大。如笔者服务过的一家公司因为未及时催收应收账款，导致1000万元的款项超过诉讼时效而无法追回。因此，及时主动催收应收账款是账款得以收回的必备条件。

其一，需在公司内部树立主动催收的意识，加强对公司管理层及员工关于应收账款催收的培训，强调主动催收的重要性，避免出现由于公司内部懈怠或疏忽大意而错过账款催收的最佳时间，或是超过诉讼时效，或是交易相对方已无任何财产。

其二，需在法定的诉讼时效内及时采取催收措施，结合应收账款支付的时间节点，准确计算每笔应收账款诉讼时效的起算时间，并按照法定的诉讼时效期间（一般为 3 年），计算对应的截止时间，且在到期之前及时采取有效的催收措施，以防止超过诉讼时效导致公司丧失"胜诉权"。

此外，需提醒公司管理者注意的是，假设公司某笔应收账款诉讼时效已经届满，公司仍可尝试进行催收，不排除交易相对方因不了解公司内部信息、更换实际控制人、正在筹备 IPO 上市担心引发诉讼等，而在公司发出的催收文件上盖章确认的可能性，一旦其对该笔账款进行了确认，即意味着诉讼时效将重新起算，公司也将重获法庭胜诉的机会。

举例来说，笔者在给一家公司提供常年法律顾问服务的过程中，该公司因历史原因导致一笔 5000 万元的应收账款超过了诉讼时效且时间长达 10 年之久，因此咨询笔者关于该笔账款催收的法律意见。笔者建议该公司向对方发出对账函，先行查看对方对该笔账款的态度，结果对方在对账函上盖章确认并将对账函寄回了公司，后续经了解是由于对方更换了领导且其财务账上显示有该笔应付款项且挂账多年，对方领导基于诚信而选择确认该笔账款。

三、采取有效措施催收账款

笔者结合担任多家公司常年法律顾问的实务经验，发现实践中大部分公司催收应收账款的方式五花八门，但多数催收只是表面功夫，未起到任何实质上的作用，直到超过诉讼时效才恍然大悟。最常见的催收方式有：打电话催收、直接上门口头催收、给对方不特定的人员发邮件催收、发传真催收（未指定传真号）、发函催收（未指定收件地址）等。这几种催收方式背后隐藏的法律风险是很可能被视为未催收、未中断诉讼时效，并不能让公司不打官司或少打官司，反而会让公司在诉讼中处于劣势地位。

具体而言，其一，打电话或直接上门口头催收，基本上很难形成书面证据，即使存有录音，也可能因录音未征得对方同意导致证据来源不合法而不被法院采纳。而且大部分录音无法从通话或谈话内容中获取双方的主体信息，存在因信息不全无法识别主体被法院否定关联性而不予采纳的风险，因此该种方式实际上不可取。但是，直接上门催收并当场送达催收文件且交易相对方同意签收，通常可以达到有效催收的效果。

其二，向对方不特定的人发邮件催收，虽然在邮件正文中可明确作出催收账款的意思表示，但公司需证明接收邮件的人是对方的内部工作人员且负责对接该项目，而仅凭电子邮箱的名称往往很难识别收件人的主体信息。因此建议公司在合同中明确约定交易双方用于联系的指定电子邮箱，向该指定邮箱发送催收邮件就无须另行证明收件主体。

其三，发送传真进行催收，若未在合同中明确约定对方的传真号，且对方否认收到过催收传真件，则公司较难证明已准确有效送达了催收传真件，因此建议公司在合同中指定交易双方的传真号。

其四，发函催收，虽然该种方式可形成对公司最有利的书面证据，但若对方收件地址并非公司登记注册地址或合同中指定的收件地址，且对方否认收到过相关催收文件，公司就较难证明已经有效送达。同时，实践中大量公司人员通过圆通等快递寄送催收文件，虽然这种快递方式同样可以将催收文件送达给交易相对方，但这并非法律意义上所称的有效送达，因为公司仅能通过互联网查询快递投递情况并通过截图的方式证明催收文件已经送达，而无法由快递公司开具相应的证明文件。因此，建议公司在合同中对交易双方的收件地址及联系人作出具体明确的约定，同时最好通过邮政 EMS 快递方式向合同指定地址寄送催收文件并及时向邮政公司索要妥投证明。另外，建议公司将前述收件地址及联系人约定为诉讼文书的送达地址，防止后续诉讼过程中对方故意拒收法律文件而导致法院需公告送达，使得公司账款收回时间被拖延。

四、及时采取法律手段进行追讨

实践中，很多公司不愿意采取打官司的方式追讨应收账款，认为其成本高、时间长且执行难。笔者也多次遇到公司管理者因为不想打官司而错过打官司最佳时机的情形。但笔者认为有两种官司不得不打：其一，"无计可施"的官司，公司如果可以通过其他合法渠道将款项收回，大可不必去打官司，但现实是已经无其他办法可想，唯有通过法律这一最后兜底方式争取收回款项；其二，"拖无可拖"的官司，即明确知道交易相对方已经负债累累，甚至随时濒临破产，起诉越晚可获取的权益越小，需尽快通过法院判决的方式将债权进行确认，即使对方负债很多或破产，也可凭法院判决文书申请参与分配或进行债权申报。

因此，在"无计可施"及"拖无可拖"时，需及时通过法律手段催收账款，若到此时仍然不拿起法律武器维护自身的权益，法律也将不保护"躺在权利上睡大觉的人"。

第四节　长效机制

公司应收账款催收实际上是一项常态化的工作，贯穿在公司整个经营活动当中，而且应收账款催收法律风险与合规管理是否得当又在一定程度上决定着公司的盈利及经营能力。比如，实践中往往一份合同中最后一笔货款或质保金才是公司真正的盈利所在，若公司不对该项常态化工作加以重视，提升公司内部账款催收法律风险与合规管理的能力，则最后一笔货款或质保金收回的可能性很小。因此，建议公司建立应收账款催收法律风险与合规管理长效机制，形成一套应收账款催收的"宝典"，重点解决"谁来追""何时追""怎么追"的问题，让公司内部人员有效催收账款，提升公司回款能力及利润率，让公司应收账款催收不必打官司，通过讲事实、摆证据就能有效收回款项。

一、实施应收账款催收专人负责制

建议公司成立应收账款催收部门或指定专门的催收人员，明确专人的催收职责、行为规范及奖惩机制，同时由公司法务或外聘法律顾问律师、财务人员、合同经办人员、合同管理人员等协助、配合催收人员进行账款催收，形成公司内部账款催收专人负责、多方联动的有效机制。

二、规范账款催收的具体操作流程

建议公司以时间为顺序，分段、分步骤明确需采取的催收措施，形成具体的操作流程。公司可在应收账款到期后的几天内，先采取打电话、发传真、走访的方式，在维护双方友好合作关系基础之上委婉地催款，先行试探交易相对方付款的态度及支付能力。因为在该阶段可能存在交易相对方内部付款流程时间较长、公司领导外出无法及时签字批款等导致无法及时付款的情形。同时，公司可在款项到期后的几个月内委托律师向交易相对方发出律师函等，作出警告。若交易相对方在收到律师函后仍然置之不理，基本上就可以判断出对方主动支付款项的可能性比较小，公司下一步就可以考虑走法律程序了。

因此，公司可根据内部的管理模式及催收实际情况制定具体的操作流程，但需明确时间节点及对应的措施。

三、形成账款催收的风险预警机制

建议公司根据在账款事中控制及事后监管法律风险与合规管理过程中所发现的情况，如交易相对方出现延迟付款等情形，以及催收过程中交易相对方的态度及履约能力变化等，在公司内部提示账款回收可能存在的风险，并及时采取相应的风险防控措施，如中止或终止合同履行，或要求相对方提供履约担保等，形成账款催收的风险预警机制，以全面防控应收账款变成呆账、坏账。

四、拟定符合法律要求的账款催收配套文件模板

建议公司将账款催收全过程中可能涉及的文件，如沟通函、催收函、

对账函等，先行拟定符合法律要求的模板。这里所指的"法律要求"并非法律法规规定的格式要求，而是"有效且有利证据"要求，也就是说，所有催收文件的形式及内容都要起到有效催收且中断诉讼时效的作用，并最终能被司法机关认可和采纳。对此，建议公司聘请法律专业人士，结合其丰富的诉讼或仲裁经验，协助公司形成一整套的账款催收配套文件。

五、制定账款催收的法律风险与合规管理制度

结合上述法律风险与合规管理措施，建议公司将专人负责制、具体操作流程、风险预警机制等纳入法律风险与合规管理制度中，同时可将催收配套法律文件作为管理制度的附件，形成一整套体系完备、针对性强、可操作性强的应收账款催收法律风险与合规管理制度，让公司应收账款催收法律风险与合规管理机制得以全面贯彻和落实。

综上可知，脱离法律风险与合规管理谈应收账款催收，就如同纸上谈兵，无法发挥实效，公司也将面临大量的应收账款官司。应收账款催收法律风险与合规管理机制可让公司凭借有利证据通过谈判让交易相对方直接支付款项，也可通过法律手段维护自身权益，成为公司在收款过程中不怕打官司的"法律管家"。总的来说，公司在账款催收法律风险与合规管理过程中要形成"三个意识、六大要点"，"三个意识"是指主动催收意识、证据收集意识、风险防控意识，"六大要点"则是客户资信要调查、履约监管动态化、时效规定要谨记、证据收集系统化、催收流程按步骤、催收函件规范化。

第六章
人力资源法律风险与合规管理

人力资源管理问题，俗称"劳动人事问题"，几乎是困扰每个公司，让公司管理者"闹心"的问题。一方面，人力资源管理具有相当的复杂性和专业性，与之相关的法律法规具有量多、分散、规定细、更新快、政策性强、存在地区差异、自主性和强制性并存等特点；另一方面，近年来劳动者通过法律途径维权的案例，几乎每日都在发生且数量越来越多，而公司要想在劳动争议纠纷中立于不败之地，则必须依赖人力资源管理的规范化、法治化、合规化。因此，公司需将人力资源管理提升至法律风险与合规管理的高度，才能尽量不发生或少发生劳动人事纠纷，或者即使发生纠纷也能掌握主动权，并妥善解决。

第一节 公司规章制度

一、规章制度须明确且具有可操作性

实践中,一些公司管理者在制定、修改人力资源规章制度时,要么生搬硬套,要么简单拼凑,大都脱离公司实际,同时也存在表述过于模糊、宽泛的情形,如"严重违纪、重大损失"等。在发生劳动争议纠纷时,这些做法及表述将很可能造成因规章制度不具有可操作性或不明确,进而不被劳动仲裁委员会或法院(以下统称裁判机关)采纳导致败诉。

基于此,首先,规章制度的设置必须符合公司实际情况,切勿流于形式,如对员工请假必须严格按照公司内部的组织架构设定审批程序。其次,规章制度表述必须明确且具有可操作性,切勿模棱两可,例如,对于"严重违纪"需明确达到何种程度,如被记过 2 次等。最后,公司需要结合自身发展情况的变化对规章制度进行修改完善,保证规章制度持续具有可操作性。

二、规章制度制定、修改须履行民主程序

依据《劳动合同法》第四条第二款的规定,公司作为用人单位在制定、修改或决定直接涉及劳动者切身利益的规章制度或重大事项时,应当经职工代表大会或者全体职工讨论,提出方案和意见,与工会或者职工代表平等协商确定。同时,结合司法实践,公司还可通过征求工会意见、发布公告征求员工意见等方式履行民主程序,并保留相关的原始资料及证据,如会议签到表等。

实践中,很多公司管理者因为不清楚法律规定,或担心遭到员工反

对,在制定规章制度时未履行民主程序,却不知会导致规章制度被裁判机关认定程序不合法,且不能作为公司解除劳动合同的依据使用。例如,在李某某与九某某公司劳动争议纠纷一案①中,法院认为,九某某公司未提交任何证据证明员工手册经过了职工代表大会或全体职工讨论、提出方案和意见、与工会或者职工代表平等协商等民主程序,也未提交证据证明对该规章制度进行过公示。因此,该员工手册不能作为九某某公司解除与李某某之间劳动合同关系的依据。

三、规章制度须履行公示程序且有效送达给员工

实践中,很多公司在制定规章制度后并未在公司内部进行公示也未送达给员工,或者送达的方式不合理(如仅让员工当场阅读并签字确认),导致在发生劳动争议纠纷时规章制度仍不被审判机关采纳。

因此,建议公司在制定或修改规章制度后,向内部全体员工公示,如在公司办公区域显著位置张贴或在公司微信群中发布文件等。同时,通过合理的方式将规章制度送达给员工,如让员工签收送达确认书、在规章制度复印件上签字或者在公司微信群中回复确认等。另外,公司需对前述公示及送达取证并留存备案。

四、规章制度内容须合法合理

实践中,经常有公司在规章制度中作出很多对公司非常有利,对劳动者不利且明显不合理、不合法的规定,如规定"员工迟到一分钟视为旷工一天""迟到一次罚款100元"等。若公司依据上述不合理、不合法的条款开除员工,则很大程度上会被裁判机关认定为规章制度规定不合法、不合理,不能作为依据使用,从而导致公司承担败诉并支付赔偿的法律风险。

因此,公司在设置规章制度时,应当从合法、合理的角度出发,对规

---

① 参见湖北省武汉市中级人民法院(2014)鄂武汉中民商终字第01573号二审民事判决书。

章制度的内容进行严格把控。一方面,在合法性上,公司需严格根据法律法规中劳动者权益的相关规定制定规章制度,如试用期期限、最低工资标准、加班费计算标准、女员工产假、工伤赔偿等;另一方面,在合理性上,公司需在用工自主权方面准确把握合理的度,应避免过度扩张公司的权利,设立对员工过于严苛的条款,确保规章制度具备一定的合理性。尤其是在对违规员工实施惩罚、解除劳动关系等方面,尽量不要出现类似"员工迟到一分钟视为旷工一天、员工上班玩手机一经发现公司有权解雇"等较大概率会被法院认定为不合理的条款。

上述合法、合理程度的准确把握则需要规章制度制定者熟悉劳动人事相关法律法规,且具有非常丰富的处理劳动人事纠纷的法律实操经验。故此,公司可专门聘请法律专业人士起草规章制度或是对合法性、合理性进行审查,确保规章制度真正成为公司处理劳动人事争议的有效依据。

第二节 公司对外招聘

一、招聘文件内容不能存有歧视性信息

实践中,很多公司基于工作岗位的考虑,会在招聘文件的岗位要求中增加限定性条款,如"仅限男性""限双一流大学"等。虽然现有的法律法规并未对何谓"就业歧视"作出具体明确的规定,但在司法实践中,若公司并非根据法定或出于特殊岗位的实际客观需要,而是在一般性的岗位中设置前述限定性条件,则可能被裁判机关认定为就业歧视并判赔求职者损失。例如在曹某与北京某教育公司一案中[①],因公司招聘行政助理时在

---

① 参见《新巨人培训学校被诉就业性别歧视 支付3万和解》,载中国新闻网,https://www.chinanews.com/cj/2013/12—20/5644029.shtml,最后访问于2024年10月13日。

招聘启事中限定仅招男性，而被曹某以就业歧视为由起诉至法院，最终该公司被判决向曹某支付三万元。

因此，建议公司在设置招聘启事时尽量避免使用带有歧视性的表述，可适当使用"择优录取""优先录取"等表述，既保证所有就业者公平就业的权利，又能保障公司的用工自主权，挑选到优秀的人才。

二、招聘文件内容设置需符合岗位实际情况

公司为了吸引求职者，往往会在招聘启事中承诺某些待遇，如包吃包住，或年终奖不低于 30 万元等。若日后承诺无法兑现，公司将可能因发布虚假信息，而被应聘者要求赔偿交通费损失及其他损失，或员工以此为由提出解除劳动合同并要求经济补偿。

因此，建议公司在设置招聘文件时，一方面可对招聘岗位作出概括性的描述，如待遇从优等，信息则由公司与应聘者面谈；另一方面，公司若在招聘启事中作出了具体的描述或承诺，从法律上来讲就视为"要约"，对公司具有法律约束力，后续公司需按照该岗位描述及承诺签订劳动合同。

三、公司录用条件需具体明确且存档备案

实践中，有很多公司在招用员工时，未对岗位录用条件进行明确具体的描述，后续在试用期内发现某员工不适合某工作岗位而希望将其解雇，但较难证明员工不符合录用条件的情况[①]，若公司执意解雇该员工，将可能承担违法解除劳动合同且支付赔偿金的法律风险。

因此，建议公司在招聘文件中对岗位录用条件作出具体明确的说明并留存备案，同时也可让员工在应聘面试时对"岗位职责说明及录用条件"进行阅读并签名确认。

---

① 《劳动合同法》第三十九条规定，劳动者有下列情形之一的，用人单位可以解除劳动合同：（一）在试用期间被证明不符合录用条件的……

四、录用文件需谨慎作出及发出

实践中经常出现公司向应聘人员发出录用文件后又不予录用的情形，而录用文件一旦被员工接收，就会发生法律效力。员工收到录用文件后，往往会出于对公司的信赖而拒绝其他公司的面试或录用机会，或因此与原用人单位解除劳动关系，若公司反悔不予录用，在一定程度上会给员工带来损失，如工资损失、社保停缴等，公司也可能因此面临支付损失赔偿的法律风险。

此外，实践中还存在公司与员工之间签订的劳动合同中约定的岗位、待遇等与公司发出的录用文件不一致的情形，一旦双方就此发生争议，仲裁机构或法院可能会认定应当以录用文件为准而作出对公司不利的裁判，公司就可能面临赔偿损失的法律风险。

因此，建议公司视情况采取如下法律风险与合规管理措施：其一，不出具录用文件，因为法律法规并没有将发出录用文件规定为录用的必经前置程序；其二，公司基于自身管理的需要，可通过口头的方式告知员工录用结果及入职时间等；其三，公司若需发出录用文件，可在其中注明录用通知无效的情形，如员工未在规定时间到公司办理入职手续、员工入职体检后发现身体状况无法胜任工作岗位等；其四，公司可在录用文件中对薪酬待遇等作出笼统描述，并写明"具体以双方协商确定并在劳动合同中约定的为准"。

第三节 员工入职

一、选择正确的用工类型

实践中，存在公司管理者对员工用工类型选择不当的情形：一种是构成全日制劳动关系却与员工签订《劳务合同》《非全日制劳动合同》等，若公司按照劳务关系或非全日制劳动关系处理，单方无理由解雇员工，将面临违法解除劳动合同且支付赔偿金的法律风险；另一种是实质上属于劳务关系或非全日制劳动关系却与员工签订《劳动合同》，若发生工伤或纠纷则可能被裁判机关认定为劳动关系且要求公司按照《劳动合同法》等对员工进行赔偿。

因此，建议公司在招聘时首先明确用工类型，再与员工签订符合形式要求的合同，既不能刻意回避劳动关系，损害劳动者权益，也不能一味建立劳动关系，增加公司用工成本及风险。

二、对员工进行入职审查

实践当中，很多公司在员工入职时未进行全方位的入职审查，从而导致公司面临如下法律风险：

其一，被行政处罚。若公司招用未满16周岁或不具备特殊岗位所需资质的员工，很可能构成非法用工（雇用童工或资质不符的员工），将面临被行政处罚甚至吊销营业执照的法律风险。

其二，赔偿原用人单位损失。《劳动合同法》第九十一条规定，公司招用与其他用人单位尚未解除或者终止劳动合同的员工，给原用人单位造成损失的，应当承担连带赔偿责任。

其三，承担侵权责任。若公司新招用的员工来自一些特殊行业或岗位，如知识型公司、技术型公司或涉密岗位等，且与原用人单位之间签署了竞业限制协议，员工在新岗位上透露了原用人单位商业秘密，公司可能因此承担侵权赔偿责任。

其四，承担工伤保险待遇赔偿责任。若公司未给新入职员工进行入职体检，就可能出现员工因为身体问题而在工作岗位上突发疾病并被认定为工伤的情况，或是因为员工入职前已患有职业病而在新入职公司被确诊，公司因此承担工伤保险待遇赔偿责任，甚至是侵权责任。举例来说，笔者曾代理某公司一宗侵权责任纠纷案件（职业病），劳动者经鉴定患有职业病一级，向法院提起诉讼要求公司赔偿因患有职业病导致的各项损失，合计90多万元。在案件审理过程中，公司了解到该员工在入职之前实际已患有职业病并向法院提出，却因为入职时并未对员工进行体检而无证据证明其主张，最后，法院判决公司承担全部的赔偿责任，合计90多万元。

为避免上述法律风险，建议公司在员工入职时对员工的相关情况进行全方位的审查，如身份、年龄、资质、竞业限制情况、身体状况等，安排新员工进行入职体检，并要求其填写《入职登记表》且对所填写情况的真实性作出相应承诺。

另外需要提醒公司注意的是，公司在审查新入职员工情况时，要把握适当的度，依据《劳动合同法》第八条的规定，公司在员工入职时仅有权了解员工与劳动合同有关的基本情况，并非所有情况员工都有如实告知的义务，比如员工婚姻状况等。

三、对新员工进行入职培训

入职培训一方面对于某些特定领域及特殊岗位而言是法律法规规定的用人单位应当履行的义务，如果不履行，就可能会面临行政处罚；另一方面能大大减少员工在工作过程中因操作不当导致自己或第三人人身受到损害，否则公司可能会因此承担巨额的工伤赔偿或侵权责任赔偿。

因此，建议公司在新员工正式上岗前，结合岗位职责要求对员工进行岗前培训，培训内容可包括岗位具体工作技能、注意事项、公司规章制度等，并保留相应的培训记录，如培训签到表、培训照片、培训资料送达记录等。

四、及时与员工签订书面劳动合同

实践中，用人单位不与劳动者签订劳动合同的现象比较多，公司管理者会认为不与劳动者签订劳动合同，发生工伤时就无法认定劳动关系，或者可以不给劳动者购买五险一金等，然而事实并非如此。公司若不按《劳动法》及《劳动合同法》的规定及时与劳动者签订劳动合同，可能面临如下法律风险：其一，从入职后第二个月起计，向劳动者支付十一个月的双倍工资，超过一年则与劳动者形成无固定期限劳动关系；其二，从用人单位实际用工之日起，与劳动者形成事实劳动关系，一旦发生争议纠纷，裁判机关将认定双方之间存在劳动关系；其三，公司无法凭劳动合同追究员工损害公司利益的责任。

因此，建议公司严格按照法定期限及时与员工签订书面劳动合同，同时有效送达一份原件给员工，否则将可能面临被裁判机关认定双方没有签订劳动合同的法律风险。若出现公司提出签订书面劳动合同但员工迟迟不与公司签订的情况，则建议公司向员工发出书面的催告文件，在文件中写明公司拟与员工签订劳动合同并限定员工签订的时间，同时对催告文件进行有效送达并保留原件，若后期员工以公司未签订劳动合同为由主张双倍工资，公司就可以凭借前述催告文件进行有效抗辩。①

五、合法合理设置劳动合同条款

实践中，有些公司会在劳动合同中增加一些对公司自身有利，对员工不利且不合法、不合理的条款，如"员工迟到一次则视为自动离职，用人单位无须承担任何责任"等。依据《劳动合同法》第二十六条的规定，公司免除自己的法定责任、排除员工权利的条款或者违反法律、行政法规强制性规定的条款，属于无效条款，一旦发生劳动争议，裁判机关可能会不予采纳相关劳动合同条款。同时，公司若不按照《劳动合同法》第十九条

---

① 《最高人民法院关于审理劳动争议案件适用法律问题的解释（二）》第七条规定：劳动者以用人单位未订立书面劳动合同为由，请求用人单位支付二倍工资的，人民法院依法予以支持，但用人单位举证证明存在下列情形之一的除外：（一）因不可抗力导致未订立的；（二）因劳动者本人故意或者重大过失未订立的；（三）法律、行政法规规定的其他情形。

规定的期限和次数与劳动者约定试用期，劳动者提出异议，公司则需要向其补足超出试用期部分的工资。

因此，建议公司从合法、合理的角度设置劳动合同条款，可聘请法律专业人士对合同条款的合法性、合理性进行全方位的把关。

第四节　员工在职

一、及时为员工购买社会保险

有些公司管理者认为"发生工伤"是小概率事件，因此选择不给员工购买社保，殊不知可能面临如下法律风险：

其一，补缴社保并缴纳滞纳金或罚款。依据《劳动法》《社会保险法》等的规定，公司不给员工缴纳社会保险费，员工可直接向相关部门投诉，且可能被相关部门责令限期缴纳并要求支付滞纳金，甚至可能被处以欠缴数额一倍以上三倍以下的罚款，且视情节严重程度，对直接负责的主管人员或其他直接责任人员处以1000元以上10000元以下的罚款。

其二，承担工伤保险待遇赔偿责任。一旦员工发生工伤或患职业病等，公司需按照法律规定的项目及标准承担全部的工伤保险待遇赔偿责任，比如结合广州市近几年的社会平均工资来计算，因工伤死亡的全部赔偿金额大概率超过100万元。

其三，支付解除劳动合同的经济补偿金。依据《劳动合同法》的规定，员工可以公司未依法缴纳社保为由提出解除劳动合同，公司需向劳动者支付经济补偿金。

其四，赔偿劳动者的损失。依据《最高人民法院关于审理劳动争议案件适用法律问题的解释（一）》第一条第五项的规定，若公司未给员工办理社会保险手续，导致其无法享受社会保险待遇，公司可能面临赔偿员工损失的法律风险。

其五，将可能被列入社保"黑名单"。依据《社会保险领域严重失信人名单管理暂行办法》的规定，用人单位不依法办理社会保险登记，经行政处罚后，仍不改正的，县级以上地方人力资源社会保障部门有权将其列入社会保险严重失信人名单，在人力资源社会保障门户网站、"信用中国"等相关媒介上公示社会保险严重失信人名单信息，上传社会保险严重失信人名单信息至人力资源社会保障信用信息平台和全国信用信息共享平台，由相关部门依据《关于对社会保险领域严重失信企业及其有关人员实施联合惩戒的合作备忘录》规定实施联合惩戒。

除公司不愿给员工购买社保外，实践中还存在公司与员工协商一致或员工主动提出不购买社保，且让员工出具放弃购买社保的承诺或声明等情形，但实际上，就算是员工出于自愿，其所出具的前述承诺或声明也存在被法院认定无效的风险[1]，公司也无法以员工自愿承诺放弃购买社保为由而免除向员工支付经济补偿金的责任和义务。

因此，建议公司严格按照《社会保险法》的规定，在员工入职后的30日内（包括试用期）及时为员工购买社保，且将配合公司办理社保缴费手续作为员工录用条件之一。若员工主动提出不购买社保或不配合办理社保缴费手续，则建议公司向员工发出催告函，员工逾期仍不予配合缴纳的，可以新入职员工在试用期内不符合录用条件为由解除劳动关系，否则将视为公司自愿承担不给员工购买社保的风险与责任。与此同时，若出现员工主动提出不购买社保且公司按照员工的申请将社保费用每月随工资一并发放给员工的情况，建议公司将每月发放的社保费用单独列支并要求员工进行签收确定，后期一旦出现员工在领取了社保费用后又要求公司补缴社

---

[1] 《最高人民法院关于审理劳动争议案件适用法律问题的解释（二）》第十九条第一款规定：用人单位与劳动者约定或者劳动者向用人单位承诺无需缴纳社会保险费的，人民法院应当认定该约定或者承诺无效。用人单位未依法缴纳社会保险费的，劳动者根据劳动合同法第三十八条第一款第三项规定请求解除劳动合同、由用人单位支付经济补偿的，人民法院依法予以支持。

的情况，公司也可要求员工返还已支付的社会保险费。①

二、不得随意变更劳动合同

实践中，有些公司管理者会对"用工自主权"进行扩大理解，认为公司有权单方随意调整员工的工作岗位、工作地点、薪酬待遇等，后续单方对劳动合同条款作出变更。事实上，根据《劳动合同法》第三十五条第一款的规定，唯有经公司与员工协商一致才能变更劳动合同，否则员工有权依据《劳动合同法》第三十八条第一款的规定，以公司未按照劳动合同约定提供劳动保护或者劳动条件为由提出解除劳动合同，公司也因此需向员工支付经济补偿金。与此同时，若公司对不同意调岗的员工予以开除，且调岗不具有必要性、合理性、合法性或存在歧视，公司也将面临被裁判机关认定为违法解除劳动合同且需支付赔偿金的法律风险。

另外，《劳动合同法》第四十条也规定了公司可以单方调整员工工作岗位的两种情形：第一种，在劳动者无法胜任工作时，公司可以根据员工的工作表现对工作岗位进行调整，但必须有足够证据证明员工确实无法胜任工作，而不能仅是主观推断；第二种，员工患病或非因工负伤在规定的医疗期满后不能从事原工作的，公司可以根据员工的工作能力合理调整工作岗位，但需要提供证据证明，如劳动能力鉴定结论等。

此外，需提醒公司管理者注意的是，依据《最高人民法院关于审理劳动争议案件适用法律问题的解释（一）》第四十三条的规定，用人单位与劳动者协商一致变更劳动合同，虽未采用书面形式，但已经实际履行了口头变更的劳动合同超过一个月，变更后的劳动合同内容不违反法律、行政法规且不违背公序良俗，当事人以未采用书面形式为由主张劳动合同变更无效的，人民法院不予支持。

---

① 《最高人民法院关于审理劳动争议案件适用法律问题的解释（二）》第十九条第二款规定：有前款规定情形，用人单位依法补缴社会保险费后，请求劳动者返还已支付的社会保险费补偿的，人民法院依法予以支持。

因此，公司在确需调整员工工作岗位、薪酬待遇等而变更劳动合同时，建议公司先明确变更劳动合同的事由及权利来源，再根据具体事由收集相关证据，就变更事宜与劳动者进行沟通，并书面告知其变更后的岗位、工作内容、薪酬待遇等情况，同时需注意变更岗位或薪酬待遇的合法性与合理性。

三、及时与员工续签劳动合同

实践中，很多公司因为管理疏漏而未及时与员工续签劳动合同，或员工不愿意续签劳动合同，但公司未及时向员工发出书面通知或催告，而无法证明是员工的原因导致劳动合同未续签或终止，公司因此将面临未及时与劳动者签订劳动合同的类似法律风险，因此而终止劳动合同的，公司还需向员工支付经济补偿金。

同时，若员工未与公司续签劳动合同，而在劳动合同到期后员工又一直在原岗位工作且时间超过一个月，公司在此期间也未提出过异议，后来又以员工此前不同意续签劳动合同为由要求终止劳动关系的，将面临违法解除劳动合同的法律风险，员工可以要求公司按照原条件续订劳动合同。

因此，建议公司在劳动合同到期前一个月，向公司愿意续聘的员工发出续签劳动合同的通知书，具体写明续签的工作岗位及薪酬待遇等，若员工不同意续签，则公司可与其终止劳动关系且无须支付经济补偿金。需注意的是，公司与员工续签劳动合同的前提条件是公司保持原工作岗位且维持或提高原待遇，并将续签通知书有效送达给员工，同时在合同到期后1个月内对员工不续签的行为作出相应处理，而切勿放任员工一边不同意续签劳动合同一边继续在原岗位工作的状态。

四、公司应注重对特殊劳动者的保护

实践中，仍有少部分公司出于用工的需要或是法律知识的匮乏，解雇

怀孕女职工、工伤员工，或不注重特殊岗位员工职业病防护等，从而导致公司面临违法解除劳动合同并支付赔偿金、赔偿侵权损失、被行政处罚、引发重大安全事故而被刑事追责等法律风险。

因此，建议公司严格依据《劳动法》《劳动合同法》《女职工劳动保护特别规定》等的规定，注重对特殊员工的保护，如不得因女职工怀孕、生育、哺乳降低其工资、予以辞退、与其解除劳动或者聘用合同，以及公司不得通过提前30日或支付1个月代通知金或裁员的方式开除"三期"女员工或在本单位患职业病或者因工负伤并被确认丧失或者部分丧失劳动能力的员工等，同时需加强对特殊岗位员工的职业病防护及人身安全保护，如在高空、高温、噪声、井下作业等工作环境下工作的员工。

第五节　员工离职

一、依法解除劳动合同

实践中，因公司解除劳动关系依据不充分或解除的前置程序瑕疵，而导致公司被认定为违法解除劳动合同并支付赔偿金的案例大量存在，为避免前述风险的发生，公司需根据劳动关系解除的具体原因，履行必备且规范的前置程序。

（一）协商一致解除劳动合同

公司与员工基于主客观原因而自愿协商一致解除劳动合同的，双方要签署书面的协议书，在协议中约定清楚劳动合同解除的原因系双方协商一致，并对经济补偿金的数额等事项作出具体明确的约定。

（二）劳动者单方要求解除劳动合同

其一，员工主动向公司提出辞职或不辞而别。实践中，员工向公司口头提出辞职且不提交书面辞职报告，或不辞而别的现象时有发生，公司也往往未要求员工提出书面辞职报告，一旦员工否认主动辞职，将导致劳动关系解除的原因不明确，而根据相关规定，这种情况下公司需要向员工支付经济补偿金。因此，建议公司要求员工提交亲笔签名的书面辞职报告，并留存备案；若员工不辞而别，则可向员工发出《返岗通知书》，以证明员工存在无故旷工的情形，下一步公司可视情况根据现行有效的公司规章制度解除劳动合同。

其二，员工基于公司过错而被迫提出解除劳动合同并要求支付经济补偿金。在这种情况下，建议公司先行核实公司过错情形是否存在，收集相应的证据，并可咨询法律专业人士的意见，再视情况决定是否接受员工的要求或与员工进一步协商并签署相关协议。切勿一味否认员工提出的要求而激化矛盾，进而耗费更多的时间成本及金钱成本。

（三）用人单位单方要求解除劳动合同

其一，员工严重违反公司规章制度或严重失职给单位造成重大损害。在此情形下，建议公司先行评估员工违纪行为的严重程度，并核查现行有效的公司规章制度中是否对该类行为作出了相关规定，再视情况根据规章制度履行相应的前置程序，如催告、书面警告等，员工拒不改正的，则可解除劳动合同，公司遭受重大损失的，可向员工追偿。

其二，员工存在欺诈、与其他单位建立劳动关系或被依法追究刑事责任等。在此情况下，建议公司先行收集员工存在前述情形的证据，如员工的学历造假等，再视情况依据法律规定、规章制度与员工解除劳动关系。

其三，员工不存在过错但基于其自身原因不能继续从事原工作且无法胜任新工作。一方面，由于员工患病或非因工负伤，在规定的医疗期满后不能从事原工作，也不能胜任公司另行安排的工作。在此情况下，建议公司先行收集员工存在前述情形的相关证据，并进一步收集安排了新工作后员工仍不能胜任的证据。另一方面，员工因为工作能力不足，无法胜任现有工作，经过培训或调整工作岗位后仍不能胜任工作。在此情况下，建议公司先行收集员工无法胜任现有工作的相关证据，如被客户多次投诉的记录等，并进一步收集已经安排了员工培训或合理调整了工作岗位，以及员工仍然无法胜任现有工作或新工作的相关证据。在前述两种情形下，公司可视情况依据相关法律规定在提前一个月通知或额外支付一个月工资后解除劳动合同并依法向员工支付经济补偿金。

其四，因劳动合同订立时所依据的客观情况发生重大变化，致使劳动合同无法履行，经双方协商，未能就变更劳动合同内容达成一致。在此情况下，建议公司先行收集客观情况发生重大变化的相关证据，如公司或上级集团关于部门关闭或岗位撤销的相关会议纪要或决议文件等，再进一步收集与员工进行沟通未能协商一致的相关证据，并依据《劳动合同法》第四十条第三项的规定行使法定的解除权，向员工支付经济补偿金。

二、依法终止劳动合同

（一）因劳动合同期满而终止

实践中，很多公司管理者误以为劳动合同因期满终止，公司无须向员工支付任何补偿，但其实依据《劳动合同法》第四十四条、第四十六条的规定，劳动合同因期满而终止，公司需向员工支付经济补偿金。举例来说，笔者代理过一家公司的劳动争议案件，公司与员工解除劳动合同的真正事由是公司发现员工入职时提供的资格证造假，但公司考虑到员工在本单位工作了七年之久，于是在向员工发出的解聘通知书中注明的解除理由为劳动合同期满终止，只字未提资格证造假的事情。后续员工凭该份解聘通知书提起劳动仲裁，要求公司支付经济补偿金，笔者虽极力向仲裁机关说明解聘的真正理由,但最终劳动仲裁委员会还是以解除通知书上记载的事由为准,裁决公司向员工支付经济补偿金。

因此,在公司与员工的劳动合同期满后,除公司提高或维持薪酬待遇条件下员工仍不同意续签外,建议公司及时与员工确认终止劳动合同,并按照法律规定向员工支付经济补偿金,否则可能引发劳动争议纠纷且公司承担败诉的法律风险。

(二) 因劳动者达到法定退休年龄或依法享受基本养老保险待遇而终止

依据《劳动合同法》第四十四条第二项及《劳动合同法实施条例》第二十一条的规定,员工开始依法享受基本养老保险待遇或达到法定退休年龄的,劳动合同终止,公司无须向员工支付经济补偿金,但需及时为员工办理退休手续,否则可能导致公司在员工损失养老保险待遇时承担赔偿责任,或是员工发生工伤而因社保停缴由公司承担全部工伤保险待遇赔偿责任。

因此,建议公司在员工开始依法享受基本养老保险待遇或达到法定退休年龄时,及时与员工终止劳动关系,并协助员工办理退休手续(即使劳动合同未到期)。若公司希望继续留用退休员工,则可以另行与其签订《劳务协议》,明确各自的权利义务。

(三) 劳动者拒绝签订或续签书面劳动合同

依据《劳动合同法实施条例》第五条的规定,自用工之日起 1 个月内,经公司书面通知后,员工不与公司订立书面劳动合同的,公司应当书面通知员工终止劳动关系,且无须支付经济补偿,但是应当依法向员工支付其实际工作时间的劳动报酬。基于此规定,在员工拒绝签订书面合同的情况下,建议公司及时与员工终止劳动关系,否则将被视为公司不与员工签订书面劳动合同且可能面临支付双倍工资的法律风险。

另外,在公司维持或提高薪酬待遇的情况下,员工拒绝续签劳动合同且继续在公司工作的,也建议公司及时终止劳动关系,否则将被视为公司不与员工续签劳动合同且可能面临支付双倍工资的法律风险。

(四) 劳动者或用人单位主体消亡而终止

在劳动合同履行过程中,可能会出现劳动者死亡或被法院宣告死亡、失踪的情况,也可能会出现用人单位被依法宣告破产,被吊销营业执照、责令关闭、撤销或用人单位决定提前解散等情形。依据《劳动合同法》第四十四条的规定,出现前述情形时劳动合同终止。用人单位主体消亡的,用人单位在终止劳动合同的同时还需向劳动者支付经济补偿金。

三、及时与员工办理离职手续且妥善保管人事档案

实践中,公司在员工离职后不及时给员工办理离职手续,不开具离职证明或不协助转移社保,导致员工无法入职新单位而失去工作机会或社保中断等,可能面临承担赔偿损失责任的法律风险。例如,在杨某某与某银行成都分行劳动争议纠纷一案中[1],法院认为,杨某某与某银行成都分行的劳动关系于 2017 年 3 月 31 日依法解除,某银行成都分行应当依照《劳动合同法》第五十条的规定,向杨某某出具解除劳动合同的证明,并为杨某某办理档案和社会保险关系转移手续。某银行成都分行拒绝为杨某某出具解除劳动合同证明,导致杨某某无法获取入职普某公司的必要条件,最终未被录用。且某银行成都分行发放杨某某工资至 2017 年 3 月,杨某某未谋求到新的岗位,在此期间也无法获取劳动报酬,某银行成都分行的违法行为与杨某某的损失之间存在因果关系,应当对杨某某的损失承担赔偿责任,法院确认某银行成都分行应当赔偿杨某某工资损失 64 万元。

另外,很多公司还会在员工离职后将其相关人事档案销毁或因保管不当而遗失、损坏,一旦后续发生劳动争议,公司仍负有向裁判机关提交员

---

[1] 参见四川省成都市锦江区人民法院 (2017) 川 0104 民初 10328 号一审民事判决书。

工离职两年内的相关人事档案资料的义务，否则公司将面临举证不能而导致败诉的法律风险。

因此，建议公司严格按照《劳动合同法》第五十条的规定，在员工离职后向员工开具离职证明，并在15日内为员工办理档案和社会保险关系转移手续，同时对已经解除或者终止的劳动合同的文本，至少保存2年备查。需要提醒公司注意的是，公司向员工开具的离职证明中注明的离职事由必须与客观情况一致，不能为了帮助员工申领失业保险金而捏造离职理由，否则公司将承担相应的不利法律后果。

四、劳动合同解除或终止后，公司要求员工竞业限制应支付对价

实践中，很多公司为保护本公司商业秘密，会与离职人员约定一定年限的竞业限制，但并未向离职人员支付相应的经济补偿。一旦该员工未履行保密义务或竞业限制义务，公司因遭受损失而向离职人员主张损失赔偿，可能会被审判机关认定该离职后的保密义务及竞业限制义务不对员工发生法律约束力，且对公司提出的损失赔偿不予支持。同时，依据《最高人民法院关于审理劳动争议案件适用法律问题的解释（一）》第三十八条的规定，公司未支付经济补偿超过3个月的，离职人员可请求解除竞业限制约定。竞业限制经济补偿的标准为劳动者在劳动合同解除或者终止前12个月平均工资的30%，且不低于劳动合同履行地最低工资标准，需按月支付。

因此，建议公司严格按照相关法律规定，就离职后的竞业限制义务向劳动者支付经济补偿，且竞业限制的时间不得超过两年，并在竞业限制协议中明确员工违反竞业限制义务的违约责任，如退还公司所支付的经济补偿或赔偿损失等。

第六节 劳动人事争议前期应对

一、需摒弃对劳动人事争议的错误认知

实践中，公司发生劳动人事争议在所难免，尤其是在劳动密集型领域。笔者根据多年的法律实务经验来看，公司发生劳动人事争议一般有以下四种处理方式，但前三种处理方式存在一定的错误认知。

第一种，公司管理者与员工进行私下协商，为避免引发更多的问题，即使员工的要求不合理，也会支付一定数额的补偿款息事宁人。这种做法看似能有效解决一宗劳动人事争议，但实际上埋下了很大的风险隐患，其他劳动者也可能会效仿。

第二种，公司管理者不区分劳动者的请求是否合理，一概认为是员工的问题，拒绝沟通，而导致员工申请劳动仲裁，公司管理者也只会指派内部员工出庭答辩，甚至不出庭，最终导致败诉。公司员工虽然可以作为公司代理人出庭应诉，也可以在开庭前咨询法律专业人士的意见，但事实上，劳动人事相关规定既复杂又专业，员工在短时间内不可能全面、准确掌握相关要点和规定。员工即使理解法律法规的相关规定，也缺乏诉讼案件尤其是劳动人事案件的实操经验，一旦庭审过程中劳动者或仲裁员提出超出劳动者仲裁申请书范围的问题或事项，公司员工将可能无法灵活应对或者作出对公司不利的陈述。公司管理者即使在后续诉讼阶段委托法律专业人士代为处理，仲裁阶段已经认可的事实或作出的不利陈述也无法再进行更正或否认。

第三种，公司管理者在发生劳动人事争议时第一时间与公司外聘法律专业人士联系，让专业人士分析员工提出的请求是否合理合法，但是当专

业人士根据法律法规进行分析并提出处理意见时，公司管理者又会质疑或抱怨我国的法律规定不合理，偏袒劳动者，而拒绝按照专业人士的法律意见与建议去做，导致无法及时减少损失，最终付出较高的代价。

第四种，公司管理者在发生劳动人事争议时第一时间与公司外聘法律专业人士联系，让专业人士分析员工提出的请求是否合理合法，并寻求专业意见，但员工仍提起劳动仲裁，公司管理者委托法律专业人士代为出庭应诉答辩，并尊重裁判机关的裁判结果。

事实上，公司是否委托法律专业人士介入处理与员工之间的劳动人事争议并不是关键，而是公司要摒弃一些错误的法律认知，耐心倾听员工的诉求，理性分析员工诉求是否合法、合理，而不是在整个过程中一味地责怪员工，使得矛盾最后不可调和。

二、需做好劳动人事争议前期法律应对工作

为避免因公司处理不当而直接导致员工提起劳动仲裁或诉讼，建议公司从如下三个方面做好劳动人事争议前期应对法律风险与合规管理工作：

第一，认真听取员工的诉求，核实员工所述问题是否属实，并反馈给公司法律顾问或外聘法律专业人士，认真听取并尊重法律专业人士的意见与建议，进一步形成或收集对公司自身有利的证据材料。若第一步工作不加以重视，将可能直接导致公司与员工之间的矛盾纠纷越演越烈，公司也可能付出更大的代价。

举例来说，在笔者曾经代理过的一宗某公司工伤案件中，在仲裁阶段，受伤劳动者提出赔偿3万元的调解要求，笔者根据掌握的证据材料、客观事实及法律规定，建议公司管理者接受调解，但该公司管理者不同意且认为"公司与该员工之间并没有签订书面劳动合同也未购买社保，双方不存在劳动关系，无须赔偿"，于是仲裁阶段公司败诉。在诉讼阶段一审时，受伤劳动者又提出愿意以赔偿5万元调解，笔者再次建议公司接受调解，否则结果会对公司很不利，但公司管理者仍然坚持己见，不同意调解。

一审公司败诉后,二审时受伤劳动者不愿意再进行调解。最终,法院认定公司与受伤劳动者之间存在劳动关系且为工伤,由于公司未给员工购买社保,应由公司承担全部的工伤保险待遇赔偿责任,支付约 22 万元。

第二,对于属于公司自身管理不到位或虽管理到位但依法依规需要向员工支付补偿等情形,建议在法律专业人士的介入下,由公司与员工进行和解协商,并签署相关协议;若员工的诉求不合理、不合法,则可由公司向员工书面说明并做好沟通工作,同时收集相关的证据为后续可能发生的劳动仲裁或诉讼作准备。

第三,若后续公司收到裁判机关送达的传票、劳动者仲裁申请书等相关资料,切勿轻视,需按裁判机关的要求提交证据材料及出庭应诉答辩。鉴于人力资源法律风险与合规管理的系统性、复杂性,在遇到重大的劳动人事争议纠纷时(如涉诉金额大、涉及人数多、处理难度大等),建议公司聘请法律专业人士代为收集整理证据并出庭应诉。

综上可知,实践中公司管理者往往对人力资源的合规管理存在很多法律认知上的偏差和误区,同时还抱有侥幸的心理。若公司管理者的法治意识不加以提升,不从法律风险与合规管理的角度全面提高公司人力资源管理的规范化、法治化程度,那么劳动人事争议只会源源不断地出现,公司要消耗很大精力和财力去应对这一类争议,久而久之,就会限制公司发展的进程及规模。

同时,劳动人事问题具有非常大的地域差异,各地区都会出台一些关于劳动人事的细化规定,且不同地区之间规定不同。因此,公司管理者也需结合公司所在地的相关细化规定及司法实践,自行打造或聘请法律专业人士为公司量身定做符合公司实际情况的人力资源法律风险与合规管理体系,让公司不再被劳动人事争议所困扰,实现不打劳动官司或不怕打劳动官司的法律风险与合规管理目标。

第七章
投融资、并购法律风险与合规管理

当公司经营到平稳期，具有一定的闲置资金时，具备战略眼光的公司管理者在保障公司正常经营的情况下，很大程度上会选择通过投资、融资或并购的方式，为公司开拓新的市场、引入投资者扩大经营规模或吸收其他公司好的资源，以达到公司扩张的目的。实践中，公司投融资、并购的经营活动十分常见，但投资失败、扩张失败等案例也比比皆是。失败的原因当然五花八门，但笔者结合经办过的项目来看，最主要的原因是公司管理者会把投融资、并购简单地当成一项商业经营活动对待，纯粹依靠商务洽谈、项目经济分析等，而不会全程加入专业法律分析和判断，最终因为法律风险与合规管理不到位，如目标公司法律尽职调查不到位、投资协议条款设置瑕疵等，让公司付出巨大的代价，甚至让公司陷于官司中。要想让公司在投融资、并购过程中实现不用打官司、不怕打官司的目标，就需要公司管理者在整个投融资、并购过程中加强法律风险与合规管理，助力公司做大做强。

第一节 项目启动前

一、确定项目合作模式

笔者结合法律实务经验来看，公司投融资、并购的合作模式大致分为如下几种：

一是投资。公司对外投资的模式主要有：其一，向合作相对方直接投入资金或固定资产、技术等，成为合作相对方的股东或不成为股东而仅享有利润分红等；其二，与合作相对方共同成立项目公司并负责项目的运作，向项目公司注入资金，成为项目公司的股东；其三，投资合作相对方的某个具体项目，不成立项目公司也不成为合作相对方的股东，而是通过签署书面协议的方式，约定投资回报。

二是融资。公司融资模式主要有：其一，合作相对方向公司投入资金、固定资产或技术等，成为公司的股东；其二，合作相对方不成为公司的股东，而是通过签署协议的方式享有公司整体收入分红；其三，合作相对方向公司某个项目注入资金、技术等，不成为公司股东，仅对某一个具体的项目享有收益分红。

三是并购。公司并购模式主要有：其一，一方公司被另一方公司兼并，兼并一方保留名称及主体资格并取得被兼并一方的资产及债权债务，被兼并一方丧失独立法人主体资格；其二，一方公司收购另一方公司的股份，收购方成为被收购方的股东，承担被收购方债权债务，或是一方公司收购另一方公司的资产，不收购股份，不承担被收购方的债权债务；其三，一方公司与另一方公司或多个公司，按照双方或多方商定的条件组成一个新的公司，由新的公司接管被合并公司的资产并承担债权债务。

实践中，投融资、并购的模式包括但不限于上述几种，但无论是哪一种模式，都必须先确定合作模式，尽量避免合作中变更投融资、并购方式，导致前期工作成为"无用功"，且引发合作双方产生争议，最后甚至打起官司。举例而言，笔者曾经办过一宗非诉项目，一开始合作双方商定的合作模式为 A 公司投资 B 公司的某一具体项目，A 公司向 B 公司投入资金并持有 B 公司一定股份。笔者在接受 A 公司即投资方的委托后开展尽职调查，对该投资项目及 B 公司的股东及股权情况、债权债务情况、公司经营状况等进行全方位的法律调查，对 A 公司成为 B 公司股东时的债权债务进行切割。然而在笔者的法律尽职调查完成后，A 公司与 B 公司重新商定并调整合作模式，A 公司即投资方仅投资项目，协议约定 A 公司享有投资项目的收益分红，不持有 B 公司的股份。

看似简单的调整投资模式，对于法律尽职调查而言，侧重点完全不同，前一种投资模式侧重于调查 B 公司的情况，避免 A 公司持有的股份存在法律上的权利瑕疵；后一种模式侧重于投资项目本身，避免 A 公司获取投资回报存在法律障碍。正因合作双方变更了合作模式，导致对项目的尽职调查方向发生了根本性的变化，实质上耽搁了项目落地的时间，也增加了项目调查的成本。

因此，公司在进行投融资、并购时，首先要确定项目的合作模式且无特殊情况后续不随意调整，只有这样，后续所有的工作推进才有根基可寻，否则都将是徒劳。

二、慎重确定合作意向

公司在对外投资、融资或并购时，前期都会经历与被投资方、拟引入的融资方、拟被并购方多次沟通的过程，初步了解投融资、并购的相关情况，如被投资方或投资项目的基本情况、投资周期、投资价值、投资回报率、投入金额、投资可能带来的经济风险；拟引入的融资方的资金实力、公司规模、资信状况；拟被并购方的管理架构、债权债务、人员情况等。

公司管理者往往会先经过初步了解，对合作相对方或项目进行筛选，再决定是否继续进行深入的调查，进而决定是否合作。

商事实践中，有时合作一方基于急需资金周转、项目盘活、公司存续等原因，希望能够与合作相对方在短时间内确定投资意向；有时合作一方认为合作相对方资信状况优良、资产优质，或拟合作项目为优质项目，而希望与合作相对方尽快锁定唯一的合作意向。双方会通过缴纳诚意金、签订战略框架协议、签署投资意向书、签署合作备忘录、单方出具承诺书等方式，确定合作意向。公司管理者往往会认为通过前述方式确定的只是合作意向，双方签署的框架协议或投资意向书等并非正式的合作协议，对合作双方并无法律约束力，然而事实并非如此。

其一，现实中合作一方为了防止合作相对方无故退出投资、融资或并购，耗费谈判成本，大多数会在框架协议或意向书中明确约定，若合作一方无故退出合作，需承担一定的违约责任。因此，若合作一方无故退出合作，另一方就可依据意向书等追究对方的违约责任。举例来说，在林某某、厦门市某某健康管理公司合同纠纷一案①中，法院认为，林某某与厦门市某某健康管理公司签订的《项目投资意向书》系双方当事人真实意思表示，内容不违反法律、行政法规的强制性规定，应为合法有效，双方均应依约履行。因《项目投资意向书》中明确约定若林某某要退出合作，须赔偿厦门市某某健康管理公司最低限额为投资意向金的30%的违约金，并据此判决林某某向厦门市某某健康管理公司支付违约金10万元。

其二，若框架协议或意向书中约定了合作双方后续签订正式合作协议的条件或时间，在条件或时间满足时，如果合作一方反悔而不同意签署正式合作协议，依据《民法典》第四百九十五条的规定，合作相对方可以请求其承担预约合同的违约责任。

其三，此阶段双方签署的文件名称虽然为"意向书""框架协议"或

---

① 参见福建省厦门市中级人民法院（2017）闽02民终4329号二审民事判决书。

"备忘录",但文件内容若已对合作项目的具体情况,如合作的方式、时间、金额、收益分配等均作出了具体明确的约定,则很大程度上构成了一份实质上的合作协议,并非仅是合作意向。这些文件一经签署就会对双方发生法律效力,双方均需严格履行"意向书""框架协议"或"备忘录"中约定的权利义务,否则将可能承担相应的违约责任。

因此,公司管理者在洽谈合作意向时,前期应做好项目的全面考察工作,对于经考察后确有合作意向的项目,应准确定位相关法律文件所带来的法律效力及后果,对相关法律文件进行严格的审核,并谨慎签署,避免项目合作初期就陷入官司当中。

第二节　项目开启时

一、严格履行公司内部决策程序

公司进行投融资、并购时,必然会涉及对公司财产、资金、股份等的处置,也会涉及公司未来的经营方针、方向、战略等的调整,这些事项事关重大,公司章程中基本上都会对相关决策程序作出具体的规定。公司需确保合作双方对投融资、并购项目均不存在决策上的瑕疵,如不存在违反公司章程的规定等,否则将可能出现合作双方的股东否认该项目,要求撤销相关协议并取消合作,从而引发官司。

第一,确保决策机构正确。依据《公司法》第十五条第一款的规定,公司向其他企业投资,按照公司章程的规定,由董事会或者股东会决议。依据《公司法》第六十七条第二款第三项的规定,董事会决定公司的经营计划和投资方案。也就是说,公司首先要明确就投资事项作出决议的决策机构,避免因决策机构错误而导致决议无效。决议无效则意味着公司股东可能会以其未进行表决为由不同意公司进行该投资，投资项目可能因此被叫停，公司需向合作相对方承担违约责任，支付巨额经济赔偿。

第二，确保决议程序合法。一方面，公司要确保会议的召开时间符合要求。依据《公司法》第六十四条第一款、第七十二条的规定，公司在针对投资决议事项召开股东会或董事会时，公司章程有规定的，按照规定处理；章程未规定的，股东会召开需按照法律规定处理，董事会则根据公司内部惯例处理，但也需确保召集程序的合理性，不得存在明显剥夺股东或董事会成员表决权的情形。另一方面，公司要确保会议过程及决议事项有书面记录。依据《公司法》第六十四条第二款、第七十三条第四款的规定，股东会及董事会应当对所议事项的决定制作会议记录，出席会议的股东应当在会议记录上签名或者盖章，董事应当在会议记录上签名。否则在后续作出内部决议时股东或董事可能会推翻之前的决定，从而导致决议无法有效形成。若公司股东会或董事会的召集程序违反法律、行政法规或者公司章程，股东可向法院请求撤销决议，但会议召集程序仅有轻微瑕疵，且对决议未产生实质影响的除外。

举例来说，在蒋某某、润某公司决议撤销纠纷一案[①]中，法院认为，润某公司在其章程中明确规定，召开股东会议，应当于会议召开15日前通知全体股东。润某公司于2020年1月10日、2020年2月28日两次召开股东会，第一次股东会会议提前12日通知蒋某某，第二次股东会会议提前14日通知蒋某某，均未达到公司章程所规定的提前15日通知的要求，属于股东会召集程序违反公司章程规定，且润某公司未对两次股东会所议事项专门制作会议记录，而是以股东会决议代替会议记录，亦存在瑕疵，故润某公司的两次股东会决议违反法律或公司章程，依法符合撤销的条件。

第三，确保会议的议事方式和表决程序符合公司章程规定。依据

[①] 参见安徽省黄山市中级人民法院（2020）皖10民终489号二审民事判决书。

《公司法》第六十六条、第七十三条的规定，股东会及董事会的议事方式和表决程序，除法律有规定的外，由公司章程规定；股东会作出决议，应当经代表过半数表决权的股东通过；董事会会议应当有过半数的董事出席方可举行，董事会作出决议，应当经全体董事的过半数通过，董事会决议的表决，实行一人一票。若公司股东会或董事会的议事方式和表决程序违反法律、行政法规或者公司章程，股东可向法院请求撤销决议或确定决议不成立，但表决方式仅有轻微瑕疵，且对决议未产生实质影响的除外。

举例来说，在刘某某与韩某1、韩某2等公司决议撤销纠纷一案中[1]，法院认为，根据某富公司章程第十八条的规定，本案所涉股东会决议事项必须经全体股东表决通过，且该规定不违反法律规定，而本案股东会决议仅有刘某某签名，故案涉股东会决议事项的表决结果未达到公司章程规定的全体股东表决通过的比例。综上，某富公司于2019年10月15日作出的股东会决议不成立。

另外，需要提醒公司管理者注意的是，公司在操作投融资或并购项目的过程中，若涉及修改公司章程，增加或者减少注册资本，以及公司合并、分立、解散或者变更公司形式等事项时，必须由股东会作出决议，且必须经代表三分之二以上表决权的股东通过，若公司章程的规定与《公司法》规定不符，应当以《公司法》规定为准。

第四，确保决议内容符合法律法规及公司章程的规定。公司针对投融资或并购项目作出的内部决议，不能出现决议内容（包括股东或董事签名的真实性）不符合法律规定的情形，若内容违法，依据《公司法》的规定，则可能存在决议被确认为无效的法律风险。同时，若决议内容违反公司章程的规定，也可能存在股东向法院申请撤销相关决议的法律风险。

举例来说，在吴某与武汉某公司公司决议纠纷一案[2]中，法院认为，

---

[1] 参见江苏省淮安市中级人民法院（2020）苏08民终1781号二审民事判决书。
[2] 参见湖北省武汉东湖新技术开发区人民法院（2020）鄂0192民初1860号一审民事判决书。

本案所涉股东会决议没有经过正式的股东会召集、决议等程序，股东会决议上原告的签名也非其本人签名，系作为第三人的工作人员代签。故在未召开股东会会议、股东会决议签名也非真实的情况下，被告股东会作出的上述股东会决议无效。

另外，依据《公司法》第十五条第一款的规定，公司章程对投资的总额及单项投资的数额有限额规定的，不得超过规定的限额，否则将同样面临决议因违反法律规定而被撤销的法律风险。与此同时，即使公司根据股东会、董事会决议已办理变更登记，法院宣告该决议无效或者撤销该决议后，公司也应当向公司登记机关申请撤销变更登记。

此外，需提醒公司管理者注意的是，公司在操作投资、融资或并购项目时，除自身要严格按照上述法律风险与合规管理措施履行内部决策程序外，还应当注意审查合作相对方内部决策程序是否符合上述要求，避免因合作相对方内部决策程序或内容瑕疵导致项目无法继续进行，公司也因此不得不通过打官司来维护自身权益，甚至可能出现法院认为公司对相关法律文件审查不到位，存在一定过错，判决公司承担部分责任的风险。

二、进行全方位法律尽职调查

实务中，对于一个投资项目，公司管理者往往会更侧重全面了解项目的投资潜力及商业风险，会对项目进行市场调研及可行性分析，出具相应的分析报告，但忽视对投资项目的法律调查。对投资项目开展商业调查固然重要，但一个具备极高商业价值的项目，如果同时也存在巨大的法律风险，那么操作该项目可能不仅没有投资回报，还需通过打官司追讨投资款项或被追究巨额违约赔偿。

笔者曾经受一家公司的委托，就公司拟投资的一宗房地产合作开发项目进行法律尽职调查。公司拟投入资金5000万元，前期公司向合作相对方（个人）了解项目的商业情况，对方告知公司项目所涉地块的土地使用权归其个人所有，且项目启动后可将该土地使用权变更到双方合作成立的项目公司名下。后笔者经调查得知，该项目所涉地块使用权归属于一家公司，而该合作相对方仅是该公司十一名股东之一。笔者将该情况充分披露给了委托方并充分告知其法律风险，并建议委托方要求合作相对方所在公司出具处置所涉土地使用权的相关有效决议，交由笔者审查。由于该公司的股东之间无法达成一致，部分股东不同意出让土地使用权，委托方最后取消了合作。试想，在合作相对方有意欺瞒的情况下，若投资方不对该项目进行法律尽职调查，就将5000万元的投资款支付到项目公司，最后无法取得最核心的土地使用权，除了通过打官司追回投资款，还能有什么好办法？若合作相对方已经将公司投入的5000万元转移或另作他用，且对方无其他财产，即使投资方打赢了官司，也将面临无法追回投资款的风险，遭受巨额经济损失。

而对于融资及并购项目，融资一方或并购一方同样需要对引入的合作方以及被并购方的情况进行全方位的法律尽职调查，具体调查范围包括但不限于公司历史状况、存续情况、债务情况、诉讼仲裁情况、行政处罚情况等，以全面了解引入的合作方以及被并购方是否存在债务或法律问题，以及是否存在会导致公司的股权或资产被法院查封、冻结、拍卖的风险。

因此，公司在投融资、并购时，可以聘请专业的法律服务团队对项目进行全方位的法律尽职调查，调查对象包括合作相对方、所涉项目、关联方等，以防止投融资、并购项目因存在某一重大瑕疵或法律风险而最终无法落地，减少公司因为投融资、并购而引发的诉讼或仲裁案件。

三、审慎设置相关合作协议

公司投融资或并购时，合作双方基本上会通过签订相关书面合作协议，如股权转让协议、融资协议等，确定双方的合作模式、权利义务、违约责任等。设置协议内容时，公司首先需依据《民法典》第四百七十条的规定，对一般性的条款作出约定，如当事人的姓名或者名称和住所、交易标的、数量、价款、违约责任、解决争议的方法等。另外，公司还需结合投融资或并购项目的特点，如更加注重项目收益及风险控制等，结合市场调查及法律尽职调查的结果，在协议中增加相关对赌条款或风险防控条款，并对应设置项目退出条件、单方解约条件、项目结算时间等条款，以确保公司在项目出现风险时可及时退出，及时止损。

四、注重对项目运作全过程法律文件的审查

在投融资或并购项目运作过程中，双方除签署相关合作协议外，还会基于项目运作的情况而往来相关文件，如洽谈会议纪要、备忘录、补充协议、担保文件等。公司若在前述文件上盖章确认，或公司授权代表在相关文件上签名确认，也会对公司发生法律效力，甚至有可能直接导致相关合作协议中的约定事项与后续签订的相关文件约定不一致，以致影响到整个项目的运作，引发诉讼或仲裁案件。

举例来说，笔者经办的一个项目，协议中约定了合作相对方办理目标公司股权变更登记的时间，后续合作相对方迟迟未办理，公司以合作相对方违约为由向其发出了项目退出通知书，但合作相对方向公司发来一份会议纪要，上面有公司授权代表的签名，其中载明公司同意股权变更时间延长半年。该份会议纪要实际上是对合作协议条款的变更。因公司明确向合作相对方出具了授权委托书，授权某员工全权代表公司参加该项目的有关会议、签署相关文件等，故公司只能执行新的关于股权变更时间的约定，而不得就此退出项目。进一步而言，此案例中，若合作相对方反过来追究公司单方违约退出项目的责任，那么公司将很可能面临承担违约责任的风险。

另外，为了促进项目顺利进行，公司可能还会要求合作相对方就合作协议项下的全部债务提供担保，而此时担保方会向公司出具相关的担保文件，如连带保证责任书或担保协议等。若公司不注重对相关担保文件及决议内容、程序的审查，则可能无法发现相关担保文件无效的情况。若后续

合作相对方违约，公司就只能凭相关合作协议追究合作相对方的违约责任，而无法凭借保证责任书或担保协议追究担保方的担保责任。

举例来说，在水某公司与天某公司、天某建设公司、中某公司等股权转让纠纷一案①中，法院认为，《公司法》第十六条第二款规定，公司为公司股东或者实际控制人提供担保的，必须经股东会或者股东大会决议。本案中，《担保协议》上有天某建设公司及中某公司共同的法定代表人戴某某的签字以及公司公章，但由于水某公司作为相对人无法证明其对天某建设公司、中某公司的章程、公司决议等与担保相关的文件进行了形式审查，且未经天某建设公司、中某公司事后追认，因此，《担保协议》对天某建设公司、中某公司不发生法律效力。综上所述，水某公司主张由天某建设公司、中某公司对天某公司的债务承担连带保证责任的诉讼请求，于法无据，法院不予支持。

第三节　项目退出时

实践中，公司对外投资、融资或并购时可能在项目后期运行过程中存在项目亏损、合作双方出现争议等情况，公司为了最大程度减少损失，会考虑退出项目或取消融资、并购。但退出项目或取消融资、并购并不是简单地向合作相对方发出退股通知或终止合作通知就可以了，而是涉及后续一系列项目结算等收尾工作。若在项目退出时不进行有效的法律风险与合规管理，很可能留下无穷后患。

一、及时解除或终止合作协议

项目退出时首要的工作就是将尚未履行完毕的相关合作协议或融资、

---

① 参见上海市高级人民法院（2019）沪民终415号二审民事判决书。

并购协议等解除或终止，但不能随意为之。公司需严格根据《民法典》合同编的相关规定以及协议中约定的解除或终止协议的条件，及时发出书面通知，在通知中明确退出项目或终止合作的事由等。

若解除或终止合作协议不存在约定或法定事由，则公司需与合作方进行协商，双方协商一致可解除或终止合作协议，且后续需签订补充协议或终止协议，明确解除或终止的时间节点及项目结算的相关事项等。

二、及时办理股权的转让手续

公司在进行投融资及并购时，往往存在公司成为项目公司或合作相对方股东，或是合作相对方成为公司股东等情形。实践中，有的项目已经终止，但公司在市场监督管理部门仍为登记的股东，公司对此不予理会，认为只要双方结算完成了即可。殊不知，一旦项目公司对外负债，第三人仍然可要求股东在出资范围内承担相应责任，即使公司在退出项目时与合作相对方在协议中约定了债务划分的时间节点，也只能在承担了相关责任后再根据相关协议通过打官司的方式向合作相对方追偿。

有的项目中，公司引入的融资方或并购方持有公司的股份，在合作终止后如果不及时将合作相对方的股权进行变更，其仍然是公司的股东，那么公司内部就经营问题作出相关决议时，仍然需要通知合作相对方参加股东会且作出表决，而合作相对方在未实际参与后续经营的情况下，可能会不予配合或无法联系，又或者对公司的决策事项持反对意见，公司经营将可能因此陷入僵局。反之，也可能存在合作相对方以其仍然是股东为由，继续主张股东权利并要求分红等情况，若合作相对方后期不配合办理股权转让手续，公司也只能通过打官司的方式解决问题。

因此，公司在与合作相对方就合作终止及股权处理达成一致后，应当及时办理股权的转移变更登记，避免因股权变更不及时而出现承担赔偿责任或公司经营陷入僵局等法律风险。

三、及时做好项目的清算及结算

在合作终止后,公司需全面梳理项目的情况,若设立了项目公司,需按照《公司法》的规定,对项目公司进行清算,全面清理公司的债权债务、人员、资产等,并就相关事项严格按照《公司法》的规定作出决议。清算完成之后,还需及时对项目公司办理注销手续,销毁公司印章等,避免留有后患(如利用公司进行非法交易、乱用公司印章等)。

另外,若公司融资、并购时项目合作方持有公司股份,在项目清算过程中,也需对项目终止时公司的债权债务、可分配的利润、可处置的资产等进行全面的清理,并明确处理的方式,避免后续出现争议,引发不必要的官司。

综上可知,公司要运行好投融资、并购活动,需要对《民法典》合同编、《公司法》等全面、正确地理解和运用。《民法典》是公司投融资、并购行为的重要法律基础,《公司法》是公司从事投融资、并购活动必须遵守的最重要的商事法律之一。[①] 而法律的准确运用则需要依托法律专业人士的法学理论基础及实务经验。一旦公司管理者作出的措施不到位或存在错误,轻者可直接影响到投融资、并购活动的顺利进行,重者则会让公司陷入巨额的官司当中。因此,公司管理者需将投融资、并购活动的商业管理提升到"商业筹划+法律管理"的层面,借助法律专业人士的外力,最大程度实现投融资、并购活动的现实意义和经济价值。

---

① 参见王建宁、杨春宝:《完胜资本2:公司投融资模式流程完全操作指南》(第3版),中国法制出版社2015年版,第1—3页。

第八章
广告、品牌法律风险与合规管理

在日趋激烈的国内外市场竞争环境下，品牌对公司的重要性已毋庸赘言，好的品牌几乎占据着产业链的价值高端，可以说，品牌在很大程度上决定着公司市场竞争力与商品或服务利润的大小，甚至关乎公司的生死存亡。而广告是公司塑造品牌的主要途径之一，广告中对商品性能、功能、产地、用途、质量、成分、价格、生产者、有效期限、允诺等的描述，或者对服务的内容、提供者、形式、质量、价格、允诺等的表示，对塑造公司品牌形象起着重要作用，同时也关系到消费者合法权益的保护。因此，国家制定了一系列法律法规对公司广告、品牌管理进行规制。从行政执法与司法实践来看，有关广告、品牌的行政处罚或民事纠纷，在公司纠纷中占有非常大的比重，尤其是随着"职业打假人"的出现，公司违法或违规发布广告，以及品牌塑造和管理不当的法律风险越来越大，这必然要求企业家们从法律风险与合规管理的角度，高度重视公司广告、品牌的法律风险防控，尤其是减少或避免来自广告、品牌层面的案件风险，从而为公司品牌的良性运作提供有效的法治保障。

第一节 广　　告

一、法律责任

基于广告对消费者权益和社会经济秩序的重大影响，公司如果开展违法、违规的广告活动，可能需要承担民事赔偿、行政处罚和刑事责任等多重法律责任，每一种法律责任背后也伴随案件的产生。以最典型的虚假广告为例，在民事责任及其可能诱发的民事诉讼方面，依据《广告法》第五十六条的规定，违反广告法规定，发布虚假广告，欺骗、误导消费者，使购买商品或者接受服务的消费者的合法权益受到损害的，由广告主①依法承担民事责任。广告经营者②、广告发布者③不能提供广告主的真实名称、地址和有效联系方式的，消费者可以要求广告经营者、广告发布者先行赔偿。关系消费者生命健康的商品或者服务的虚假广告，造成消费者损害的，其广告经营者、广告发布者、广告代言人④应当与广告主承担连带责任。其他商品或者服务的虚假广告造成消费者损害的，其广告经营者、广告发布者、广告代言人，明知或者应知广告虚假仍设计、制作、代理、发布或者作推荐、证明的，应当与广告主承担连带责任。《消费者权益保护法》第五十五条第一款规定，除法律另有规定外，经营者提供商品或者服务有欺诈行为⑤的，应当

---

① 广告主，是指为推销商品或者服务，自行或者委托他人设计、制作、发布广告的自然人、法人或者其他组织。
② 广告经营者，是指接受委托提供广告设计、制作、代理服务的自然人、法人或者其他组织。
③ 广告发布者，是指为广告主或者广告主委托的广告经营者发布广告的自然人、法人或者其他组织。
④ 广告代言人，是指广告主以外的，在广告中以自己的名义或者形象对商品、服务作推荐、证明的自然人、法人或者其他组织。
⑤ 《侵害消费者权益行为处罚办法》第十六条进一步明确规定了"欺诈行为"的类型，其中就包括虚假广告。

按照消费者的要求增加赔偿其受到的损失，增加赔偿的金额为消费者购买商品的价款或者接受服务的费用的三倍；增加赔偿的金额不足 500 元的，为 500 元。

在行政责任及其可能导致的行政复议或行政诉讼方面，《广告法》第五十五条第一款、第三款规定，违反本法规定，发布虚假广告的，由市场监督管理部门责令停止发布广告，责令广告主在相应范围内消除影响，处广告费用三倍以上五倍以下的罚款，广告费用无法计算或者明显偏低的，处 20 万元以上 100 万元以下的罚款，两年内有三次以上违法行为或者有其他严重情节的，处广告费用五倍以上十倍以下的罚款，广告费用无法计算或者明显偏低的，处 100 万元以上 200 万元以下的罚款，可以吊销营业执照，并由广告审查机关撤销广告审查批准文件、一年内不受理其广告审查申请。广告经营者、广告发布者明知或者应知广告虚假仍设计、制作、代理、发布的，由市场监督管理部门没收广告费用，并处广告费用三倍以上五倍以下的罚款，广告费用无法计算或者明显偏低的，处 20 万元以上 100 万元以下的罚款，两年内有三次以上违法行为或者有其他严重情节的，处广告费用五倍以上十倍以下的罚款，广告费用无法计算或者明显偏低的，处 100 万元以上 200 万元以下的罚款，并可以由有关部门暂停广告发布业务、吊销营业执照。此外，《广告法》第六十九条还规定，因发布虚假广告，或者有其他本法规定的违法行为，被吊销营业执照的公司、企业的法定代表人，对违法行为负有个人责任的，自该公司、企业被吊销营业执照之日起 3 年内不得担任公司、企业的董事、监事、高级管理人员。

在刑事责任及其涉及的刑事诉讼方面，《刑法》第二百二十二条规定了虚假广告罪，即广告主、广告经营者、广告发布者违反国家规定，利用广告对商品或者服务作虚假宣传，情节严重的，处二年以下有期徒刑或者拘役，并处或者单处罚金。

二、注意要点

如上所述，公司广告法律及案件风险在商事实践中的易发多发，尤其是朗朗上口的广告语往往只有寥寥数字，对其合法性审查更是要慎之又慎；同时，行业、适用对象等的不同，也使公司广告内容、形式的合规要求呈现精细化的特点。因此，公司在防控广告法律及案件风险时，应注重针对性和体系性的融合，否则将很可能诱发案件并承担相应的法律责任。结合相关行政执法与司法实践，具体可以从以下七个方面把握。

第一，无论是自行制作广告还是委托制作广告，发布前都要从防范构成虚假广告、符合广告通用要求和符合特定行业要求三个角度出发进行审查。其中虚假广告是最多见的广告法律及案件风险之一，是指广告以虚假或者引人误解的内容欺骗、误导消费者。依据《广告法》第二十八条第二款的规定，虚假广告主要有五种常见表现：一是商品或者服务不存在的；二是商品的性能、功能、产地、用途、质量、规格、成分、价格、生产者、有效期限、销售状况、曾获荣誉等信息，或者服务的内容、提供者、形式、质量、价格、销售状况、曾获荣誉等信息，以及与商品或者服务有关的允诺等信息与实际情况不符，对购买行为有实质性影响的；三是使用虚构、伪造或者无法验证的科研成果、统计资料、调查结果、文摘、引用语等信息作证明材料的；四是虚构使用商品或者接受服务的效果的；五是以虚假或者引人误解的内容欺骗、误导消费者的其他情形。比如，2018年，因接到举报，北京市工商行政管理局海淀分局在调查后认定，某二手车公司在广告宣传中使用的"创办一年、成交量就已遥遥领先"广告语缺乏事实依据，与实际情况不符，属于虚假广告，进而对其作出责令停止发布违法广告、在相应范围内消除影响及罚款1250万元的行政处罚。①

---

① 参见《瓜子二手车广告语自称"成交量遥遥领先"被行政处罚1250万》，载央广网，http://m.cnr.cn/news/20181201/t20181201_524436533_tt.html，最后访问于2025年6月30日。

与此同时，广告应当真实、合法，以健康的表现形式表达广告内容，符合社会主义精神文明建设和弘扬中华优秀传统文化的要求。《广告法》第九条具体规定了广告不得有的十一种情形，即（1）使用或者变相使用我国国旗、国歌、国徽、军旗、军歌、军徽；（2）使用或者变相使用国家机关、国家机关工作人员的名义或者形象；（3）使用"国家级""最高级""最佳"等用语；（4）损害国家的尊严或者利益，泄露国家秘密；（5）妨碍社会安定，损害社会公共利益；（6）危害人身、财产安全，泄露个人隐私；（7）妨碍社会公共秩序或者违背社会良好风尚；（8）含有淫秽、色情、赌博、迷信、恐怖、暴力的内容；（9）含有民族、种族、宗教、性别歧视的内容；（10）妨碍环境、自然资源或者文化遗产保护；（11）法律、行政法规规定禁止的其他情形。比如，2020年，某乳业公司为配合公司战略规划委托其他公司制作相关视频广告在公司官方网站发布，经鉴定，视频广告中含有"中国地图"，但未将我国领土表示完整、准确，故该公司被上海市市场监督管理局作出责令停止发布广告，罚款30万元的行政处罚。①

此外，《广告法》在第十六条、第十八条、第二十一条、第二十三条、第二十四条、第二十五条、第二十六条、第二十七条等还分别对医疗、药品、医疗器械广告，保健食品广告，农药、兽药、饲料和饲料添加剂广告，酒类广告，教育、培训广告，招商等有投资回报预期的商品或者服务广告，房地产广告，农作物种子、林木种子、草种子、种畜禽、水产苗种和种养殖广告不得含有的内容进行了详细列举。特别值得注意的是，依据《广告法》第四十六条的规定，发布医疗、药品、医疗器械、农药、兽药和保健食品广告，以及法律、行政法规规定应当进行审查的其他广告，应当在发布前由广告审查机关对广告内容进行审查；未经审查，不得发布。

---

① 参见《光明乳业因广告使用地图不准确被罚款30万元》，载中国市场监管报网，http://www.cmrnn.com.cn/content/2021-03/10/content_200156.html，最后访问于2025年6月30日。

第二，广告内容涉及的事项需要取得行政许可，或者广告中涉及专利产品或专利方法的，还应符合相应要求。依据《广告法》第十一条第一款、第十二条的规定，广告内容涉及的事项需要取得行政许可的，应当与许可的内容相符合；广告中涉及专利产品或者专利方法的，应当标明专利号和专利种类；未取得专利权的，不得在广告中谎称取得专利权；禁止使用未授予专利权的专利申请和已经终止、撤销、无效的专利作广告。

第三，广告内容属于对比性、竞争性的，应当具有可比性且符合公平竞争的要求。广告宣传实践中，一些广告主经常希望通过比较来凸显自家商品或服务的优势，容易自觉或不自觉地对他人的商品或服务进行贬损，或者是使用没有依据的数据对己方商品或服务进行夸大，这些做法显然都是违法的。依据《广告法》第五条、第十一条第二款、第十三条和第三十一条的规定，广告主、广告经营者、广告发布者从事广告活动，应当遵守法律、法规，诚实信用，公平竞争；广告使用数据、统计资料、调查结果、文摘、引用语等引证内容的，应当真实、准确，并表明出处，引证内容有适用范围和有效期限的，应当明确表示；广告不得贬低其他生产经营者的商品或者服务；广告主、广告经营者、广告发布者不得在广告活动中进行任何形式的不正当竞争。

第四，使用广告代言人应符合特殊要求。依据《广告法》第三十八条的规定，一是广告代言人在广告中对商品、服务作推荐、证明，应当依据事实，符合广告法和有关法律、行政法规规定，并不得为其未使用过的商品或者未接受过的服务作推荐、证明；二是不得利用不满10周岁的未成年人作为广告代言人；三是对在虚假广告中作推荐、证明受到行政处罚未满3年的自然人、法人或者其他组织，不得利用其作为广告代言人。

第五，利用互联网从事广告活动，适用《广告法》的各项规定。同时，依据《广告法》第四十四条第二款的规定，利用互联网发布、发送广告，不得影响用户正常使用网络；在互联网页面以弹出等形式发布的广告，应当显著标明关闭标志，确保一键关闭。

第六，广告活动不得侵害他人人身权、财产权、人格权等合法权益。如《广告法》第三十三条规定，广告主或者广告经营者在广告中使用他人名义或者形象的，应当事先取得其书面同意；使用无民事行为能力人、限制民事行为能力人的名义或者形象的，应当事先取得其监护人的书面同意。同理，广告主或者广告经营者在广告中使用或涉及他人名誉、荣誉、个人信息、声音、注册商标等的，也应当事先取得其书面同意；使用或涉及无民事行为能力人、限制民事行为能力人的名誉、荣誉、个人信息、声音、注册商标等，应当事先取得其监护人的书面同意。另外需要注意的是，依据《广告法》第四十三条的规定，任何单位或者个人未经当事人同意或者请求，不得向其住宅、交通工具等发送广告，也不得以电子信息方式向其发送广告。以电子信息方式发送广告的，应当明示发送者的真实身份和联系方式，并向接收者提供拒绝继续接收的方式。

第七，广告不得损害未成年人和残疾人的身心健康。具体包括：其一，依据《广告法》第三十九条的规定，不得在中小学校、幼儿园内开展广告活动，不得利用中小学生和幼儿的教材、教辅材料、练习册、文具、教具、校服、校车等发布或者变相发布广告，但公益广告除外。其二，依据《广告法》第四十条的规定，在针对未成年人的大众传播媒介上不得发布医疗、药品、保健食品、医疗器械、化妆品、酒类、美容广告，以及不利于未成年人身心健康的网络游戏广告。针对不满14周岁的未成年人的商品或者服务的广告不得含有下列内容：劝诱其要求家长购买广告商品或者服务；可能引发其模仿不安全行为。

第二节　品　　牌

随着移动互联网时代的到来，市场竞争越来越呈现快速迭代发展的态势,尤其是在直播打赏、网红爆款等新业态和新商业模式领域,"以快打慢""推陈出新"是企业迅速占领市场、获得利润空间的重要策略。特别是各种带有文化创意色彩的潮牌,品牌持有人为了尽快将品牌吸引力转化为市场占有率,进而实现品牌价值变现,大多会以最快速度将网红产品推向市场并展开大规模的招商加盟活动。在这种商业氛围和市场环境下,当一个公司的品牌经过一段时间的流量积累和知名度塑造,逐步获得了相当的市场地位和影响力之后,品牌运营就成为品牌跨越式发展和扩张的常用方式。在这个过程中,从品牌创立、保护到品牌推广、运营,无不隐含着一定的法律风险,并极可能诱发诉讼或仲裁案件,因此必须树立品牌全过程法律风险与合规管理的意识,才能尽可能地让公司不用打、不怕打品牌官司。

一、品牌创立

在品牌创立阶段,公司除了及时注册商标[①]、对品牌进行认定以固定品牌价值,还应当注重借助事先排查等方式,预防拟创立品牌侵权的法律风险,具体包括拟创立品牌可能侵犯其他主体的商标专用权、姓名权、名称权等,从而导致其他主体提起诉讼进行维权,不仅会给公司带来诉累,而且一旦败诉,更可能给公司品牌带来"灭顶之灾"。就企业名称、商标指示商品来源的功能而言,理性的市场主体特别是同业经营者,在申请登记企业名称或注册商标时,一般会注意同行业其他经营者的企业名称、注册商标情况,尽量与在先企业名称、注册商标区别开来,从而避免产生混淆误认,最大程度发挥自身企业名称、商标的识别功能。[②] 但商事实践中,有一些公司通过规避我国的企业名称登记审查制度,在境外登记取得企业名称,之后申请注册与其他公司注册商标近似的商标等手段,意图攀附知

---

① 详见本书第九章之《知识产权法律风险与合规管理》。
② 参见湖南省高级人民法院(2017)湘民终126号二审民事判决书。

名注册商标商誉，这种做法在强化知识产权保护的大背景下显然存在极大的法律风险，长期来说是得不偿失的。

二、品牌保护

不正当竞争可以说是与市场经济伴生的副产品，实践中，公司名称被冒用、公司注册商标被侵权、其他主体故意诋毁公司商誉等情况时有发生，这些行为都将直接对公司品牌造成极大的负面影响，甚至导致公司最终失去客户和市场。因此，在品牌创立之后，尤其是在品牌取得一定知名度和影响力之后，公司不能简单停留在申请注册商标等对品牌的静态保护之上，在被侵权后应当充分利用法律武器，及时、有效地进行取证；然后在占据有利地位的基础上，通过发律师函、谈判和解、以诉讼促调解等方式，一方面消除其他主体品牌侵权对公司的不利影响，另一方面尽可能地挽回公司经济损失。特别值得一提的是，公司通过法律手段对自身品牌的有力保护，不仅可以维护自身经济利益等合法权益，也有利于进一步塑造公司良好品牌形象并带来整体增值。

三、品牌推广

在品牌推广方面，最值得公司警惕的就是依靠不特定多数人进行不当品牌推广活动，可能涉嫌传销的法律风险，要承担民事赔偿、行政处罚和刑事责任。依据《禁止传销条例》第二条的规定，传销是指组织者或者经营者发展人员，通过对被发展人员以其直接或者间接发展的人员数量或者销售业绩为依据计算和给付报酬，或者要求被发展人员以交纳一定费用为条件取得加入资格等方式牟取非法利益，扰乱经济秩序，影响社会稳定的行为。同时，依据《禁止传销条例》第七条的规定，传销行为主要包括以下三类：（1）组织者或者经营者通过发展人员，要求被发展人员发展其他人员加入，对发展的人员以其直接或者间接滚动发展的人员数量为依据计算和给付报酬（包括物质奖励和其他经济利益，下同），牟取非法利益；（2）组织者或者经营者通过发展人员，要求被发展人员交纳费用或者以认购商品等方式变相交纳费用，取得加入或者发展其他人员加入的资格，牟取非法利益；（3）组织者或者经营者通过发展人员，要求被发展人员发展其他人员加入，形成上下线关系，并以下线的销售业绩为依据计算和给付上线报酬，牟取非法利益。

四、品牌运营

品牌运营的方式主要包括品牌特许经营、品牌授权使用、品牌合作入股和品牌委托生产销售等，囿于篇幅，本书主要对其中较为复杂的品牌特许经营的法律风险与合规管理进行分析。《商业特许经营管理条例》第三条第一款规定，商业特许经营，指拥有注册商标、企业标志、专利、专有技术等经营资源的企业（以下简称特许人），以合同形式将其拥有的经营资源许可其他经营者（以下简称被特许人）使用，被特许人按照合同约定在统一的经营模式下开展经营，并向特许人支付特许经营费用的经营活动。但在商事实践中，一些特许人缺乏商业特许经营活动的合规化、规范化意识，甚至在明显不具备从事特许经营活动应当拥有的成熟经营模式的情况下盲目"大干快上"，导致与被特许人之间不可避免地发生各种纠纷。结合有关司法实践，公司品牌特许经营法律风险与合规管理应当重点注意以下四个方面。

其一，品牌连锁或加盟是否属于商业特许经营活动应遵循实质性判断。实践中，一些公司为了规避《商业特许经营管理条例》等的监管要求，有意地对事实上属于特许经营合同性质的品牌连锁或加盟协议进行模糊化或差异化处理，比如将合同名称简单定义为合同或协议，或者使用"单店合作协议""区域代理合作协议""注册商标许可使用合同""品牌合作合同""托管运营"和"联营合同/合作合同"等其他合同形式或名称，甚至直接在书面合同文本中明确约定"本合同非特许经营合同，内容不适用《商业特许经营管理条例》"。① 如果合作各方产生矛盾进入司法程序，法院通常会突破合同名称的形式约束，对合同内容进行实质性审查。如果法院认定该合同确实属于特许经营合同，特许人就可能面临合同被依法解除并退还加盟费、管理费、使用费、保证金及赔偿损失等违约责任，同时还面临被没收违法所得并处高额罚款的行政处罚。

比如，在柏某公司与陈某某特许经营合同纠纷案②中，法院认为，陈某某与柏某公司签订的《合作协议书》中约定柏某公司提供协议指定的商标、商号、企业标识及经营管理规范给陈某某使用，为陈某某的从业人员提供专业、规范系统的培训，在合同有效期内为陈某某提供运营指导、咨询及技术支持服务；陈某某要遵循柏某公司的经营管理制度和规范，接受柏某公司的监督和管理；陈某某在签约时一次性支付柏某公司10万元。由上述合同内容可知，柏某公司符合将其拥有的经营性资源许可给陈某某使用，陈某某在柏某公司指导下经营，并向柏某公司支付特许经营费用的性质，故双方的《合作协议书》实际上符合特许经营合同的性质。

其二，品牌连锁或加盟类的特许人应具备规定的条件，才能从事特许经营活动。依据《商业特许经营管理条例》第三条第二款和第七条的规定，特许人应当具备的法定条件主要有三项：一是特许人必须为企业，企业以外的其他单位和个人不得作为特许人从事特许经营活动；二是特许人从事特许经营活动应当拥有成熟的经营模式，并具备为被特许人持续提供经营指导、技术支持和业务培训等服务的能力；三是特许人从事特许经营活动应当拥有至少2个直营店，并且经营时间超过1年。比如，以个体工商户、公司实际控制人等个人名义订立实际上属于特许经营合同的品牌连锁或加盟协议，该协议很可能被法院认定为因违反行政法规的效力性强制

---

① 参见陈少军：《品牌连锁经营常见的6类法律风险》，载微信公众号"新则"2020年9月27日，2025年2月20日访问。
② 参见广州知识产权法院（2019）粤73民终3109号民事二审判决书。

性规定而无效,特许人也将面临合同被依法解除并退还加盟费、管理费、使用费、保证金及赔偿损失等违约责任,同时还会面临被没收违法所得并处高额罚款的行政处罚。

其三,品牌连锁或加盟类的特许经营合同应当依法及时备案。依据《商业特许经营管理条例》第八条第一款的规定,特许人应当自首次订立特许经营合同之日起15日内,依照规定向商务主管部门备案。其中在省、自治区、直辖市范围内从事特许经营活动的,应当向所在地省、自治区、直辖市人民政府商务主管部门备案;跨省、自治区、直辖市范围从事特许经营活动的,应当向国务院商务主管部门备案。同时,《商业特许经营管理条例》第二十五条规定,特许人未依照规定向商务主管部门备案的,由商务主管部门责令限期备案,处1万元以上5万元以下的罚款;逾期仍不备案的,处5万元以上10万元以下的罚款,并予以公告。比如,2017年,北京市商务委行政执法人员依据《商业特许经营管理条例》对北京法某某皮革工艺技术开发有限公司进行执法检查。经查,发现该公司违反了《商业特许经营管理条例》第八条第一款的规定,在首次订立特许经营合同之日起15日内,未依照《商业特许经营管理条例》的规定向商务主管部门备案,依据《商业特许经营管理条例》第二十五条的规定,决定对其处1万元罚款。①

其四,品牌连锁或加盟类的特许人应当依法建立并实行完备的信息披露制度,向被特许人提供的信息应当真实、准确、完整;特许人向被特许人提供的信息发生重大变更的,还应当及时通知被特许人。依据《商业特许经营管理条例》第二十二条的规定,特许人应当向被特许人提供的信息包括:(1)特许人的名称、住所、法定代表人、注册资本额、经营范围以及从事特许经营活动的基本情况;(2)特许人的注册商标、企业标志、专利、专有技术和经营模式的基本情况;(3)特许经营费用的种类、金

---

① 参见《首次订立特许经营合同未备案 法若尔皮革工艺技术开发公司被处罚》,载中国网财经频道,http://finance.china.com.cn/roll/20170628/4267248.shtml,最后访问于2025年6月30日。

额和支付方式（包括是否收取保证金以及保证金的返还条件和返还方式）；（4）向被特许人提供产品、服务、设备的价格和条件；（5）为被特许人持续提供经营指导、技术支持、业务培训等服务的具体内容、提供方式和实施计划；（6）对被特许人的经营活动进行指导、监督的具体办法；（7）特许经营网点投资预算；（8）在中国境内现有的被特许人的数量、分布地域以及经营状况评估；（9）最近二年的经会计师事务所审计的财务会计报告摘要和审计报告摘要；（10）最近五年内与特许经营相关的诉讼和仲裁情况；（11）特许人及其法定代表人是否有重大违法经营记录；（12）国务院商务主管部门规定的其他信息。值得注意的是，特许人隐瞒有关信息或者提供虚假信息的，被特许人可以解除特许经营合同。

鉴于品牌法律风险与合规管理的专业性和复杂性，公司可以借助法律专业人士的力量，根据品牌连锁或加盟的交易环节做好全过程的法律风险防控：一是公司在从事品牌连锁或加盟类商业特许经营活动之前，应当对自身拥有的注册商标等特许经营资源进行核查，及时对品牌的法律合规性和可持续获得商标专用权的前景进行评估，确认是否存在权利瑕疵或侵犯他人知识产权的情形，避免因商标等经营资源瑕疵导致合同解除、退费赔偿。二是制定严格的品牌使用管理手册，对违反品牌使用管理要求的行为及时监测和预警，比如对未按注册商标授权范围使用、连续三年未使用、存在法律瑕疵的许可和转让行为，以及品牌质押和投资环节可能存在的法律风险及时监测和风险评估，避免品牌资产的不当流失[①]。三是有效处理市场上的品牌侵权行为，比如一些小微企业通过电子商务交易平台，借用知名商业品牌，设置所谓虚假官方网站引流从事非法经营活动，或者将他人企业知名品牌作为搜索关键字或抢注网站域名等。这需要公司内部市场、法务等各个部门联合收集情报及时处理，否则将给公司品牌带来极大损害。

---

① 杨五：《企业品牌管理中的法律风险管控探析（下）》，载《中华商标》2016年第5期。

第九章
知识产权法律风险与合规管理

2020年11月30日下午，中共中央政治局就加强我国知识产权保护工作举行第二十五次集体学习，习近平总书记在主持学习时指出，创新是引领发展的第一动力，保护知识产权就是保护创新；要提高知识产权保护工作法治化水平，要强化知识产权全链条保护；要综合运用法律、行政、经济、技术、社会治理等多种手段，从审查授权、行政执法、司法保护、仲裁调解、行业自律、公民诚信等环节完善保护体系，加强协同配合，构建大保护工作格局。①

依据《民法典》第一百二十三条的规定，公司、个人等民事主体依法享有知识产权，知识产权的客体包括：（1）作品，即著作权；（2）发明、实用新型、外观设计，即专利权；（3）商标，即商标专用权；（4）地理标志；（5）商业秘密；（6）集成电路布图设计；（7）植物新品种；（8）法律规定的其他客体。众所周知，21世纪是知识经济和创新经济的时代，知识产权越来越成为现代企业的核心竞争力之一，知识产权纠纷也是公司最常见的诉讼案件来源之一，知识产权侵权惩罚性赔偿数额更是惊人，知识产权法律风险与合规管理的重要性不言而喻，尤其是对科技型公司或国际性公司来说更为重要。

---

① 《习近平主持中央政治局第二十五次集体学习并讲话》，载中国政府网，https://www.gov.cn/xinwen/2020—12/01/content_ 5566183.htm，最后访问于2024年6月3日。

第一节　双重价值

从公司生存和发展的角度看，知识产权法律风险与合规管理通常具有双重价值：一是积极保护的价值；二是消极保护的价值。积极保护的价值具体体现在两个方面：其一，知识产权法律风险与合规管理，就是让公司的智力成果、创新成果上升为受法律法规保护的知识产权，构建公司智力成果、创新成果合法保护的"护城河"的过程，比如公司在生产经营活动中申请注册商标，经核准后取得受法律保护的商标专用权，这是公司获得商标信誉溢价的重要基础。其二，建立在科学、有效法律风险与合规管理基础上的知识产权，可以为公司带来直接的经济收益，比如据公开报道，华为2022年的专利许可收入达到5.6亿美元[①]。其三，知识产权法律风险与合规管理还可以为公司的快速发展创造条件，比如知识产权质押融资[②]，即企业可以通过自身合法拥有的专利权、商标专用权、著作权中的财产权经评估作为质押物从银行获得贷款，这有助于帮助科技型中小企业解决因缺少不动产担保而带来的资金紧张难题。

消极保护的价值主要体现在，公司卓有成效的知识产权法律风险与合规管理，能够最大程度地让公司避免掉入其他民商事主体的知识产权保护范围，进而避免承担因侵害他人知识产权而可能导致的各种法律责任。过去一段时期，一些商事主体在市场竞争中，为了迅速攫取商业利润而抱有一定的侥幸心理，往往认为我国的知识产权保护力度不足，因此对知识产权法律风险与合规管理不够重视。但事实上，党的十八大以来，随着创新驱动发展战略的深入实施，首先，以2020年《民法典》出台、《著作权

---

①　参见《华为2022年专利许可收入5.6亿美元 公布4G和5G手机专利许可费率》，载中国新闻，https://www.chinanews.com.cn/cj/2023/07-13/10042544.shtml，最后访问于2025年6月9日。

②　详见《中国银保监会、国家知识产权局、国家版权局关于进一步加强知识产权质押融资工作的通知》（银保监发〔2019〕34号）。

法》2020年第三次修正、《商标法》2019年第四次修正、《专利法》2020年第四次修正、《反不正当竞争法》2025年修订等为代表，我国已建立起日益完善的门类齐全、符合国际通行规则的知识产权法律体系。其次，在行政执法方面，2018年，新组建国家市场监督管理总局并重新组建国家知识产权局，我国知识产权"严保护、大保护、快保护、同保护"的整体格局也已基本形成。最后，在司法保障方面，据有关统计，中国法院已经成为世界上审理知识产权案件尤其是专利案件最多的法院，是全世界审理知识产权案件周期最短的国家之一，在国际知识产权保护领域的公信力、吸引力、影响力显著提升，例如苹果公司2017年就在北京以滥用市场支配地位等为由起诉高通，索赔逾10亿元[①]。

第二节　法律责任

侵害他人知识产权，可能需要承担民事、行政和刑事等多重法律责任，并且具体的责任也在不断发展、变化。

一、民事责任

以民事赔偿责任为例，2015年，《国务院关于新形势下加快知识产权强国建设的若干意见》发布，明确提出"提高知识产权侵权法定赔偿上限，针对情节严重的恶意侵权行为实施惩罚性赔偿并由侵权人承担实际发生的合理开支"。自2021年1月1日起施行的《民法典》第一千一百八十五条新增规定"故意侵害他人知识产权，情节严重的，被侵权人有权请求相应的惩罚性赔偿"，首次在我国知识产权领域全面确立了惩罚性赔偿制

[①] 参见金沙滩：《"中国知识产权保护不足"是伪命题——弄清知识产权问题的真相（三）》，载求是网，http://www.qstheory.cn/yaowen/2019—08/28/c_1124929861.htm，最后访问于2024年10月17日。

度的一般规则。

比如，江苏省高级人民法院认为，中山奔某公司、独某公司在被控侵权商品上使用"小某生活"商标，在一定程度上会降低消费者对于"小某"驰名商标的信任，导致该商标所承载的良好声誉受到损害，故对于涉案侵权行为应加大司法惩处力度，符合惩罚性赔偿适用条件；为充分发挥民事损害赔偿在制裁侵权和救济权利中的作用，有效遏制侵权行为再发生，确保权利人获得足够的损害赔偿，确定以侵权获利额为赔偿基数，按照三倍酌定本案损害赔偿额，对小某科技公司、小某通讯公司赔偿5000万元的诉讼请求予以全额支持。①

二、行政责任

以行政处罚为例，《信息网络传播权保护条例》第十八条、第十九条等规定了侵害著作权人、表演者、录音录像制作者的信息网络传播权应承担的行政法律责任。在由权利人腾某公司投诉要求查处最终引发的快某公司诉深圳市市场监督管理局著作权行政处罚纠纷案②中，广东省高级法院在二审中认为，快某公司在明知或者应知小网站不具备授权可能性的情况下，主动采集其网站数据设置链接，并对该设链网页上的内容进行分类、整理、编辑、排序和推荐，还将小网站伪装成行业内具有较高知名度的大网站，为其实施侵权行为提供帮助；快某公司未经权利人许可和授权，在其开发和运营的视频分享软件及网站平台上，通过直接提供、定向搜索、伪装链接、深度链接等非法技术手段向用户提供侵权作品的在线点播、下载和信息传输等服务，客观上实施了向公众传播侵权作品的行为；在国家版权局责令整改、权利人多次送达停止侵权告知函之后，快某公司仍未及时删除涉案作品的侵权链接，快某公司的上述行为，不

---

① 参见江苏省高级人民法院（2019）苏民终1316号二审民事判决书。
② 参见广东省高级人民法院（2016）粤行终492号二审行政判决书。

仅侵害了腾某公司的民事权利，还损害了整个网络视频版权市场的秩序，损害了公共利益；同时，在无法直接查明快某公司非法获利情况和实际经营数额的情况下，深圳市市场监督管理局以涉案13部影视作品的市场中间价为依据计算出非法经营额为8671.6万元，在此基础上综合考虑快某公司的主观过错程度、侵权情节、违法行为后果等，对快某公司处以非法经营额的3倍罚款（约2.6亿元），符合相关法律的规定，并无明显不当。

三、刑事责任

以刑事追究为例，侵害他人知识产权还可能构成各种犯罪，其中较常见的罪名主要包括侵犯著作权罪，假冒注册商标罪，假冒专利罪，侵犯商业秘密罪，销售假冒注册商标的商品罪，销售侵权复制品罪和非法制造、销售非法制造的注册商标标识罪等。比如，厦门市中级人民法院认为，原审被告厦门德某科技有限公司、厦门兴某贸易有限公司未经注册商标所有人许可，在同一种商品上使用与其注册商标相同的商标，且假冒两种以上注册商标，非法经营数额达2852443.07元，情节特别严重；原审被告厦门德某科技有限公司、厦门兴某贸易有限公司销售明知是假冒注册商标的商品，已销售金额2061366.51元，未销售侵权产品的价值1517545.50元，数额巨大；上诉人杨明某、杨茂某系两原审被告单位直接负责的主管人员；上诉人杨明某、杨茂某、两原审被告单位的行为均分别构成假冒注册商标罪和销售假冒注册商标的商品罪；两原审被告单位是共同犯罪；两原审被告单位以及上诉人杨明某、杨茂某均应数罪并罚。①

---

① 参见福建省厦门市中级人民法院（2018）闽02刑终632号二审刑事判决书。

第三节　常见类型[①]

一、商业秘密

依据《反不正当竞争法》第十条第四款的规定，商业秘密包括技术信息和经营信息等商业信息，同时必须全部符合"不为公众所知悉、具有商业价值并经权利人采取相应保密措施"三项构成要件。依据《最高人民法院关于审理侵犯商业秘密民事案件适用法律若干问题的规定》第一条的规定，技术信息通常包括与技术有关的结构、原料、组分、配方、材料、样品、样式、植物新品种繁殖材料、工艺、方法或其步骤、算法、数据、计算机程序及其有关文档等信息；经营信息通常包括与经营活动有关的创意、管理、销售、财务、计划、样本、招投标材料、客户信息[②]、数据等信息。

值得公司管理者注意的是，《反不正当竞争法》在 2017 年、2019 年两次修改时均大幅度提高了侵害商业秘密的法定赔偿数额上限，同时在 2019 年修正时进一步增加了恶意侵犯商业秘密行为赔偿数额的确定方式，并规定权利人仅需提供初步证据，并且在权利人提供了初步证据的情况下，由涉嫌侵权方证明其不存在侵犯商业秘密的行为。而《最高人民检察院、公安部关于修改侵犯商业秘密刑事案件立案追诉标准的决定》又降低了侵犯商业秘密犯罪的立案追诉标准，在很大程度上解决了以往实践中存在的涉及商业秘密保护的案件取证难、举证难、立案难、鉴定难、赔偿限额过低

[①] 参见《民企常见法律风险防控 178 条》，载澎湃在线，https：//m.thepaper.cn/baijiahao_14212861，最后访问于 2025 年 7 月 16 日。

[②] 客户信息，包括客户的名称、地址、联系方式以及交易习惯、意向、内容等信息。

等问题,这都有利于公司商业秘密保护与维权。比如,在浙江嘉兴中某化工公司等与王某集团公司等侵害技术秘密纠纷上诉案①中,最高人民法院认定,被诉侵权人王某集团公司等盗用香料"香兰素"技术秘密,被判赔偿技术秘密权利人1.59亿元,同时判令以侵权为业的企业的法定代表人承担连带责任;此外,因涉案侵害技术秘密行为情节恶劣、后果严重,可能涉嫌刑事犯罪,最高人民法院还依法将相关涉嫌犯罪线索材料移送公安部门处理。

依据《反不正当竞争法》第十条第一款的规定,公司作为经营者不得实施的侵犯商业秘密的行为主要有四类:(1)以盗窃、贿赂、欺诈、胁迫、电子侵入或者其他不正当手段获取权利人的商业秘密;(2)披露、使用或者允许他人使用以前项手段获取的权利人的商业秘密;(3)违反保密义务或者违反权利人有关保守商业秘密的要求,披露、使用或者允许他人使用其所掌握的商业秘密;(4)教唆、引诱、帮助他人违反保密义务或者违反权利人有关保守商业秘密的要求,获取、披露、使用或者允许他人使用权利人的商业秘密。另外,经营者以外的其他自然人、法人和非法人组织实施前述违法行为的,视为侵犯商业秘密;公司作为第三人明知或者应知商业秘密权利人的员工、前员工或者其他单位、个人实施前述违法行为,仍获取、披露、使用或者允许他人使用该商业秘密的,也视为侵犯商业秘密。比如在2023年6月27日国家市场监管总局曝光的广州市格某体育休闲运动有限公司侵犯商业秘密案、苏州复某某科新材料有限公司侵犯商业秘密案中,员工跳槽成为商业秘密外泄的主要风险点②:一些员工在离职时擅自打印并带走相关机密技术文件;更有甚者,在掌握了关键信息后另起炉灶,设立同类型公司,成为"老东家"的竞争对手。

---

① 参见《史上最高!浙江这起侵害商业秘密案件,被判赔偿1.59亿》,载中国长安网,http://www.chinapeace.gov.cn/chinapeace/c100047/2021—03/04/content_12458071.shtml?tt_force_outside=1,最后访问于2024年10月17日。

② 参见《中国市场监管部门曝光五起侵犯商业秘密不正当竞争典型案例》,载中国新闻网,https://www.chinanews.com/cj/2023/06—27/10032220.shtml,最后访问于2024年10月17日。

公司对商业秘密的保护，应当遵循"内外并重"的原则，从公司内部视角来看，依据《劳动合同法》第二十三条的规定，公司作为用人单位可以与劳动者在劳动合同中约定保守用人单位的商业秘密和与知识产权相关的保密事项。对负有保密义务的劳动者，用人单位可以在劳动合同或者保密协议中与劳动者约定竞业限制条款，并约定在解除或者终止劳动合同后，在竞业限制期限内按月给予劳动者经济补偿。劳动者违反竞业限制约定的，应当按照约定向用人单位支付违约金。因此，公司应当通过完善员工管理规章制度、采取分级定密和物理隔离等保护措施、与商业秘密知情员工签署保密协议、开展重点员工专门培训增强其保密意识和能力等形式，加强对有关员工私自与其他公司或者客户进行交易，构成披露、使用、允许他人使用本公司经营或者技术信息，侵害本公司商业秘密行为的有效震慑与防控。

从公司对外合作视角来看，依据《民法典》第五百零一条的规定，当事人在订立合同过程中知悉的商业秘密或者其他应当保密的信息，无论合同是否成立，不得泄露或者不正当地使用；泄露、不正当地使用该商业秘密或者信息，造成对方损失的，应当承担赔偿责任。商事实践中，一方面，公司在产品或者技术研发过程中，由于研发尚未完成，通常不能申请专利保护，因此应特别注意对商业秘密的保护，以避免他人利用公司的前期研究成果抢先完成产品或者技术研发，申请专利；另一方面，公司在进行股权融资时，一般需要将公司的经营状况、财务状况等有关情况告知意向投资者，存在泄露商业秘密的风险。因此，公司在融资过程中，对商业秘密的披露也要适当，同时建议与投资人签署《保密协议》，明确保密范围、保密义务对象范围、对信息接收方的要求、保密期、违约责任等。

二、商标专用权

依据《商标法》第三条第一款、第四条第一款和第十三条第一款的规定，自然人、法人或者其他组织在生产经营活动中，对其商品或者服务需要取得商标专用权的，应当向商标局申请商标注册。经商标局核准注册的商标为注册商标，包括商品商标、服务商标和集体商标、证明商标；商标注册人享有商标专用权，受法律保护。为相关公众所熟知的商标，持有人认为其权利受到侵害时，可以依照商标法规定请求驰名商标保护。公司对商标专用权的常见法律风险与合规管理，一般需要从正反两个方面进行把握，即依法申请注册商标和防止公司侵害其他主体的商标专用权。

及时申请注册商标是公司获得商标专用权乃至驰名商标法律保护的基础，故从公司依法申请注册商标的角度来看，依据《商标法》第八条、第九条第一款和第三十二条的规定，任何能够将自然人、法人或者其他组织的商品与他人的商品区别开的标志，包括文字、图形、字母、数字、三维标志、颜色组合和声音等，以及上述要素的组合，均可以作为商标申请注册。申请注册的商标，应当有显著特征，便于识别，并不得与他人在先取得的合法权利相冲突。申请商标注册不得损害他人现有的在先权利，也不得以不正当手段抢先注册他人已经使用并有一定影响的商标。因此，公司在申请注册商标前，一般应当自行或者委托依法设立的商标代理机构对在先商标注册信息以及同行业企业字号进行充分检索，避免权利冲突，否则极有可能侵犯他人的在先权利，或落入他人驰名商标跨类保护的范围，公司不仅会遭受损失，还可能会面临权利人的索赔。

从防止公司侵害其他主体的商标专用权角度来看，依据《商标法》第五十六条的规定，注册商标的专用权，以核准注册的商标和核定使用的商品为限。同时，依据《商标法》第五十七条的规定，侵犯注册商标专用权的行为主要有七类：（1）未经商标注册人的许可，在同一种商品上使用与其注册商标相同的商标的；（2）未经商标注册人的许可，在同一种商品上使用与其注册商标近似的商标，或者在类似商品上使用与其注册商标相同或者近似的商标，容易导致混淆的；（3）销售侵犯注册商标专用权的商品的；（4）伪造、擅自制造他人注册商标标识或者销售伪造、擅自制造的注册商标标识的；（5）未经商标注册人同意，更换其注册商标并将该更换商标的商品又投入市场的；（6）故意为侵犯他人商标专用权行为提供便利条件，帮助他人实施侵犯商标专用权行为的；（7）给他人的注册商标专用权造成其他损害的。因此，公司作为生产者在生产商品或者作为服务商在提供服务的过程中，必须尽到合理的审查义务，通过在商标注册机构网站检索等方式，获取他人注册商标信息，避免构成商标侵权。

三、专利权

依据《专利法》第二条的规定，授予专利权的发明创造包括发明、实用新型和外观设计，其中发明是指对产品、方法或者其改进所提出的新的技术方案；实用新型是指对产品的形状、构造或者其结合所提出的适于实用的新的技术方案；外观设计是指对产品的整体或者局部的形状、图案或者其结合以及色彩与形状、图案的结合所作出的富有美感并适于工业应用的新设计。司法实践中，涉专利侵权的巨额赔偿诉讼屡见不鲜，比如在"蜜某"发明专利及技术秘密侵权两案①中，最高人民法院二审认为，各被诉侵权人具有侵权的意思联络，主观上彼此明知，先后实施相应侵权行为构成完整的侵权行为链，客观上分工协作，属共同故意实施侵权行为，应当对全部侵权损害承担连带责任，遂判令侵权人以包括但不限于拆除的方式销毁侵权生产系统及有关技术秘密载体，共同连带赔偿权利人经济损失合计2.18亿元（其中，发明专利侵权案赔偿1.2亿元，技术秘密侵权案赔偿9800万元）。因此，公司对专利权的常见法律风险与合规管理，通常也需要从正反两个方面进行把握，即有效申请授予专利权和防止公司侵害其他专利权人的专利权。

从公司有效申请授予专利权的角度看，需要注重发明创造完成和专利权申请两个环节。依据《专利法》第六条的规定，执行本单位的任务或者

---

① 参见《最高人民法院知识产权法庭典型案例（2022）》，载最高人民法院网站，https://www.court.gov.cn/zixun/xiangqing/394812.html，最后访问于2024年5月13日。

主要是利用本单位的物质技术条件所完成的发明创造为职务发明创造。职务发明创造申请专利的权利属于该单位，申请被批准后，该单位为专利权人。该单位可以依法处置其职务发明创造申请专利的权利和专利权，促进相关发明创造的实施和运用。非职务发明创造，申请专利的权利属于发明人或者设计人；申请被批准后，该发明人或者设计人为专利权人。利用本单位的物质技术条件所完成的发明创造，单位与发明人或者设计人订有合同，对申请专利的权利和专利权的归属作出约定的，从其约定。司法实践中，对完成的发明创造权属以及相关的利益分配无约定或者约定不明，时常容易引发争议，因此在发明创造完成环节，要高度重视明确发明创造的权属，区分职务发明创造和非职务发明创造。①

而在专利权申请环节，依据《专利法》第六十四条的规定，发明或者实用新型专利权的保护范围以其权利要求的内容为准，说明书及附图可以用于解释权利要求的内容。外观设计专利权的保护范围以表示在图片或者照片中的该产品的外观设计为准，简要说明可以用于解释图片或者照片所表示的该产品的外观设计。司法实践中，公司专利要求书撰写不规范、不严谨通常会带来两种诉累：一是专利申请被驳回，公司向国务院专利行政部门请求复审，对复审决定不服的，进一步向法院起诉；二是专利授权公告后，公司向法院起诉维权过程中权利不能得到法院支持。有效申请授予专利权，是公司获得专利权保护的前提，因此建议公司在专利权申请环节一定要充分考虑专利权申请的专业性，由从事专利申请的专业机构和人员撰写专利要求书，制作相关图片或照片。

从防止公司侵害其他专利权人的专利权角度来看，一是要注意在发明创造的完成环节避免对现有技术或者设计的侵权。实践中，公司单独或者合作利用现有技术或者在现有技术基础上进行后续研发是十分常见的，但

---

① 与此同时，《专利法》第十四条规定：专利申请权或者专利权的共有人对权利的行使有约定的，从其约定。没有约定的，共有人可以单独实施或者以普通许可方式许可他人实施该专利；许可他人实施该专利的，收取的使用费应当在共有人之间分配。除前款规定的情形外，行使共有的专利申请权或者专利权应当取得全体共有人的同意。

有些公司不重视对现有技术或者设计的权属的核查，不加审视、区别地利用现有技术或者设计进行开发，最终因侵犯他人知识产权而引发诉讼。二是要注意把握专利侵权判定中的被控侵权技术方案全部技术特征覆盖原则。依据《最高人民法院关于审理专利纠纷案件适用法律问题的若干规定》第十三条的规定，专利法所称的"发明或者实用新型专利权的保护范围以其权利要求的内容为准，说明书及附图可以用于解释权利要求的内容"，是指专利权的保护范围应当以权利要求记载的全部技术特征所确定的范围为准，也包括与该技术特征相等同的特征所确定的范围。等同特征，是指与所记载的技术特征以基本相同的手段，实现基本相同的功能，达到基本相同的效果，并且本领域普通技术人员在被诉侵权行为发生时无需经过创造性劳动就能够联想到的特征。因此，公司在专利维权或者侵权抗辩过程中，应当详细了解、比对专利技术方案与被诉侵权技术方案的技术特征，注重相关证据的收集和保存，必要时可以申请法院保全证据。

四、著作权

根据《著作权法》第二条第一款和第九条的规定，中国公民、法人或者非法人组织的作品，不论是否发表，依照著作权法享有著作权。著作权人包括：（1）作者；（2）其他依照著作权法享有著作权的自然人、法人或者非法人组织。而依据《著作权法》第三条的规定，作品，是指文学、艺术和科学领域内具有独创性并能以一定形式表现的智力成果，包括：（1）文字作品；（2）口述作品；（3）音乐、戏剧、曲艺、舞蹈、杂技艺术作品；（4）美术、建筑作品；（5）摄影作品；（6）视听作品；（7）工程设计图、产品设计图、地图、示意图等图形作品和模型作品；（8）计算机软件；（9）符合作品特征的其他智力成果。同时，依据《著作权法》第十条的规定，著作权包括发表权、署名权、修改权、保护作品完整权、复制权、发行权、出租权、展览权、表演权、放映权、广播权、信息网络传播权、摄制权、改编权、翻译权、汇编权等人身权和财产权。与商标专用权、专利权类似，公司对著作权的常见法律风险与合规管理，也需要从正反两个方面，即及时进行著作权登记和防止公司侵害他人的著作权。

从公司及时进行著作权登记的角度来看，《著作权法》第十二条规定，在作品上署名的自然人、法人或者非法人组织为作者，且该作品上存在相应权利，但有相反证明的除外。作者等著作权人可以向国家著作权主管部门认定的登记机构办理作品登记。与著作权有关的权利参照适用前两款规定。实践中，特别是对于以电子形式呈现的作品，公司应当注意将形成的电子文档，尽量运用电子数据认证、加盖时间戳等现代网络技术手段加以固定，作为完成作品时间的证据，并且在作品完成后及时到版权部门进行著作权登记。

从防止公司侵害他人的著作权角度来看，《著作权法》第五十二条、第五十三条详细列举了各类著作权侵权行为；《最高人民法院关于审理著作权民事纠纷案件适用法律若干问题的解释》第七条第一款规定，当事人提供的涉及著作权的底稿、原件、合法出版物、著作权登记证书、认证机构出具的证明、取得权利的合同等，可以作为证据。司法实践中，公司可能构成著作权侵权行为并容易诱发诉累的情形主要有两类：一是公司未经著作权人许可，擅自在产品以及产品说明书、广告宣传册、企业网站上，使用他人享有著作权的图片、文字说明等；二是在公司门户网站上，擅自上传他人的音乐作品、电影、电视剧或链接等。公司的这两类著作权侵权行为都将面临被著作权人追究法律责任，承担高额赔偿的风险。另外，进入数字经济时代，虚拟世界领域作品的著作权价值越来越高，比如在网络游戏"换皮"抄袭的著作权侵权认定案[①]中，江苏省高级人民法院首次通过判决明确网络游戏中玩法规则的特定呈现方式可以获得著作权法保护，"换皮"抄袭是著作权侵权的一种方式，并判处3000万元的高赔偿额。

---

① 参见江苏省高级人民法院（2018）苏民终1054号二审民事判决书。

随着新一轮科技革命和产业变革突飞猛进，全球产业链供应链创新链面临重塑，不稳定性、不确定性明显增加，知识产权已经成为国家发展的战略性资源和国际战略博弈的主要战场。[1] 特别是随着全球科技创新进入空前密集活跃期，知识产权国际保护争端以及跨境诉讼中对司法管辖权的争夺，正日益成为企业间乃至国家之间展开创新竞争和创新规则竞争的主要战场。[2] 因此，广大公司管理者应当从战略高度充分认识知识产权法律风险与合规管理的重要性，加强公司知识产权保护不仅涉及公司自身的发展与安全，也事关国家安全，尤其是在知识产权等技术的对外转让过程中，如果未对涉及国家安全的知识产权转让行为进行严格的审查，就有可能影响我国重要领域关键核心技术的自主发展可控性和创新发展主动性，造成国家利益和国家经济的重大损失。[3]

---

[1] 马一德：《知识产权安全是国家安全的主战场》，载《光明日报》2021年9月6日，第2版。
[2] 参见马一德：《知识产权安全是国家安全的主战场》，载《光明日报》2021年9月6日，第2版。
[3] 参见马一德：《知识产权安全是国家安全的主战场》，载《光明日报》2021年9月6日，第2版。

第十章
公司财、物法律风险与合规管理

《民法典》第六十条规定，法人以其全部财产独立承担民事责任。《公司法》第三条第一款规定，公司是企业法人，有独立的法人财产，享有法人财产权。公司以其全部财产对公司的债务承担责任。由此可见，立法上将公司视为法律拟制之人，独立的财产是公司独立法人人格的重要基础，也是公司信用产生的前提条件，实践中可以说直接关乎企业家、公司高级管理人员的"身家性命"和公司自身的"生死存亡"。而除了公司财产可能诱发的各种法律及案件风险以外，对公司印章、会计资料、营业执照、许可证、银行U盾等重要物品的法律性质认识不足或管理不当，实践中也容易被竞争对手抓住把柄，可能给公司及公司管理者带来一些法律及案件风险，因此公司财、物法律风险与合规管理的重要性不言而喻。

第一节 公司财产

为了让公司尽量避免发生财产管理领域的法律和案件风险，实现让公司不用打官司、不怕打官司的目标，具体可以从以下三大领域来进行把握。①

一、财产混同

基于公司拥有独立的财产和法人人格地位，《公司法》第四条第一款进一步规定，有限责任公司的股东以其认缴的出资额为限对公司承担责任；股份有限公司的股东以其认购的股份为限对公司承担责任。第二百一十七条第二款也规定，对公司资金，不得以任何个人名义开立账户存储。公司的独立人格和股东的有限责任是现代公司法人制度的两大基石，但公司这种"独立法人人格地位"和"股东有限责任"并不是绝对的。商事实践中存在一些特殊情形，比如财产混同，导致公司独立法人人格的否认，股东要对公司、公司将对关联公司债务承担连带责任，否则公司的独立人格和股东的有限责任，也可能被股东、公司用作逃避契约或法律义务、谋取非法利益的工具。

从法律依据上看，主要是《公司法》第二十三条，即公司股东滥用公司法人独立地位和股东有限责任，逃避债务，严重损害公司债权人利益的，应当对公司债务承担连带责任。股东利用其控制的两个以上公司实施前款规定行为的，各公司应当对任一公司的债务承担连带责任。只有一个股东的公司，股东不能证明公司财产独立于股东自己的财产的，应当对公司债务承担连带责任。

---

① 对企业国有资产管理，还需注重国有资产监管的相关法律法规及政策要求。

《全国法院民商事审判工作会议纪要》明确指出："认定公司人格与股东人格是否存在混同，最根本的判断标准是公司是否具有独立意思和独立财产，最主要的表现是公司的财产与股东的财产是否混同且无法区分。"从定义上看，"财产混同"指公司与股东或关联公司之间的财产未能明确区分，导致公司财产和股东个人财产或关联公司的财产相互混合，无法区分独立归属[①]，从而股东、关联公司对公司财产可随意地占有、转移，最终导致公司清偿能力严重受损，损害债权人的合法权益。以最高人民法院指导案例15号为例，法院认为，公司的独立财产是公司独立承担责任的物质保证，公司的独立人格也突出地表现在财产的独立上，当关联公司的财产无法区分，丧失独立人格时，就丧失了独立承担责任的基础；关联公司的人员、业务、财务等方面交叉或混同，导致各自财产无法区分，丧失独立人格的，构成人格混同；关联公司人格混同，严重损害债权人利益的，关联公司相互之间对外部债务承担连带责任。

目前《公司法》关于公司人格否认条件的规定比较抽象，公司管理者作为控股股东或公司实际控制人，要想从法律实务层面更好地防控财产混同情形下公司人格否认导致的股东或公司承担连带责任，比较好的方式就是借助司法案例的大数据检索与分析。

具体而言，对于公司法人人格否认制度在司法实践适用中的情况，或者更通俗地说，对于公司在可能构成财产混同方面的法律和案件风险，笔者经调查发现主要有以下三类共十七种常见的情形，公司管理者对此应当高度警惕。

第一，公司与股东、实际控制人之间的财产混同，具体包括：（1）公司融资、收支行为不规范。一是向公司借款，将账款转至股东个人账户；二是货款未能将款项归入公司财产管理，而是利用他人的个人账户转存，明显将个人财产与公司财产混同，且未能提交公司财务会计报告等证据，

[①] 参见刘凯湘：《法人人格否认制度的新发展与规则适用》，载《中国应用法学》2024年第6期。

证明公司财产独立于个人财产；三是唯一股东用个人的账户接收和退还公司货款造成财产混同；四是公司歇业后，其收支全部通过个人账户进行，导致股东个人财产与公司财产混同。(2) 资金往来频繁或流向不明，一是公司大额资金流向不明，造成实际控制人财产与公司财产混同的合理怀疑。二是公司账户与股东的账户之间存在大量、频繁的资金往来，导致公司财产与股东财产无法进行区分，可以认定公司与股东之间构成财产混同。(3) 银行账户使用不规范，如公司已开设银行账户，却仍将其法定代表人等多个个人账户作为公司账户使用。(4) 公司资金用于支付股东个人开支，如将公司资金用于股东个人开支及偿还个人债务，系股东个人财产与公司财产混同。

第二，关联企业之间的财产混同，具体包括：一是关联公司的人员、业务、财务等方面交叉或混同，导致各自财产无法区分，丧失独立人格。二是与关联公司变更前地址一致，业务宣传类似，且联系电话一致，公司资产混同，资金往来频繁等完整证据链证明关联公司人格混同。三是公司间互相转存支取，业务往来频繁。四是关联公司业务混同，交叉持股、股东对关联公司有决策权。五是将关联公司唯一资产无偿借给其他关联企业使用，且通过个人账户为企业购置设备。六是多个公司共同使用一个账户，且记账均记在其中一家企业。

第三，家族企业的财产混同。一是非股东的家庭成员参与家庭企业运营，且账户与公司、公司高级管理人员有巨额款项往来；二是作为自然人控股或独资的家族企业，未能证明家庭成员出资到位；三是利用在家族的影响力，对于公司重大事项决策有重大影响。

上述十七种情形，造成财产混同，无论是企业还是个人，均可能需要承担连带责任，只是连带责任的承担形式因制度设计的不同而有所差异。为避免公司管理者或股东因滥用公司法人独立地位和股东有限责任逃避债务，严重损害公司债权人利益，从而对公司债务承担连带责任，以及避免公司因与关联公司之间的财产混同，而对其他公司债务承担连带责任，进

而避免诉讼案件,建议如下:

一是公司管理者应当带头树立财产隔离的意识。公司财产独立性是公司独立法人人格地位和股东有限责任的正当性基础,公司财产的支配权归属于公司。尤其是控股股东和公司实际控制人不能简单地从公司是自己的这一观念出发,将公司财产等同于个人财产随意直接收支、处置,而应严格按照公司法、税法等相关法律法规要求,明确区分公司财产与个人财产,从而避免承担连带清偿责任。

二是建立并落实公司财务、会计制度。账簿、账户的混用、股东个人不当使用企业财产等财务混同,是导致财产混同的典型表征之一。《公司法》第二百零七条更是明确规定,公司应当依照法律、行政法规和国务院财政部门的规定建立本公司的财务、会计制度。因此,有且只有建立并落实公司财务、会计制度,才能真正有效地将企业财产和股东个人或关联企业财产进行隔离,使公司法人能保证其自身的独立性,并为企业财产独立性提供证明。

三是规范企业人员职务行为。首先避免人员混同,最典型的情形是"一套人马,多块牌子",比如公司之间董事相互兼任、高级管理人员交叉任职,甚至职工也相同等。其次避免业务混同,如同一业务有时以这家公司名义进行,有时又以另一家公司名义进行,以致与之交易的对方当事人无法分清与哪家公司进行交易活动等。最后规制公司高级管理人员、业务、财务等关键岗位人员的重大职务行为,如财务支取、公章使用等,制定监督处置机制,形成有序的规范化管理。

四是引入法律风险预警、评估机制。财产混同属于公司重大法律风险之一,尤其是很可能直接影响公司管理者自身及家庭的命运,而且是否构成财产混同的判断具有相当程度的专业性和复杂性。基于此,事前引入法律风险预警、评估机制是现代企业家们的共识,通过第三方法律专业人士对企业内部重大决策如与关联公司的业务往来、大额资金的收支、借款融资等进行风险把控,可以降低企业决策成本以及有效防止公司和公司管理者自身陷入诉累。

五是强化专项法律风险防控培训。无论是公司股东还是管理者，都应当带头树立财产隔离的意识、建立并落实公司财务会计制度，还要规范企业人员职务行为、引入法律风险预警评估机制等，要想科学有效地在公司内部落地生根、发挥其应有效用，都离不开对公司管理者、业务、财务等关键岗位人员的专项法律风险防控培训，一方面让其充分了解避免财产混同的法律专业知识，另一方面也要通过构成财产混同的责任承担与风险后果等典型案例让其警醒。

二、公司资产刑事法律风险防控

现实中，不少公司股东、管理者出于规避税务、方便处置等考虑，将公司资产置于个人名下，或在调动公司资金时，未严格按照会计财务准则，存在私设"小金库"、资金账外循环的不规范行为，此类情形不仅会造成公司资产管理的混乱，存在财产混同的民事法律风险，更会诱发刑事法律风险，常涉嫌的罪名为职务侵占罪和挪用资金罪。[①] 职务侵占罪和挪用资金罪等刑事法律风险，不仅影响公司股东、管理者个人，同时也将给公司带来财产损失等各种风险，诱发官司。

比如在明星王某某离婚事件中，其经纪人兼工作室总经理宋某利用职务便利，单独或伙同他人，采用虚报演出、广告代言费的手段，侵占王某某工作室演出、广告代言等业务款共计人民币200多万元，鉴于宋某表示认罪，自愿退赔全部赃款，法院依法对其酌予从轻处罚，以职务侵占罪判处宋某有期徒刑6年。[②]

司法实践中，公司、企业人员可能构成职务侵占罪的主要有以下十八种情形：（1）董事、监事、经理利用职务之便侵占公司财物；（2）公司股

[①] 参见高全：《公司资产管理的法律风险控制》，载微信公众号"声驰律师"2020年6月8日，2024年10月18日访问。

[②] 参见北京市朝阳区人民法院（2018）京0105刑初781号刑事判决书。

东擅自占有出资企业的财产；(3) 非法占有其他股东的股权；(4) 将公司的股权转让款据为己有；(5) 以公司名义向他人借款之后占为己有或携款逃匿；(6) 采取不正当交易手段攫取应归属本公司的利益为个人控股的其他企业所有；(7) 将合法持有的本单位财物进行非法处分或使用，即变持有为所有；(8) 将政府退还公司的土地出让金等款项非法占为己有；(9) 利用职务便利不付款即占有本公司产品；(10) 虚构不存在的项目或业务占有公司资金；(11) 擅自将应归公司所有的代理费、服务费分配给部分高级管理人员；(12) 对公司通过签订合同取得的货款、收入等不入账、据为己有或者擅自为个人所用；(13) 擅自支取公司资金归个人使用且不予归还；(14) 擅自在公司报销个人费用；(15) 制作假工资表或者劳务费用套取公司资金；(16) 购买货物或服务时虚报高价并将差价据为己有；(17) 擅自指使本公司员工为个人事务或其自有公司工作，而由本公司承担费用；(18) 将银行应收取的贴现利息以"优惠利率"的形式转给贴现企业，再以"银行业务费用"等名义从贴现企业处迂回取回占为己有等。

  另以挪用资金罪为例，在顾某某等人虚报注册资本等案[1]中，最高人民法院认为，社会主义市场经济是法治经济，作为市场经济的重要主体，公司及其经营者必须强化规则意识和诚信意识，在法律规定的范围内开展经营活动；产权制度是社会主义市场经济的基石，国家平等保护各类市场主体的产权和合法权益，依法惩治侵吞、瓜分、挪用国有、集体和非公有制企业财产的犯罪，建立平等竞争、诚实守信的市场秩序，营造公平公正、透明稳定的法治环境。公司、企业的经营活动必须遵纪守法，在合法合规中提高竞争力，公司、企业经营者要讲规矩、走正道，在诚信守法中创业发展。该案中，原审被告人顾某某未经公司董事会讨论决定，擅自挪用上市公司科某电器的巨额资金归个人使用，注册成立个人完全控股的公司，以收购扬州某某客车等其他上市公司，不仅侵害了科

---

[1] 参见最高人民法院 (2018) 最高法刑再4号再审刑事判决书。

某电器的企业法人产权，损害了广大股民的切身利益，而且严重扰乱了资本市场秩序，对公平有序的营商环境造成了重大不良影响；原审被告人顾某某、张某挪用科某电器2.5亿元和江西科某4000万元资金归个人使用（涉案2.9亿元被原审被告人顾某某用于注册成立扬州某某的个人出资，属于《刑法》规定的"挪用本单位资金归个人使用"），进行营利活动，二人的行为均已构成挪用资金罪（挪用资金时间短、未给单位造成重大经济损失，不影响挪用资金罪的成立），且社会危害性大，应依法予以惩处。

三、数据、网络虚拟财产等新型资产

近些年来，以"新技术、新产业、新业态、新商业模式"为代表的"四新"经济和数字经济蓬勃发展，"数据即资产"的观点已演变为广泛的社会共识，数据资产作为企业出资入股就是其中之一。① 网络虚拟财产这一名词也逐步进入人们的视野，数据资产更成为众多企业抢占未来发展主动权的前提和保障，同时公司数据、网络虚拟财产等新型资产的法律风险与合规管理的重要性也日益凸显。一般而言，大数据可以分为两类：一类是涉及他人权利或者隐私的数据，公司在搜集这些数据时需要遵守法律规定，只能用于合法目的，不能用于商业牟利；另一类数据不涉及他人权利，而是由公司等信息收集者自行合法收集所得，可以用于商业目的，也可以转售或许可，可以称为"商业数据"。②

《民法典》第一百二十七条规定，法律对数据、网络虚拟财产的保护有规定的，依照其规定。《网络安全法》《数据安全法》《个人信息保护

---

① 2023年8月，全国首例数据资产作价入股签约仪式在由青岛市大数据发展管理局、青岛市城阳区人民政府、翼健（上海）信息科技有限公司联合主办的"2023智能要素流通论坛暨第三届DataX大会"上进行，详见《推动数据资产化 释放数据新价值 青岛率先开展"数据资产作价入股签约"》，载山东省大数据局网，http://bdb.shandong.gov.cn/art/2023/9/26/art_79172_10320027.html，最后访问于2023年10月21日。

② 参见《大数据是否构成商业秘密？》，载国家知识产权战略网，http://www.nipso.cn/onews.asp?id=33677，最后访问于2024年10月19日。

法》《网络数据安全管理条例》等对数据安全和个人信息保护制度作了基本规定。实践中，不正当使用网络爬虫工具抓取数据的行为可能构成不正当竞争，同时商业数据如符合商业秘密条件，一般可以通过商业秘密相关的法律进行保护。另外，《民法典》第五百零一条规定，当事人在订立合同过程中知悉的商业秘密或者其他应当保密的信息，无论合同是否成立，不得泄露或者不正当地使用；泄露、不正当地使用该商业秘密或者信息，造成对方损失的，应当承担赔偿责任。因此，公司在商事交易过程中，也可以通过合同约定形式对构成商业秘密的商业数据进行保护，也可以与关联交易方签订相关的保密协议。

比如，在杭州互联网法院公开审理的一起某新媒体公司爬取微信公众平台数据的不正当竞争纠纷案①中，法院认为，某新媒体公司突破IP访问限制和封禁措施，破坏微信产品登录访问服务运行，腾讯只能投入更多成本与其对抗，或采取更加严格的限制措施，其实时抓取大量数据的行为，给腾讯的服务器带来额外负担，加大了腾讯的运营成本；该新媒体公司绕开或破坏技术保护措施，改变了微信公众平台部分数据的呈现方式，妨碍微信产品正常运行；此外，通过该新媒体公司提供的服务，用户无须登录、订阅即可搜索公众号文章、查看阅读数、点赞数等内容，能够实质性替代微信公众平台提供的部分数据内容服务，导致部分微信用户分流至被告网站，损害了腾讯的商业利益。因此，法院认定，该新媒体公司违背诚实信用原则，擅自使用腾讯征得用户同意、依法汇集且具有商业价值的数据，并足以实质性替代其他经营者提供的部分产品或服务，损害公平竞争的市场秩序，属于《反不正当竞争法》第十二条第二款第四项所规定的其他妨碍、破坏其他经营者合法提供的网络产品或者服务正常运行的行为，构成不正当竞争。法院据此判决该新媒体公司立即停止数据抓取行为、消除影响并赔偿腾讯公司损失60万元。

---

① 参见《一公司爬取微信公众平台数据，构成不正当竞争！被判罚60万》，载南方+，https://static.nfapp.southcn.com/content/202109/15/c5745185.html，最后访问于2025年7月18日。

需要注意的是，依据《反不正当竞争法》第十条对商业秘密的定义，商业数据要被认定为商业秘密，必须同时具备秘密性、价值性和采取相应保密措施三个特点，故结合有关司法实践，公司对数据、网络虚拟财产等新型资产法律风险与合规管理，要特别重视以下三个方面：

一是加强公司全员对数据、网络虚拟财产等新型资产法律风险与合规管理的认识，尤其是对知悉或经常接触公司商业数据的关键人员和公司高级管理人员，要通过以案说法的专题培训形式，让其充分知晓侵害公司商业秘密可能承担的民事、刑事等各种法律责任，同时公司自身及有关人员也应防控通过网络爬虫等技术手段不当收集竞品情报的法律风险。

二是根据商业数据的重要性、泄露的可能性等综合情况，结合商业数据的收集、汇总等重大时间节点和业务往来、人员流动等重要影响因素，有针对性地采取适合的保密措施、等级，制订相应的保密制度规范体系，落实分级保密权限。

三是要高度重视对侵害公司商业数据等商业秘密的证据收集、保存与固定，尤其是从客户、员工等处获得反馈公司商业秘密可能受到侵害，以及涉嫌侵权产品上市流通时，要及时对有关微信、电子邮件等电子证据进行固定，并及时展开调查、深挖线索。

第二节　公司物品

一、公司印章

公司印章通常包括五种，即公章、法定代表人章、合同专用章、财务专用章和发票专用章。其中，公章在公司所有印章中具有最广泛的使用范围，是法人身份和权利的象征，在我国现行的立法和司法实践中，审查是否盖有法人公章成为判断民事活动是否成立和生效的重要标准。如《民法典》第四百九十条第一款规定"当事人采用合同书形式订立合同的，自当事人均签名、盖章或者按指印时合同成立"。除法律有特殊规定外（如发票的盖章），一般均可以以公章代表法人意志，包括对外签订合同及其他法律文件（如以公司名义发出的公文、介绍信、证明），具有极高的法律效力。此外，值得注意的是，为适应数字经济加速发展的需要，《电子签名法》第十四条规定，可靠的电子签名与手写签名或者盖章具有同等的法律效力。

公司作为独立的企业法人，公司印章是其对外进行活动的有形代表和法律凭证，因此印章使用所产生的权利义务关系通常应由该公司承担。比如《最高人民法院关于在审理经济纠纷案件中涉及经济犯罪嫌疑若干问题的规定》中就具体规定了在经济犯罪中公司对公章管理不到位而导致承担赔偿责任的四种情形：

一是除有证据证明被害人明知签订合同对方当事人是借用行为，仍与之签订合同的外，个人借用单位的业务介绍信、合同专用章或者盖有公章的空白合同书，以出借单位名义签订经济合同，骗取财物归个人占有、使用、处分或者进行其他犯罪活动，给对方造成经济损失构成犯罪的，除依法追究借用人的刑事责任外，出借业务介绍信、合同专用章或者盖有公章的空白合同书的单位，依法应当承担赔偿责任。

二是行为人私刻单位公章或者擅自使用单位公章、业务介绍信、盖有公章的空白合同书以签订经济合同的方法进行的犯罪行为，单位有明显过错，且该过错行为与被害人的经济损失之间具有因果关系的，单位对该犯罪行为所造成的经济损失，依法应当承担赔偿责任。

三是企业承包、租赁经营合同期满后，企业按规定办理了企业法定代表人的变更登记，而企业法人未采取有效措施收回其公章、业务介绍信、盖有公章的空白合同书，或者没有及时采取措施通知相对人，致原企业承包人、租赁人得以用原承包、租赁企业的名义签订经济合同，骗取财物占为己有构成犯罪的，该企业对被害人的经济损失，依法应当承担赔偿责任。

四是单位聘用的人员被解聘后，或者受单位委托保管公章的人员被解除委托后，单位未及时收回其公章，行为人擅自利用保留的原单位公章签订经济合同，骗取财物占为己有构成犯罪，如给被害人造成经济损失的，单位应当承担赔偿责任。

另外，尽管公司章程可以规定印章的使用规则，但由于章程仅对内有约束力，如果相对人是善意的，那么即使印章的使用违反章程，合同也有效①，同时企业名称的变更并不影响变更后的公司承担原公司的债务，盖有原企业名称印章的文件对变更后的公司依然具有法律效力。

基于实践中公司印章法律风险的高发，要想有效防控公司印章法律及案件风险，就必须对公司印章的刻制、保管、使用等全流程进行科学的法律风险与合规管理，具体包括：

其一，按照《国务院关于国家行政机关和企业事业单位社会团体印章管理的规定》等规定，公司应到公安机关指定单位规范刻制印章并进行备案，千万不要图一时省事而找人私刻，否则公司在遭遇假冒印章时，可能面临无法对公章进行司法鉴定而举证不能的窘境。

其二，明确公司印章刻制规范和审批流程，公司印章应以够用为原则，不宜为了"刷存在感"而以采购部、项目部等各种名义刻制一堆印章，增加保管和使用不当被乱用或遗失的风险。

其三，公司印章如被盗、被抢或遗失，应立即向公安机关报案并取得报案证明，同时根据市场监管部门的要求进行登报声明作废。

其四，公司更改名称或发生合并、分立的，应当及时按照规定刻制新的公章，旧的公章也需及时交由公安机关进行销毁，如果暂无法销毁要进

---

① 当然公司可以要求违反章程使用公章损害公司利益的人对公司承担赔偿责任。

行内部封存，防止旧公章被滥用。

其五，建立并落实公司印章使用管理制度和印章统一使用台账，加强印章法律风险教育，对公司印章保管、使用进行严格监督、审批，定期或不定期检查印章使用情况，不得轻易在空白文件、合同、信函等上盖章。

其六，设专人保管公司印章，明确印章保管人的职责要求与法律后果，印章保管人临时发生变动的，应当事先报告并经得批准，不能让印章保管人随意将印章带出。

其七，不应未经审查即允许挂靠单位使用公司印章，发现公司印章被仿冒后，应及时采取正确的应对措施（如向公安机关报案追究其刑事责任、在相关报纸上发布澄清声明及时知会潜在客户等），不得放任风险发生，给企业带来不可挽回的损失。

其八，在下属单位、部门、项目部被撤销和关闭后，公司要及时收回和销毁这些单位的印章，否则也可能造成印章流失，形成潜在法律风险。

其九，适应印章电子化的发展趋势，比如利用可通过手机 APP 实行远程用印审批、数据全程记录、用印历史数据可查的自动印章盖章机，实现科技手段管控印章，避免监督管理人员乱用印章。

二、公司会计资料

会计资料直接关乎公司的命脉，会计资料是否齐备、保管是否妥当都可能关乎公司的存续。一家公司会计资料不清晰、混乱则可能导致发生上述所提及的"财产混同"的风险，或在投资并购中可能导致投资方或并购方无法对公司展开有效的尽职调查或审计而放弃投资或收购，甚至导致公司在解散时无法清算而一直未能注销等。

《公司法》第十章对公司财务、会计提出了明确要求，并在第二百五十四条规定了另立会计账簿和提供虚假财会报告的法律责任，《刑法》第一百六十二条之一则规定了隐匿、故意销毁会计凭证、会计帐簿、财务会计报告罪，第一百六十一条还规定了违规披露、不披露重要信息罪等。

需要特别注意的是，依据《公司法》第五十七条的规定，股东有权查阅、复制公司章程、股东名册、股东会会议记录、董事会会议决议、监事会会议决议和财务会计报告。股东可以要求查阅公司会计账簿、会计凭证。股东要求查阅公司会计账簿、会计凭证的，应当向公司提出书面请求，说明目的。公司有合理根据认为股东查阅会计账簿、会计凭证有不正当目的，可能损害公司合法利益的，可以拒绝提供查阅，并应当自股东提出书面请求之日起 15 日内书面答复股东并说明理由。公司拒绝提供查阅的，股东可以向人民法院提起诉讼。股东查阅上述材料，可以委托会计师事务所、律师事务所等中介机构进行。股东要求查阅、复制公司全资子公司相关材料的，适用上述规定。

因此，对于公司会计资料首先要依法制作并妥善保管，其次在商事实践中，股东之间因利益分歧出现冲突，查阅会计账簿等还时常成为股东互相攻击、制约的突破口。而对于担任法定代表人、高级管理人员的公司股东而言，如果在公司日常财务管理过程中有所疏漏甚至违规、违法，则非常有可能被其他股东以此作为争取更大经济利益或商业机会的谈判筹码。严重者还可能进一步遭受职务侵占、挪用资金等刑事追责，故对于公司会计资料法律风险与合规管理，一定要审慎对待。

#　第十一章
电子商务法律风险与合规管理

国家统计局数据显示，2024年，全国网上零售额15.52万亿元，比上年增长7.2%；同时截至2024年12月，我国网络购物用户规模达9.74亿人，占整体网民的比重为87.9%；网络支付用户规模达10.29亿人，占比为92.8%。① 显而易见，线上购物已成为当前我们日常生活的主要消费方式，电子商务交易方式为我们的生活带来了非常大的便利。很多公司为了适应特殊时期的发展需要，逐渐改变经营模式，将线下经营改为线上经营，或线下、线上同步经营，也享受到了电子商务带来的便利和红利。但随着越来越多的公司、企业、个人加入电子商务交易，出现了大量的交易不规范的行为，导致消费者权益受损事件频频发生。基于此，近年来，我国陆续出台了促进电商行为合规化的相关法律法规，如《电子商务法》《电子签名法》《数据安全法》《个人信息保护法》《网络交易监督管理办法》《网络直播营销管理办法（试行）》等。在电子商务交易立法趋于完善的今天，如果公司管理者仍然不重视电子商务的合规管理，将面临民事赔偿、行政处罚，甚至刑事犯罪等一系列法律风险。

---

① 参见《数字消费：打通新型消费与新质生产力转化路径》，载中国服务贸易指南网，https：//tradeinservices.mofcom.gov.cn/article/szmy/zjyjgd/202502/172879.html，最后访问于2025年7月18日。

第一节　电子合同管理

对于交易而言，最核心的文件是交易各方所签署的合同，电子商务交易也是如此。电子商务交易和传统交易的主要不同之处在于：传统交易中的合同通常为交易各方签字盖章的纸质合同，且该份合同通常情况下是经过了交易各方的多番商务洽谈；而在电子商务交易过程中，很多时候可能只是交易一方在电子设备上点击一下，合同就成立且生效了。因此，公司将产品或服务通过电子商务进行交易时，需特别注意电子合同订立、条款设置、履行等合规管理，尤其是一些区别于一般合同的特别注意事项，避免出现电子合同不合法、不合规而导致企业陷入纠纷且遭受经济损失的情况。

一、电子合同订立

结合相关法律规定以及电子商务的实践来看，电子合同成立的方式主要有两种：一种是用户在电子商务经营者的平台上浏览相关商品或服务产品后，直接在平台上提交购买订单并支付相应货款，该宗交易相关的合同即成立；另一种是用户注册电子商务经营者的 APP 并获得相关使用权限，在注册时对电子商务经营者在平台上发布的协议或合同点击"我同意"或"我接受"，完成注册后，该电子合同即成立。电子合同订立过程看似非常简单，但电子商务经营者若忽视如下需要注意的事项，则可能出现合同不成立或不生效、证据灭失的情况。

（一）明确告知用户关于电子合同订立的流程

根据《电子商务法》的规定，公司作为电子商务经营者应当清晰、全面、明确地告知用户订立合同的步骤、注意事项、下载方法等事项，并保证用户能够便利、完整地阅览和下载,否则可能存在电子合同对用户不具有法律约束力的法律风险。

举例而言,在吴某某与卓某公司教育培训合同纠纷一案①中,法院认为,电子商务经营者应当清晰、全面、明确地告知用户订立合同的步骤、注意事项、下载方法等事项,并保证用户能够便利、完整地阅览和下载。根据本案查明事实,可知在公证书作出之日,学员在购买课程过程中,付款前存在"我已同意《某网课程服务协议》"的选项被默认勾选的情况,卓某公司对电子协议的签订步骤、注意事项等未尽到充分、明确提示与说明义务,学员在毫无预期、不知情或无法充分研判的情况下进行了订单的付款行为,难以认定卓某公司提交的电子协议内容为吴某某的真实意思表示,故电子协议对吴某某不具有法律约束力。因此,法院判决:解除原告吴某某与被告卓某公司之间的教育培训合同;被告卓某公司于本判决生效之日起 15 日内退还原告吴某某教育培训费用 10680 元。

(二)合同条款需公平合理,且需严格按照相关规定设置合同条款

一方面,需根据传统合同的法律风险管理②,对电子合同的条款设置进行详尽的法律审查。一是对合同约定事项的全面性进行法律审查,即在电子合同中对电子交易双方的权利义务、交易方式、发货时间、支付方式等作出具体明确的约定等;二是对合同条款内容的合法性进行法律审查,即电子合同条款不能出现任何违反我国法律、法规强制性规定等导致合同无效的情形等。

另一方面,也需结合《电子商务法》等相关规定,注意电子合同条款设置的特殊要求。在电子交易过程中,大部分的电子合同都是由电子商务经营者或者平台经营者预先拟定并重复使用,且在订立合同时未与合同相对方即用户或消费者对相关条款进行协商,用户或消费者点击同意,电子

---

① 参见北京市朝阳区人民法院(2020)京 0105 民初 49192 号一审民事判决书。
② 详见本书第四章之《合同法律风险与合规管理》。

合同就成立。在这种情况下，前述的电子合同通常构成格式合同。

对于电子合同格式条款的把握，结合《电子商务法》《网络交易监督管理办法》《网络交易平台合同格式条款规范指引》等相关规定，公司作为电子商务经营者需主要注意如下四个方面。

第一，公司不得以格式条款等方式约定消费者支付价款后合同不成立，否则该内容无效。

第二，公司不得以合同格式条款等方式作出排除或者限制消费者权利、减轻或者免除自己责任、加重消费者责任等对消费者不公平、不合理的规定，不得利用合同格式条款并借助技术手段强制交易，否则将面临合同无效的法律风险。同时，市场监督管理部门视情节轻重，还可能分别给予警告、罚款等行政处罚。

第三，采用格式合同版本的，公司应当采用显著的方式（如合理运用足以引起注意的文字、符号、字体等特别标识等）提请消费者注意与消费者有重大利害关系、对其权利可能造成影响的价款或者费用、履行期限和方式、安全注意事项和风险警示、售后服务、民事责任等内容，并按照消费者的要求予以说明，否则消费者可依法向法院申请撤销该合同格式条款。

第四，公司不得在合同或声明等文件中设置如下相关条款：（1）免除或者部分免除其对所提供的商品或者服务应当承担的修理、重作、更换、退货、补足商品数量、退还货款和服务费用、赔偿损失等责任；（2）排除或者限制消费者提出修理、更换、退货、赔偿损失以及获得违约金和其他合理赔偿的权利；（3）排除或者限制消费者依法投诉、举报、请求调解、申请仲裁、提起诉讼的权利；（4）排除或者限制消费者依法变更或者解除合同的权利；（5）规定公司单方享有解释权或者最终解释权；（6）其他对消费者不公平、不合理的规定。

二、电子合同履行

电子交易是一种特别的交易方式，其方式的多样性导致了合同履行的方式与传统的合同有很大区别。实践中，常见的电子商务交易方式主要有三种：一是一站式电子交易，如音乐、电影、视频、电子课件、电子书等，即可直接在线上进行交易，不需要进行实体性货物的交付；二是半电子交易，如天猫商城、京东商城等，需要将用户下单的实体性货物（商品）通过线下运输的方式，送达用户预留的地址；三是电子订单+实体交易，如"货到付款"交易或保洁服务、上门维修服务等，由用户在服务完成后向商家指定提供服务者支付对应服务款项。

无论是上述哪一种交易模式，都会涉及线上交易，就必然离不开电子合同的履行。实践中，电子商务交易的高效便捷也带来了履约不规范、证据难取证等问题，公司作为电子商务经营者为避免出现此类法律风险或不合规经营的问题，可做好如下合规管理事项。

（一）收集并保管合同标的交付的凭证

依据《电子商务法》第五十一条的规定，合同标的为交付商品并采用快递物流方式交付的，收货人签收时间为交付时间；合同标的为提供服务的，生成的电子凭证或者实物凭证中载明的时间为交付时间，前述凭证没有载明时间或者载明时间与实际提供服务时间不一致的，实际提供服务的时间为交付时间。合同标的为采用在线传输方式交付的，合同标的进入对方当事人指定的特定系统并且能够检索识别的时间为交付时间。合同当事人对交付方式、交付时间另有约定的，从其约定。因此，公司应当收集并妥善保管线下交货时用户签收货物的签收单或线上交货时系统生成的电子凭证，避免出现用户主张未收到货或延迟交货但因证据不足而承担相应损失的法律风险。

（二）有效规避货物运输风险

实践中，电子商务经营者基本上都将货物运输委托给快递公司，而在快递公司运输的过程中经常会出现配送人员损坏货物、丢失货物、延迟配送等不规范情形。我国《电子商务法》第五十二条等对快递物流服务的要求作出了相关的规定，如快递物流服务提供者为电子商务提供快递物流服务应当符合承诺的服务规范和时限。快递物流服务提供者在交付商品时，应当提示收货人当面查验；交由他人代收的，应当经收货人同意等。因此，公司可以与快递物流公司在相关运输合同中，对快递物流公司的时限要求、配送人员操作具体要求、货物包装要求、运输途中的货物风险承担、代收货款的要求、损失赔偿等作出具体明确的约定，避免出现因快递物流公司的过错导致电子商务经营者向用户承担相应违约责任，退回货款并赔偿损失的法律风险。

（三）妥善及时处理货物退换货

依据《消费者权益保护法》第二十五条的规定，经营者采用网络、电视、电话、邮购等方式销售商品，消费者有权自收到商品之日起 7 日内退货，且无需说明理由，但消费者定作的、鲜活易腐的、在线下载或者消费者拆封的音像制品、计算机软件等数字化商品、交付的报纸、期刊以及其他根据商品性质并经消费者在购买时确认不宜退货的商品，不适用无理由退货。"七天无理由"退货的普及，引发一些客户频繁地进行网上交易且多次退货，若公司不提高警惕或加以防范，则可能会面临用户以次品充当所购买货物并进行退货，来骗取商品的风险。因此，公司在收到客户的退货商品后，一方面，要及时检查所退回的货物是否完好、是否存在影响二次销售、是否存在不适用七天无理由退货的情形等，防范合同欺诈风险；另一方面，审核通过后，公司应当自收到退回商品之日起 7 日内返还消费者支付的商品价款，避免出现被消费者投诉等情形。

（四）妥善保管原始合同及交易记录

依据《电子商务法》第六十二条及第三十一条的规定，在电子商务争议处理中，公司作为电子商务经营者应当提供原始合同和交易记录，且应当记录、保存平台上发布的商品和服务信息、交易信息,并确保信息的完整性、保密性、可用性,保存时间自交易完成之日起不少于 3 年。因公司丢失、伪造、篡改、销毁、隐匿或者拒绝提供前述资料,致使人民法院、仲裁机构或者有关机关无法查明事实的,公司将可能被追责,同时在打官司时还将可能因举证不能而败诉。

例如,在侯某与北京某公司网络购物合同纠纷一案[①]中,法院认为,根据原告提供的与客服聊天记录中的图片,原告购买商品颜色为较深的粉色,但实际收到商品颜色为较浅的粉色,被告交付的商品颜色与其承诺不符。被告辩称商品存在色差问题,但被告不能提供原告当时购买的订单详情信息。被告作为经营者,负有保留交易信息的义务,在与原告提供的页面信息不一致的情况下,应承担相应举证不能的后果。此外,虽然被告在向原告发货前变更了商品信息,但是该变更未取得原告同意,对原告不发生效力。

第二节　特殊电子商务交易

一、线上促销

在生活中,公司作为经营者在电子商务交易中经常会通过促销的手段达到薄利多销的效果,尤其是在一些特殊的日子,如"双十一""双十二"、国庆节等,开展促销活动,如有奖销售、打折、减价、免费试用等。公司在电子商务平台上运作促销活动时,应当严格根据我国《电子商务法》《消费者权益保护法》《反不正当竞争法》《网络交易监督管理办法》《规范促销行为暂行规定》等相关法律法规,做好如下的合规管理工作,避免受到行政处罚或进行民事赔偿。

---

① 参见北京市第四中级人民法院(2020)京04民终535号二审民事判决书。

（一）促销活动信息应当真实准确且作出清晰醒目的标示

公司开展促销活动必须真实准确，清晰醒目地标示活动信息，不得利用虚假商业信息、虚构交易或者评价等方式作虚假或者引人误解的商业宣传，欺骗、误导消费者，否则将被监督检查部门责令停止违法行为、罚款，甚至吊销营业执照。

（二）不得利用促销活动进行商业贿赂

公司切勿假借促销等名义，通过财物或者其他手段贿赂他人，以谋取交易机会或者竞争优势。一旦构成商业贿赂，将被监督检查部门没收违法所得、罚款，甚至吊销营业执照。

（三）促销活动中的奖品或赠品须符合规定且为合格产品

公司在促销活动中提供的奖品或者赠品必须符合国家有关规定，不得以侵权或者不合格产品、国家明令淘汰并停止销售的商品等作为奖品或者赠品，否则将被市场监督管理部门责令改正、罚款等。

（四）有奖销售的相关信息必须公开透明且不得随意变更

公司在实行有奖销售前，必须明确公布奖项种类、参与条件、参与方式、开奖时间、开奖方式、奖金金额或者奖品价格、奖品品名、奖品种类、奖品数量或者中奖概率、兑奖时间、兑奖条件、兑奖方式、奖品交付方式、弃奖条件、主办方及其联系方式等信息，不得变更，不得附加条件，不得影响兑奖，但有利于消费者的除外。同时，公司不得采用让内部员工、指定单位或者个人中奖等故意让内定人员中奖的欺骗方式。另外，抽奖式有奖销售最高奖的金额不得超过5万元。一旦公司存在违规进行有奖销售的行为，将被监督检查部门责令停止违法行为、罚款。

（五）须建立有奖销售档案并妥善保存两年

公司必须建立档案，如实、准确、完整地记录设奖规则、公示信息、兑奖结果、获奖人员等内容，并妥善保存两年，否则将被市场监督管理部门责令改正、罚款。

（六）有附加条件或期限的促销活动，需显著标明条件、期限

公司开展价格促销活动有附加条件的，必须显著标明条件，开展限时减价、折价等价格促销活动的，则需显著标明期限。同时，公司折价、减价，必须标明或者通过其他方便消费者认知的方式标明折价、减价的基准。若公司违反明码标价规定，将可能被相关监督管理部门责令改正、没收违法所得、罚款。

另外，还需提醒公司管理者注意的是，公司在促销活动过程中，若被市场监督管理部门处以行政处罚，相关行政处罚决定还可能被市场监督管理部门依法通过国家企业信用信息公示系统向社会公示，公司商业信誉将受到严重影响。

二、"直播带货"

"直播带货"无疑是近几年最热门的营销方式，很多公司为了带动商品的销售也会委托一些直播的平台或网红主播，通过网络直播的方式销售商品或促销。公司作为商品的经营者，需依据《电子商务法》、国家市场监督管理总局《关于加强网络直播营销活动监管的指导意见》（以下简称《指导意见》）等相关规定及政策，做好"直播带货"的合规管理工作，否则也将面临承担相关责任的风险。

（一）需保障消费者知情权和选择权

公司通过网络直播销售商品或者提供服务，应当在网店首页显著位

置，持续公示营业执照信息、与经营业务有关的行政许可信息，并向消费者提供经营地址、联系方式、售后服务等信息。

（二）需与网络直播平台签订相关服务协议，明确双方各自的权利义务及责任，并对平台及主播的相关行为进行有效监管

依据《指导意见》的规定，相关部门将重点查处发布虚假广告、违背社会良好风尚的违法广告和违规广告代言等广告违法行为，重点查处实施虚假或者引人误解的商业宣传、帮助其他经营者进行虚假或者引人误解的商业宣传、仿冒混淆、商业诋毁和违法有奖销售等不正当竞争违法行为，重点查处哄抬价格、利用虚假的或者使人误解的价格手段诱骗消费者进行交易等价格违法行为等。

因此，对于相关规定或政策中已经明确规定的网络直播平台或主播可能涉及的重点查处行为，建议公司相关服务协议中作出明确的禁止性约定，并就相关责任进行明确划分。同时，公司在"直播带货"中作为广告主等角色，需对平台及主播的相关行为进行监管，否则可能因为网络直播平台或主播的不当行为而导致公司承担相应的连带责任。例如《广告法》第五十六条第二款规定，关系消费者生命健康的商品或者服务的虚假广告，造成消费者损害的，其广告经营者、广告发布者、广告代言人应当与广告主承担连带责任。更严重者，可能涉嫌虚假广告罪、诈骗罪等，将面临承担刑事责任的风险。

（三）对于自身销售的产品质量、售后服务等进行严格把控，避免承担相应责任

依据《指导意见》，相关部门还将重点查处对消费者依法提出的修理、重作、更换、退货、补足商品数量、退还货款和服务费用或者赔偿损失的要求，故意拖延或者无理拒绝等侵犯消费者合法权益违法行为，重点查处在产品中掺杂掺假、以假充真、以次充好、以不合格产品冒充合格产品、

伪造产品的产地和伪造或冒用他人厂名厂址等产品质量违法行为，侵犯注册商标专用权、假冒专利等售卖侵犯知识产权产品违法行为，重点查处无经营资质销售食品、销售不符合食品安全标准的食品、销售标注虚假生产日期或超过保质期的食品等食品安全违法行为等。

因此，公司作为"直播带货"中的产品销售者，应当对所销售的产品质量、知识产权、商品售后服务等进行严格把控，否则导致侵犯消费者权益或其他第三方知识产权的，将面临承担民事赔偿责任的法律风险，该风险并不会因为签订了相关服务协议而转移。更严重者，可能涉嫌生产、销售伪劣产品罪，生产、销售不符合安全标准的食品罪等，需要承担刑事责任。

第三节 电子商务知识产权、个人信息保护

一、电子商务知识产权保护

在电子商务交易过程中，经常会出现知识产权侵权的情形，如电子商务经营者的知识产权被第三方侵犯，或者是电子商务经营者侵犯他人的知识产权等。公司作为电子商务经营者在进行电子商务交易的过程中，需做好知识产权的合规管理工作，避免出现他人侵犯自身权益导致权益受损，或自身侵犯他人权益导致承担赔偿责任的情形。

（一）高度重视电子商务知识产权保护

国家市场监督管理总局、国家标准化管理委员会于2020年11月9日颁布了《电子商务平台知识产权保护管理》等8项国家标准，国家知识产权局也已于2020年11月25日颁布了《〈电子商务平台知识产权保护管

理》国家标准解读》。由此可知，我国对电子商务领域的知识产权保护高度重视，公司在开展电子商务交易过程中也要对电子商务领域的知识产权保护给予特殊关注和高度重视，避免出现违法违规的情形。

（二）及时正确发出通知，保护自身电子商务知识产权

公司在电子商务交易过程中发现自有的知识产权受到他人侵犯时，有权通知电子商务平台经营者采取删除、屏蔽、断开链接、终止交易和服务等必要措施。通知应当采取书面形式且内容包括：知识产权权利证明及权利人的真实身份信息、能够实现准确定位的被诉侵权商品或者服务信息、构成侵权的初步证据、通知真实性的书面保证等。但需注意的是，公司不得随意向电子商务平台经营者发出关于权利救济的通知，更加不得恶意发出错误通知，因通知错误造成平台经营者损害的，公司将面临承担民事赔偿责任，甚至是加倍承担赔偿责任的法律风险。

同时，若因情况紧急，电子商务平台经营者不立即采取相关措施将导致其合法利益受到难以弥补的损害的，电子商务经营者可以向法院申请采取保全措施。

（三）及时正确发出声明，避免侵犯他人电子商务知识产权

公司在收到电子商务平台经营者转送的侵权通知时，可以向电子商务平台经营者提交不存在侵权行为的声明。声明应当采取书面形式，且内容包括：平台内经营者的真实身份信息、能够实现准确定位、要求终止必要措施的商品或者服务信息，权属证明、授权证明等不存在侵权行为的初步证据，声明真实性的书面保证等。

二、电子商务个人信息保护

依据《民法典》《电子商务法》《网络安全法》和《电信和互联网用户个人信息保护规定》等规定，公司作为电子商务经营者，收集、使用其

用户的个人信息①，应当做好如下合规管理工作，否则将可能需要承担民事侵权责任，或被公安机关没收违法所得，并处罚款，甚至可能构成犯罪而承担刑事责任。

（一）制定用户个人信息相关规则并公布

公司必须制定用户个人信息收集、使用规则，并在其经营或者服务场所、网站等予以公布，否则将被相关管理机构依据职权责令限期改正、予以警告、罚款。同时，公司不得采用一次概括授权、默认授权、与其他授权捆绑、停止安装使用等方式，强迫或者变相强迫消费者同意收集、使用与经营活动无直接关系的信息。收集、使用个人生物特征、医疗健康、金融账户、个人行踪等敏感信息的，应当逐项取得消费者同意。

（二）切勿擅自收集用户个人信息

公司未经用户同意，切勿随意收集、使用用户个人信息，否则用户有权请求公司及时删除，并可要求公司承担相应的民事责任，如合同违约责任或侵权责任等。同时，公司还将面临被相关管理机构依据职权责令限期改正、予以警告、罚款，并向社会公告的风险。构成犯罪的，还将被追究刑事责任。

（三）需告知用户关于个人信息收集、使用等相关事项

公司需明确告知用户收集、使用信息的目的、方式和范围，查询、更正信息的渠道以及拒绝提供信息的后果等事项，否则将被相关管理机构依据职权责令限期改正、予以警告、罚款，并向社会公告。构成犯罪的，还将被追究刑事责任。

---

① 《电信和互联网用户个人信息保护规定》第四条规定，本规定所称用户个人信息，是指电信业务经营者和互联网信息服务提供者在提供服务的过程中收集的用户姓名、出生日期、身份证件号码、住址、电话号码、账号和密码等能够单独或者与其他信息结合识别用户的信息以及用户使用服务的时间、地点等信息。

（四）切勿非法收集或使用用户个人信息

公司不得收集提供服务所必需以外的用户个人信息或者将信息用于提供服务之外的目的，不得以窃取、欺骗、误导或者强迫等方式或者违反法律、行政法规以及双方的约定收集、使用信息。公司在提供服务过程中收集、使用的用户个人信息必须严格保密，不得泄露、篡改或者毁损，不得出售或者非法向他人提供，否则将面临承担民事侵权责任的法律风险。构成犯罪的，还将被追究刑事责任；尚不构成犯罪的，也将被公安机关没收违法所得、罚款。

（五）需保障用户个人的信息保护权利

用户个人发现其个人信息被违法收集或使用的，可行使个人信息保护的权利，如要求网络运营者删除或更正。若公司侵害用户个人信息依法得到保护的权利，将可能被有关主管部门责令改正、警告、没收违法所得、罚款，甚至被责令暂停相关业务、停业整顿、关闭网站、吊销相关业务许可证或者吊销营业执照等。同时，公司直接负责的主管人员和其他直接责任人员也将面临被罚款的风险。

（六）需及时采取补救措施保护用户个人信息

当用户个人信息发生或者可能发生泄露、毁损、丢失时，公司需立即采取补救措施，造成或者可能造成严重后果的，必须立即向准予其许可或者备案的电信管理机构报告，配合相关部门进行调查处理。公司要对工作人员进行用户个人信息保护相关知识、技能和安全责任培训，否则将面临被相关管理机构依据职权责令限期改正、予以警告、罚款，并向社会公告的风险。构成犯罪的，还将被依法追究刑事责任。

（七）需建立用户投诉处理机制

公司必须建立用户投诉处理机制，公布有效的联系方式，接受与用户个人信息保护有关的投诉，并自接到投诉之日起 15 日内答复投诉人。同时，公司对用户个人信息保护情况每年至少进行一次自查，记录自查情况，及时消除自查中发现的安全隐患。

# 第十二章
行政法律风险与合规管理

一般而言，公司的行政案件风险，也就是通常所称的行政"官司"风险，主要表现为申请行政处罚听证、行政复议、行政诉讼等。公司的行政法律风险则主要表现为可能遭受行政处罚或被采取行政强制措施。另外，依据《行政处罚法》第七十三条第一款的规定，除法律另有规定外，当事人对行政处罚决定不服，申请行政复议或者提起行政诉讼的，行政处罚不停止执行。依据《行政强制法》第三十四条的规定，行政机关依法作出行政决定后，当事人在行政机关决定的期限内不履行义务的，具有行政强制执行权的行政机关依照该章规定强制执行。也就是说，一旦公司因行政违法行为被采取行政强制措施或受到行政处罚，即便后续申请行政复议或提起行政诉讼进行救济，也可能在较长时期内受到前述行政强制措施或行政处罚的重大影响。故需要提醒注意的是，公司行政法律和案件风险的严重程度，并不亚于刑事法律和案件风险，原因有三：

第一，我国目前实行的是行政处罚与刑事处罚并行的二元化制裁体系，刑事处罚无疑是最严厉的制裁。但在很多情况下，对公司剥夺某种经营或交易资格，如吊销许可证件，责令停产、停业等行政处罚，或者采取某种经济限制性措施，如查封、扣押、冻结等行政强制措施，都可能让公司直接丧失商业机会或给公司造成重大资金周转困难，公司管理者们对此应充分认识并高度重视。

第二，2019年发布的《国务院关于加强和规范事中事后监管的指导意见》中明确提出，"对监管中发现的违法违规问题，综合运用行政强制、行政处罚、联合惩戒、移送司法机关处理等手段，依法进行惩处"；"建立完善违法严惩制度、惩罚性赔偿和巨额罚款制度、终身禁入机制，让严重违法者付出高昂成本"。尤其是涉及公民生命健康安全、金融安全、反垄断等领域，所科处的罚款数额越来越高。例如，国家市场监管总局2021年依法对某公司在中国境内网络零售平台服务市场实施"二选一"垄断行为罚款计 182.28 亿元。①

  第三，从行为表现上看，公司行政违法行为的种类、范围可以说远高于刑事犯罪行为；从社会危害性上看，公司的违法行为构成犯罪毕竟只是少数，但稍有不慎，便可能触犯行政监管规定，从而诱发行政执法调查乃至被采取行政强制措施或受到行政处罚。随着我国经济社会不断发展，人民权利意识日渐提高，以《民法典》的颁布为标志，必将进一步推动全行业、全领域行政监管体系的细化和完善。概言之，在我国自上而下打造法治化营商环境的大背景下，全面实现行政监管合规已成为公司治理的当然组成部分，而且是十分重要且基石的组成部分。

---

① 参见《市场监管总局依法对阿里巴巴集团控股有限公司在中国境内网络零售平台服务市场实施"二选一"垄断行为作出行政处罚》，载国家市场监督管理总局官网，https://www.samr.gov.cn/xw/zj/art/2023/art_4966dda92ab34c398615f5878c10c8f1.html，最后访问于2025年6月30日。

第一节　行政合规多元价值

一是有效防控因自身商业模式、经营行为的违法或不当使公司被采取行政强制措施或受到行政处罚等，同时尽量避免公司合作方、关联方、竞争对手的行政违法行为侵害公司的合法权益。特别是在如今公开竞争、情报收集日益便利且普遍的情况下，公司或公司管理者如果存在某些违法的商业模式或不当经营行为，很容易为竞争对手向有关行政监管部门投诉提供便利。此外，商事实践中还存在一些做空行为，如 2020 年瑞某咖啡就被通过公开调查形成的沽空报告指称财务和运营数据造假，导致股价暴跌并面临巨额罚款。① 同理，竞争对手恶意实施侵犯公司商业秘密行为，或者竞争对手明知或应知公司的员工、前员工或其他单位、个人实施《反不正当竞争法》第十条第一款所列违法行为②，仍获取、披露、使用或允许他人使用该商业秘密的，公司也可以向监督检查部门举报。

二是争取避免因员工的违法或违规个人业务行为被认定为公司行为，给公司带来行政法律、案件风险。依据《反不正当竞争法》第八条第三款的规定，公司等经营者的工作人员进行贿赂的，应当认定为经营者的行为；但是，经营者有证据证明该工作人员的行为与为经营者谋取交易机会或者竞争优势无关的除外。而"有证据证明该工作人员的行为与为经营者谋取交易机会或者竞争优势无关"，通常是指公司等经营者已制定合法合

---

① 参见《瑞幸咖啡伪造交易 22 亿元 股价暴跌逾 75%》，载央视网，http://news.cctv.com/2020/04/03/ARTIyq61Kcy1aFLxr2hDsIez200403.shtml，最后访问于 2025 年 6 月 30 日。

② 根据《反不正当竞争法》第十条第一款的规定，经营者不得实施下列侵犯商业秘密的行为：（一）以盗窃、贿赂、欺诈、胁迫、电子侵入或者其他不正当手段获取权利人的商业秘密；（二）披露、使用或者允许他人使用以前项手段获取的权利人的商业秘密；（三）违反保密义务或者违反权利人有关保守商业秘密的要求，披露、使用或者允许他人使用其所掌握的商业秘密；（四）教唆、引诱、帮助他人违反保密义务或者违反权利人有关保守商业秘密的要求，获取、披露、使用或者允许他人使用权利人的商业秘密。

规合理的措施，采取有效措施进行监管，不应放纵或变相放纵工作人员实施贿赂行为。①

三是契合行政监管部门对国企、证券公司、证券投资基金管理公司等特殊市场主体的强制合规管理要求。2017 年，证监会发布《证券公司和证券投资基金管理公司合规管理办法》，要求中国境内设立的证券公司和证券投资基金管理公司的合规管理应当覆盖所有业务，各部门、各分支机构、各层级子公司和全体工作人员，贯穿决策、执行、监督、反馈等各个环节；2018 年，国务院国资委发布《中央企业合规管理指引（试行）》，要求中央企业按照全面覆盖的原则加快建立健全合规管理体系；2022 年，国务院国资委发布《中央企业合规管理办法》，推动中央企业加强合规管理。

四是更好适应信用分级分类监管发展趋势。《优化营商环境条例》第五十三条规定："政府及其有关部门应当按照国家关于加快构建以信用为基础的新型监管机制的要求……"实践中的主要做法是：以公共信用信息综合评价结果等为依据，实行分行业、分领域的信用分级分类监管。即对于信用较好、风险较低的市场主体，可以合理降低抽查比例和频次，并侧重于行政指导；对于信用一般的市场主体，应当按照常规比例和频次抽查；对于违法失信、风险较高的市场主体，应当提高抽查比例和频次，依法实行严格管理。公司行政法律风险与合规管理是赢得较好信用评价的重要抓手。

第二节 主要适用领域

相对于民商事领域，行政法律法规数量庞杂且分散，在我国几乎所有的行政机关都有一定的行政监管职权，同时行政法律法规受快速变化的市

---

① 参见吴楠：《总局反垄断与反不正当竞争执法局局长就新〈反不正当竞争法〉接受记者采访》，载搜狐网，https://www.sohu.com/a/203285265_267106，最后访问于 2024 年 6 月 3 日。

场环境、交易形态、科技创新等实践因素的影响更大，本身也不免呈现出"变动不居"的特点，以至于迄今为止，全世界范围内都还没有一部统一、完整的行政法典，这给业界准确认识和理解公司行政法律风险与合规管理带来了极大挑战。从为公司解决实际问题或是满足公司客观需求的角度看，公司管理者首先要对公司行政法律风险与合规管理的常用领域有一个体系而深入的认知。笔者结合实务经验，总结出以下十大领域。

第一，行政许可合规。《行政许可法》第十二条规定了可以设定行政许可的六大类事项，对这些事项，公司须先申请，经行政机关依法审查，准予从事特定活动后才能开展，否则将依法承担责任。比如，《建筑法》第七条第一款规定，除国务院建设行政主管部门确定的限额以下的小型工程外，建筑工程开工前，建设单位应当按照国家有关规定向工程所在地县级以上人民政府建设行政主管部门申请领取施工许可证。第六十四条规定，违反本法规定，未取得施工许可证擅自施工的，责令改正，对不符合开工条件的责令停止施工，可以处以罚款。

第二，劳动和社会保障合规。依据《劳动法》第三条第一款的规定，劳动者享有平等就业和选择职业、取得劳动报酬、休息休假、获得劳动安全卫生保护、接受职业技能培训、享受社会保险和福利、提请劳动争议处理以及法律规定的其他劳动权利。为了保护劳动者的合法权益，依据《劳动保障监察条例》第二十六条的规定，公司等作为用人单位有解除劳动合同未依法给予劳动者经济补偿行为的，由劳动保障行政部门责令限期支付劳动者的解除劳动合同的经济补偿；逾期不支付的，责令用人单位按照应付金额50%以上1倍以下的标准计算，向劳动者加付赔偿金。

第三，税务合规。《税收征收管理法》第四条第三款规定，纳税人、扣缴义务人必须依照法律、行政法规的规定缴纳税款、代扣代缴、代收代缴税款。而为了加强税收征收管理，规范税收征收和缴纳行为，保障国家税收收入，保护纳税人的合法权益，促进经济和社会发展，《税收征收管理法》第三十二条规定，纳税人未按照规定期限缴纳税款的，扣缴义务人未按照规定期限解缴税款的,税务机关除责令限期缴纳外,从滞纳税款之日起,按日加收滞纳税款5‰的滞纳金。

第四,市场竞争、广告和消费者权益保护合规。比如根据《反不正当竞争法》第二十五条的规定,公司等经营者违反本法第九条规定对其商品作虚假或者引人误解的商业宣传,或者通过组织虚假交易、虚假评价等方式帮助其他经营者进行虚假或者引人误解的商业宣传的,由监督检查部门责令停止违法行为,处100万元以下的罚款;情节严重的,处100万元以上200万元以下的罚款,可以并处吊销营业执照。经营者违反本法第九条规定,属于发布虚假广告的,依照《广告法》的规定处罚。

第五,参与政府采购或招标投标活动合规。比如为了规范政府采购行为,提高政府采购资金的使用效益,维护国家利益和社会公共利益,保护政府采购当事人的合法权益,促进廉政建设,根据《政府采购法》第七十七条第一款的规定,公司等作为供应商有与采购人、其他供应商或者采购代理机构恶意串通,向采购人、采购代理机构行贿或者提供其他不正当利益等情形的,处以采购金额5‰以上10‰以下的罚款,列入不良行为记录名单,在1至3年内禁止参加政府采购活动,有违法所得的,并处没收违法所得,情节严重的,由工商行政管理机关吊销营业执照。

第六,环境保护合规。比如为保护和改善环境,防治污染和其他公害,保障公众健康,推进生态文明建设,促进经济社会可持续发展,根据《环境保护法》第六十三条的规定,企业事业单位和其他生产经营者有通过暗管、渗井、渗坑、灌注或者篡改、伪造监测数据,或者不正常运行防治污染设施等逃避监管的方式违法排放污染物等行为,尚不构成犯罪的,除依照有关法律法规规定予以处罚外,由县级以上政府环境保护主管部门或其他有关部门将案件移送公安机关,对其直接负责的主管人员和其他直接责任人员,处10日以上15日以下拘留;情节较轻的,处5日以上10日以下拘留。

第七,知识产权合规。比如为了加强商标管理,保护商标专用权,促使生产、经营者保证商品和服务质量，维护商标信誉，以保障消费者和生产、经营者的利益，促进社会主义市场经济的发展，《商标法》第六十条第二款规定，工商行政管理部门处理时，认定侵权行为成立的，责令立即停止侵权行为，没收、销毁侵权商品和主要用于制造侵权商品、伪造注册商标标识的工具，违法经营额 5 万元以上的，可以处违法经营额五倍以下的罚款，没有违法经营额或违法经营额不足 5 万元的，可以处 25 万元以下的罚款。

第八，网络安全、数据安全和个人信息保护合规。比如为了保障网络安全，维护网络空间主权和国家安全、社会公共利益，保护公民、法人和其他组织的合法权益，促进经济社会信息化健康发展，《网络安全法》第六十四条规定，网络运营者、网络产品或服务的提供者违反本法第二十二条第三款、第四十一条至第四十三条规定，侵害个人信息依法得到保护的权利的，由有关主管部门责令改正，可以根据情节单处或并处警告、没收违法所得、处违法所得一倍以上十倍以下罚款，没有违法所得的，处 100 万元以下罚款，对直接负责的主管人员和其他直接责任人员处 1 万元以上 10 万元以下罚款；情节严重的，并可以责令暂停相关业务、停业整顿、关闭网站、吊销相关业务许可证或吊销营业执照。

第九，出口或出境管制合规。比如为了加强对文物的保护，传承中华民族优秀的历史文化遗产，促进科学研究工作，进行爱国主义和革命传统教育，增强历史自觉、坚定文化自信，建设社会主义精神文明和物质文明，《文物保护法》第三十六条第一款规定，非国有不可移动文物不得转让、抵押给外国人、外国组织或者国际组织。第八十五条规定，将非国有不可移动文物转让或者抵押给外国人、外国组织或者国际组织的，由县级以上人民政府文物行政部门责令改正，给予警告或者通报批准，没收违法所得；违法所得 5000 元以上的，并处违法所得二倍以上十倍以下的罚款；没有违法所得或者违法所得不足 5000 元的，并处 1 万元以上 5 万元以下的罚款。

第十，特定行业或领域等其他行政监管合规。比如为了加强海域使用管理，维护国家海域所有权和海域使用权人的合法权益，促进海域的合理开发和可持续利用，《海域使用管理法》第二十八条规定，海域使用权人不得擅自改变经批准的海域用途。第四十六条规定，擅自改变海域用途的，责令限期改正，没收违法所得，并处非法改变海域用途的期间内该海域面积应缴纳的海域使用金五倍以上十五倍以下的罚款；对拒不改正的，由颁发海域使用权证书的人民政府注销海域使用权证书，收回海域使用权。

第三节　行政合规管理体系

一、公司行政监管合规风险调查、评估

行政监管合规风险调查、评估是公司行政合规管理律师业务的基础形态之一，也是助力公司发现行政案件或行政强制、行政处罚等行政法律风险的常用手段。所谓公司行政监管合规风险，是指因公司自身商业模式、经营行为，或者员工个人业务行为，或者公司合作方、关联方以及竞争对手等第三方的商业模式、经营行为违反行政法律法规，而给公司带来行政执法调查、被采取行政强制措施、受到行政处罚以及商誉损失等负面影响的可能性。依据《政府信息公开条例》第二十条第五项的规定，行政机关应当主动公开本行政机关认为具有一定社会影响的行政处罚决定。同时依据《政府采购法》第二十二条第一款第五项的规定，供应商参加政府采购活动应当具备"参加政府采购活动前三年内，在经营活动中没有重大违法记录"的条件。由此可见，公司被处以行政处罚，除了要承担直接的行政法律责任外，还难免引发商业机会、商誉损失等负面影响。

公司行政监管合规风险调查、评估主要分为调查和评估两个阶段。其中，在调查阶段，在行政处罚公开化的背景下，公司一是可以利用公开大数据智能检索分析等方式，生成可供公司商业决策参考的图表化大数据分析报告，为进一步了解公司各种行政监管合规风险指引方向；二是可以通过对公司自身商业模式、经营行为以及员工个人业务行为的内部调查，发现潜藏其中的行政违法违规风险；三是应当在对外重大投资并购活动前，委托专业服务机构对公司合作方、关联方是否存在行政违法违规风险开展行政监管合规风险尽职调查；四是针对竞争对手的不正当竞争行为进行外部调查，防止因竞争对手的行政违法行为损害公司权益。在评估阶段，公司可以让专业律师团队就调查掌握的各种行政监管合规风险进行风险识别与分级，为公司实现精准防控、及时化解创造条件，这也是公司建立公司行政监管合规专项计划的前提。一般来讲，公司行政监管合规风险调查、评估定期展开，调查评估的对象既可以是公司整体商业模式和经营行为，也可以是特定的高危人员或合作方、关联方、竞争对手等第三方。

二、建立公司行政监管合规专项计划

企业合规的关键并不在于大而全的合规管理体系，而在于针对企业的"合规风险点"确立专项合规计划，这也是企业合规律师的主要法律服务产品之一。而从公司行政法律风险与合规管理的角度看，对于国内非上市或挂牌企业而言，这些专项合规计划主要体现在上述的十大常见领域；如果是上市或挂牌企业，则还存在证券合规管理的问题。比如《证券法》第一百九十七条第二款规定，信息披露义务人报送的报告或披露的信息有虚假记载、误导性陈述或者重大遗漏的，责令改正，给予警告，并处以100万元以上1000万元以下的罚款；对直接负责的主管人员和其他直接责任人员给予警告，并处以50万元以上500万元以下的罚款。发行人的控股股东、实际控制人组织、指使从事上述违法行为，或者隐瞒相关事项导致发生上述情形的，处以100万元以上1000万元以下的罚款；对直接负责的主管人员和其他直接责任人员，处以 50 万元以上 500 万元以下的罚款。

需要注意的是，建立公司行政监管合规专项计划，重在结合公司的企业类型，区分国企、民企、外企、上市或挂牌企业等，并从公司的主营业务所处行业呈现的特定领域风险偏向出发，有针对性地进行量身定制、精确设计。例如，一个从事证券和金融业务的企业，首先要建立一套反洗钱合规计划；一个从事医药生产销售的企业，应当尽快建立一套反商业贿赂合规计划；一个从事化工生产的企业，应当将建立环境保护合规计划置于合规管理的首要任务；一个从事互联网金融、大数据服务、电子商务等业务的企业，应当将数据安全、个人信息保护合规计划作为合规管理的紧迫要求；等等。

三、强化公司行政监管合规培训

开展有关专题培训是外部律师协助公司实施行政监管合规专项计划的重要方式。如上所述，公司行政法律风险与合规管理涉及的行政法律、法规、规章、规范性文件、政策、标准数量众多、纷繁复杂且非常分散，即便是专业律师想真正掌握、灵活运用也需要较长时间的学习、研究，而企业家、公司高级管理人员及员工大都并非法律专业人士，即便有公司行政监管合规专项计划，客观上也难以通过完全的自学达到准确理解和应用。基于此，公司可采取购买服务等方式，鼓励、引导和支持具备相应专业能力的法律服务机构、组织，研发、提供公司行政监管合规风险预防、企业合规教育相关的服务或产品，协助公司制定、审核行政监管合规风险防控预案和相关标准，组织、指导公司有针对性地开展行政执法调查专项演练、预防和转移合规风险等工作。其中，这些工作的贯彻落实都离不开面向公司全体人员的专门培训，尤其是要结合公司主营业务所处行业行政监管合规风险特征、趋势，以及公司已建立的行政监管合规专项计划与相关风险案例进行精准培训。

第四节　行政执法调查

《优化营商环境条例》第五十四条第一款规定，国家推行"双随机、一公开"监管，除直接涉及公共安全和人民群众生命健康等特殊行业、重点领域外，市场监管领域的行政检查应当通过随机抽取检查对象、随机选派执法检查人员、抽查事项及查处结果及时向社会公开的方式进行。必须强调的是，有且只有落实行政监管合规风险调查、评估，打造行政合规管理体系，避免因自身商业模式、经营行为的违法或不当给公司带来行政案件或受到行政强制、行政处罚等行政法律风险，同时避免公司合作方、关联方、竞争对手的行政违法行为侵害公司合法权益，才能使公司在面对行政执法调查时占据有利地位，这才是公司应对行政执法调查的王道。但当公司遇到某些具体事项的行政执法调查时，基于特定事项的专业性和复杂性，公司还必须掌握正确的应对理念和专业技术，否则在遭遇有关部门的现场突击检查时，就很可能进退失据，白白丧失及时抗辩的宝贵机会。

首先，从理念上讲，依法配合很重要，过激对抗不可取。需要特别指出的是，根据《行政处罚法》第三十三条第一款、第二款的规定，违法行为轻微并及时改正，没有造成危害后果的，不予行政处罚；初次违法且危害后果轻微并及时改正的，可以不予行政处罚。当事人有证据足以证明没有主观过错的，不予行政处罚。而以过激方式对抗行政检查，不但会丧失申辩主动权，还容易激化为阻碍执法或者妨碍公务的违法犯罪行为而被额外追究法律责任。

正确的做法应该包括：一是核实执法人员资格、数量和身份，《行政处罚法》第四十二条、第五十五条规定，具有行政执法资格的执法人员不得少于两人，在调查或进行检查时，应当主动向当事人或有关人员出示执法证件，执法人员不出示执法证件的，当事人或者有关人员有权拒绝接受调查或者检查。二是及时通知熟悉调查事项情况的负责人员和法务、外部律师等到场或在线支持，秉持合作和实事求是的原则，与执法人员进行良好的沟通，获取与调查事项有关的执法信息、文件，适当回应执法人员的要求，密切跟进检查过程，并做好检查记录。三是必要时依法向执法人员提出异议，如依据《行政强制法》第二十三条和第二十九条的规定，查封、扣押限于涉案的场所、设施或者财物，不得查封、扣押与违法行为无关的场所、设施或者财物，冻结存款、汇款的数额应当与违法行为涉及的金额相当。四是注意核对调查笔录，依据《行政处罚法》第五十五条第二款的规定，询问或检查应当制作笔录，公司作为被调查对象，一定要核实调查笔录的准确性，以免造成错误自认的不利后果。五是在公司法务和外部律师的帮助下，评估调查事项背后可能存在的公司行政违法风险大小，获得必要的咨询与应对方案，配合成立应对小组。六是要牢固树立审慎心态，注重研判正在面临的行政执法调查可能诱发的其他行政监管合规风险，及时对公司商业模式、经营行为进行改造或重建，避免产生牵连调查。七是有条件的公司还可以根据实际需要，结合公司主营业务所处行业的行政监管合规风险调查、评估大数据分析报告，提前开展有针对性的行政执法调查模拟演练，让有关人员了解并妥善应对行政执法调查的必要知识。

其次，从技术上讲，一是要以事实为根据，以法律为准绳。比如切割员工责任与公司责任，在公司应对市场监管部门对员工涉嫌商业贿赂行为调查时，可以委托律师提出公司无责任的抗辩，即依据《反不正当竞争法》第八条的规定，说明公司已制定合法合规合理的措施，采取有效措施进行监管，没有放纵或变相放纵有关人员实施贿赂行为，因此该员工的商业贿赂行为与公司谋取交易机会或竞争优势无关，进而争取因公司没有主观过错，不予处罚公司的有利结果。

二是要重程序，讲证据。比如依据《行政处罚法》第四十四条、第四十五条和第六十三条的规定，行政机关在作出行政处罚决定之前，应当告知当事人拟作出的行政处罚内容及事实、理由、依据，并告知当事人依法享有的陈述、申辩等权利；行政机关拟作出较大数额罚款、没收较大数额违法所得、没收较大价值非法财物，降低资质等级、吊销许可证件，责令停产停业、责令关闭、限制从业，其他较重的行政处罚等行政处罚决定，应当告知当事人有要求听证的权利。同时，依据《行政诉讼法》第三十四条和第七十条的规定，行政机关对作出的行政行为负有举证责任，应当提供作出该行政行为的证据和所依据的规范性文件；行政行为主要证据不足的，法院判决撤销或部分撤销，并可以判决被告重新作出行政行为。行政执法实践中，充分行使陈述权、申辩权、听证权和厘清举证责任，是公司应对行政执法调查的重要武器。

例如，某公司曾收到海洋行政主管部门的行政处罚事先告知书和听证告知书，称其涉嫌超批准范围用海，构成非法占用海域，拟作出"责令退还非法占用海域，恢复海域原状，并处罚款 60 多万元"的行政处罚，后经笔者介入及时申请听证，并在听证会上对该海洋行政主管部门的证据提出了有效的质证意见，从"公司不存在超批准范围用海，存在事实认定错误""拟作出的行政处罚适用法律依据错误""未查清超批准范围用海的具体时间段、对应海域面积，主要证据不足"等方面进行了有理有节的依法抗辩，最终使该海洋行政主管部门未作出相应的行政处罚。

第十三章
刑事法律风险防控

传统的刑事法律业务主要集中在代表犯罪嫌疑人、被告人的刑事辩护和代理受害人的刑事报案等领域，它们共同的特点就是律师介入时间太晚，大都是在公司或公司管理者涉嫌犯罪被刑事立案以后，侦查等刑事诉讼程序已经启动。[①] 身陷囹圄的公司管理者和接受调查的公司已经或马上将遭受一系列限制人身自由或财产处置措施。况且，即便是经过旷日持久、千辛万苦的专业努力，公司或公司管理者侥幸赢得了无罪判决的结果和国家赔偿金额，也不足以弥补公司管理者失去的人身自由和商业机会损失。正因如此，公司刑事法律风险防控的作用，就是要充分借鉴"上医治未病"的理念，化病后治疗为病前预防，通过刑事法律风险调查事前摸准公司易发多发刑事风险，继而有针对性地打造刑事法律风险防控管理体系预防刑事风险或侵害，将刑事立案尽可能地挡在其启动之前，自然也就能让公司和公司管理者最大程度地避免刑事案件和刑事处罚风险。

---

① 参见宋福信、蒋利、宋福坚：《危机管理视野下的刑事律师业务前瞻》，载《中国律师》2016年第2期。

第一节　风险严重性与多样性

我国《刑法》所规定的单位（如公司、企业）犯罪制度，通常采取"双罚制"，即"一个犯罪主体，两个刑罚对象"的刑事责任追究方式。对于构成犯罪的公司，除了要追究单位的刑事责任，比如对其定罪并处以罚金或没收财产或赔偿损失以外，同时还要追究直接负责的主管人员（如法定代表人、高级管理人员等）和其他责任人的刑事责任。通俗地说，犯罪的公司所遭受的不仅是罚金等巨额财产损失直至被取缔，而且面临严重的商业信誉损害，丧失参与政府采购资格，其他正常业务也都将遭到极大冲击，更不要再奢望通过证券市场上市，最终结局多半是破产；而相关责任人员也多半将背上刑事处罚前科，从商业到人身都将蒙受阴影，如被处一定时期禁止从事相关职业、失去人身自由等。

尤其是在当前世界正经历百年未有之大变局的严峻背景下，国内外市场竞争日趋激烈，我国企业面临的各种刑事法律风险也日益多样化。从国际的角度看，"走出去"的中国企业可能受到美国等"欲加之罪"的司法风险，最典型的莫过于《美国陷阱》一书中展示的美国如何利用"长臂管辖"、《反海外腐败法》等司法霸凌武器打击美国企业商业竞争对手的内幕。而从国内的角度看，本土企业也至少面对三种刑事风险或侵害：一是公司自身某些违法的商业模式或不当经营行为涉嫌犯罪；二是公司员工的违法或违规个人业务行为辩称为公司行为，给公司带来刑事风险或损害；三是合作方、关联方、竞争对手因欺诈、不正当竞争等可能诱发的对公司的刑事侵害。

第二节　刑事法律风险防控双重价值

企业应对各种国内外刑事风险或侵害的最好方法就是提前打造公司刑事法律风险防控体系，即公司刑事法律风险防控最大的价值，并不在于公司犯罪以后争取减刑，而在于尽量避免让公司陷入犯罪的境地，这也正是本书提出的风险预防性的法律管理筹划理念的价值引领性所在。具体而言，公司刑事法律风险防控对防控公司、企业家刑事案件和刑事处罚风险的价值主要体现在两大层面。

一是对内保护。一方面，公司可以借助法律专业人士对公司商业模式、经营行为进行事先体检式刑事法律风险调查，发现可能存在的刑事违法性风险，然后立即纠正，变"事后刑事法律风险解决"为"事前刑事法律风险预防"，避免公司因自身某些违法的商业模式或不当经营行为涉嫌犯罪。特别是在如今公开竞争情报收集日益便利且普遍的情况下，公司或公司管理者自身如存在某些违法的商业模式或不当经营行为涉罪，很容易被举报。另一方面，公司还可以通过针对员工常见的违法或违规个人业务行为，如商业贿赂等，建立公司刑事法律风险防控管理体系，避免因员工的违法或违规个人业务行为辩称为公司行为，给公司带来刑事风险或损害。比如，在某侵犯公民个人信息罪案件①中，法院认为，公司政策、员工行为规范等证据证实，公司禁止员工从事侵犯公民个人信息的违法犯罪行为，各上诉人违反公司管理规定，为提升个人业绩而实施犯罪为个人行为，故对一些上诉人提出的自己的行为是公司行为的辩护意见不予采纳。

二是对外保护。公司在参与商业交易或市场竞争过程中，也可能遭受

---

① 参见甘肃省兰州市中级人民法院（2017）甘01刑终89号二审刑事裁定书。

来自合作方、关联方或竞争对手的刑事侵害，公司就此则可以借助对合作方、关联方的刑事法律风险尽职调查和对竞争对手不正当经营行为的刑事法律风险调查，争取避免合作方、关联方竞争对手因欺诈、不正当竞争等可能诱发的对公司的刑事侵害。

第三节 刑事法律风险调查、评估

公司刑事案件和刑事处罚风险就如公共卫生风险一样，关键在于"早发现，早预防"，更确切地说是"精准预判，精准防控"。医生发现病症离不开"望闻问切"，同样，公司要想预判刑事风险，也必须借助法律专业人士一定的技术手段，这就是刑事法律风险调查、评估，具体包括文件或账目审阅、背景信息调查、关系梳理、第三方调查、访谈、大数据检索分析等方式方法。如果通过刑事法律风险调查、评估，发现公司现存的刑事风险可能，就可以在第一时间对刑事风险的严重程度进行判断和处理，尽量阻却刑事风险恶化，从而避免引发刑事立案甚至是刑事处罚的现实风险。具体来说，公司刑事法律风险调查、评估主要有以下五大方向。

第一，对公司主营业务所处行业的刑事法律风险调查、评估。截至2025年2月27日，中国裁判文书网已公布刑事文书10413284篇，这对于公司调查、评估主营业务所处行业的常见刑事法律风险来说，无疑是一笔巨大且免费的公开资源。因此，有前瞻性的公司完全可以花费有限的资金成本，委托专业律师团队依托大数据分析技术手段，对本公司主营业务所处行业的常见刑事法律风险进行智能化的调查、评估，生成可供公司商业决策参考的图表化大数据分析报告。这样做的好处在于，对公司主营业务所处行业的刑事法律风险调查、评估，完全不涉及公司本身，不用考虑保密问题，就可以让公司对本行业内的刑事风险有相对全面的了解，从而对来自公司自身、员工、合作方、关联方或竞争对手的刑事风险或侵害也有一定的借鉴，进而为公司针对性地打造刑事法律风险管理体系奠定基础。

第二，对公司自身内部商业模式、经营行为的刑事法律风险调查、评估。在日渐激烈的市场竞争环境下，公司普遍强调创新商业模式和经营行为，但如果所谓的新型商业模式或经营行为本身存在刑事风险，就很可能给公司及企业家带来灭顶之灾，比如近些年来屡见不鲜的公司"套路贷""传销""虚开增值税专用发票"等刑事案件。实践中，公司为了避免来自商业模式、经营行为方面的刑事风险，一般会通过内部调查、评估的方式，对刑事法律风险漏洞进行填补。同时为了保障内部刑事法律风险调查、评估的专业性、权威性和有效性，越来越多的公司开始聘请律师、会计师等外部专业人士，在遵循相对独立、合法和保密原则的前提下，参与到公司内部商业模式、经营行为的刑事法律风险调查、评估工作之中，并出具相应的调查、评估报告，提出相应的整改方案。通常来讲，企业常见刑事风险主要集中在妨害企业管理、企业融资、企业运营、企业高管、企业税务、企业产品、企业知识产权等七大领域[①]，公司还可以结合对公司主营业务所处行业的刑事法律风险调查、评估结果，进一步对公司自身内部商业模式、经营行为的刑事风险开展调查、评估。

第三，对公司员工个人业务行为的刑事法律风险调查、评估。商事实践中，如前述侵犯公民个人信息案所示，不排除一些员工以单位名义，为了实现单位利益，实施了某种犯罪行为，并辩称为公司行为（如系公司下达的任务），特别是随着公司规模的不断扩大，因员工个人违法或不当业务行为给公司带来刑事风险的可能性也越来越大。为此，公司一旦接到相关举报，或者在日常监督检查或审计中发现员工有违法或不当业务行为，如商业贿赂等可能涉嫌刑事犯罪的，应在必要时立即启动专门的刑事法律风险调查、评估，对查实涉嫌违法或不当个人行为的员工进行处理，同时

---

① 参见张思星、刘国良编著：《企业常见刑事法律风险防范全书》，中国法制出版社2019年版，序言一，第001页。

完善有关专项刑事法律风险防控体系。

第四，对公司合作方、关联方商业模式、经营行为的刑事法律风险调查、评估。众所周知，公司受到的刑事侵害风险以及可能连带的资产损失还可能来自合作方或关联方，前者比如商事交易活动中的合同诈骗罪，投资并购领域公司因被并购企业的犯罪行为受到牵连等；后者比如公司因鼓励、纵容、放任上游的供应商，下游的经销商、分销商、代理商等关联方的犯罪行为，因此可能构成共同犯罪。因此，为规避来自合作方、关联方的刑事法律风险，公司也有必要开展面向合作方、关联方的刑事法律风险尽职调查，尤其是在重大或海外投资并购活动之前，通过专项尽职调查，律师可以为公司出具有关合作方、关联方的刑事风险分级或定性、定量分析报告，同时为公司提供是否与相关合作方、关联方进行商业合作的决策建议、补救措施作为参考。

第五，对公司竞争对手商业模式、经营行为的刑事法律风险调查、评估。不正当竞争是现阶段在市场经济条件下，客观上是难以完全杜绝的，《反不正当竞争法》规定了商业贿赂、虚假宣传、侵犯商业秘密、损害竞争对手商业信誉或商品声誉等一系列不正当竞争行为，同时明确违反《反不正当竞争法》规定，构成犯罪的，依法追究刑事责任。基于此，笔者认为，对公司刑事法律风险防控的理解不能全然局限于企业自身、公司员工等内部行为，为更好地维护公司自身合法权益和公平竞争的市场环境，促进企业做大做强，同时维护行业声誉，公司还有必要通过公开信息检索、专业背景调查等方式，对竞争对手的商业模式、经营行为进行一定的刑事法律风险调查、评估，特别是在竞争对手采取不正当竞争手段时，公司更应积极履行《刑事诉讼法》第一百一十条规定的报案、举报或控告义务，以免威胁公司自身生存发展。

第四节　刑事法律风险防控管理体系

第一，对内而言，关键是根据实际需要制订公司刑事法律风险防控整体或专项计划。首先，打造公司刑事法律风险防控管理体系，一定要基于行业化的思维。实践中，一些公司管理者甚至是部分律师，对公司刑事法律风险防控存有误解，简单地把公司刑事法律风险防控等同于公司常见刑事法律风险解决，这种认识显然是错误的。公司常见刑事法律风险解决是从公司作为犯罪主体这一角度出发，涉及的罪名可能多达上百个，而公司刑事法律风险防控立足的是公司主营业务所处行业，二者的认识和分析角度是有明显区别的。其次，在我国目前的刑事司法制度下，我国公司刑事法律风险防控主要适用于反商业贿赂、反不正当竞争、反洗钱、商业秘密保护、个人信息保护、数据保护、税务合规、出口管制等领域。这些领域的公司刑事法律风险日趋严峻，也是塑造公司专项刑事法律风险防控计划的重点所在。再次，公司刑事法律风险防控是一个集事先防范、事中控制和事后处理于一体的完整体系，具体包括但不限于前述五大方向的刑事法律风险调查、评估机制，合规规章制度体系、合规组织架构体系、良好的专项培训和政策沟通机制、内部匿名投诉机制、高级管理人员和员工合规承诺机制、合规奖励和惩戒机制、对刑事法律风险防控计划的持续改进机制等。例如，就反商业贿赂合规政策而言，需要把反不正当竞争、反商业贿赂的行政法律法规和刑法有关贿赂的所有规定转化为具体条款，写进合规政策体系之中，可以细化到娱乐、招待、差旅、赞助、市场、业务推广、慈善捐赠、商业伙伴遴选、费用报销、产品赠送和试用、礼物的大小、第三方的监督管理等各个环节。正因如此，委托外部专业律师为公司提供包括刑事法律风险防控在内的企业合规服务，已经可以说是全世界的公司建立和完善合规体系的必由之路。最后，公司聘请律师帮助打造刑事法律风险防控管理体系，应当根据公司性质、经营业务和主要刑事法律风险，注重刑事法律风险防控计划的有效性，使其能够切实有效地发挥防控刑事案件或刑事处罚风险的作用。

第二，对外而言，公司应当树立刑事维权意识。必须指出的是，在营造正当化的市场公平竞争环境和维护公司合法权益过程中，公司刑事法律风险防控不仅是防御性武器，也是必要的进攻性武器。《刑事诉讼法》第一百一十条第一款、第二款规定，任何单位和个人发现有犯罪事实或犯罪嫌疑人，有权利也有义务向公安机关、人民检察院或人民法院报案或举报。被害人对侵犯其人身、财产权利的犯罪事实或犯罪嫌疑人，有权向公安机关、人民检察院或人民法院报案或控告。故，当员工涉嫌职务侵占、伪造公司印章等侵害公司合法权益的犯罪，或者合作方、关联方、第三方、竞争对手有侵犯公司商业秘密等可能构成的犯罪行为时，公司可在前述刑事法律风险调查、评估的基础上积极通过刑事报案手段维权，以免"劣币驱逐良币"。

第三，长期而言，必须加强公司刑事法律风险防控培训。再完善的公司刑事法律风险防控体系，如果不能在企业家、公司高级管理人员支持下坚决地实施，也会流于形式，甚至成为一纸空文，而要想实现公司刑事法律风险防控体系的落地，就必须强化专项培训。通过外部专业律师培训，包括定期的常规培训和针对重点员工的专题培训，才能让员工熟悉公司刑事法律风险防控计划，以及具体的刑事法律风险防控要求和对应的禁止性行为，明确员工违反公司刑事法律风险防控制度的不利后果和遵守刑事法律风险防控要求的激励机制，同时借助公司主营业务所处行业的典型案例，甚至是本公司的有关案例，让员工直观感受到违背公司刑事法律风险防控管理体系的巨大风险，比如，《反不正当竞争法》第八条第四款规定，公司等作为经营者，有证据证明工作人员的贿赂行为与为经营者谋取交易机会或竞争优势无关的，公司不负法律责任，应由员工自行承担相关责任，从而让员工自觉养成刑事法律风险防控的习惯。

第五节　法法衔接

一、行政许可与公司刑事法律风险防控

依据《行政许可法》第二条和第十二条的规定，行政许可是指行政机关根据公司等的申请，经依法审查，准予其从事特定活动的行为。其中，较常见的事项：一是直接涉及国家安全、公共安全、经济宏观调控、生态环境保护以及直接关系人身健康、生命财产安全等特定活动，需要按照法定条件予以批准的；二是有限自然资源开发利用、公共资源配置以及直接关系公共利益的特定行业的市场准入等，需要赋予特定权利的；三是提供公众服务并且直接关系公共利益的职业、行业，需要确定具备特殊信誉、特殊条件或特殊技能等资格、资质的；四是直接关系公共安全、人身健康、生命财产安全的重要设备、设施、产品、物品，需要按照技术标准、技术规范，通过检验、检测、检疫等方式进行审定的；五是企业或其他组织的设立等，需要确定主体资格的。因此，当公司经营的业务涉及申请特定行政许可时，就应当事先依法取得相应的许可，否则也可能构成犯罪，依法需要追究刑事责任。

具体而言，依据《行政许可法》第七十九条至第八十一条的规定，公司等作为行政许可申请人或被许可人可能构成犯罪，依法需要追究刑事责任的情形主要有五类：一是被许可人以欺骗、贿赂等不正当手段取得行政许可的；二是涂改、倒卖、出租、出借行政许可证件，或以其他形式非法转让行政许可的；三是超越行政许可范围进行活动的；四是向负责监督检查的行政机关隐瞒有关情况、提供虚假材料或拒绝提供反映其活动情况的真实材料的；五是未经行政许可，擅自从事依法应当取得行政许可

的活动的。

以《刑法》第二百二十五条规定的非法经营罪为例，其客观方面表现为四种违反国家规定、扰乱市场秩序，情节严重的行为：一是未经许可经营法律、行政法规规定的专营、专卖物品或其他限制买卖的物品的；二是买卖进出口许可证、进出口原产地证明以及其他法律、行政法规规定的经营许可证或批准文件的；三是未经国家有关主管部门批准非法经营证券、期货、保险业务的，或非法从事资金支付结算业务的；四是其他严重扰乱市场秩序的非法经营行为，比如违规使用销售点终端机具（POS机）等方法，以虚构交易、虚开价格、现金退货等方式向信用卡持卡人直接支付现金的，或者违规实施倒买倒卖外汇或变相买卖外汇等非法买卖外汇行为。

二、行政处罚与公司刑事法律风险防控

我国《刑法》中规定的公司可能触犯的一些罪名，在犯罪的客观方面还有表现为"经监管部门责令采取改正措施而拒不改正"或"经行政处罚后仍不改正"等以行政处罚或类似行政处罚为前置条件的现象，前者比如《刑法》第二百八十六条之一规定的拒不履行信息网络安全管理义务罪，后者比如《刑法》第二百九十条第三款规定的扰乱国家机关工作秩序罪，这一现象被有的学者概括称为"犯罪成立的行政程序性条件"[①]。

以《刑法》第二百七十六条之一规定的拒不支付劳动报酬罪为例，其客观方面表现为，公司等有以转移财产、逃匿等方法逃避支付劳动者的劳动报酬或有能力支付而不支付劳动者的劳动报酬，数额较大，经政府有关部门责令支付仍不支付的行为。而依据《最高人民法院关于审理拒不支付劳动报酬刑事案件适用法律若干问题的解释》第四条第一款的规定，经人力资源社会保障部门或政府其他有关部门依法以限期整改指令书、行政处

---

① 参见高磊：《论犯罪成立的行政程序性条件》，载《东方法学》2020年第3期。

理决定书等文书责令支付劳动者的劳动报酬后,在指定的期限内仍不支付的,属于"经政府有关部门责令支付仍不支付"。由此可知,公司应将有关行政处罚或类似行政处罚视为刑事法律风险防控的一部分与预警信号,如在收到限期整改指令书、行政处理决定书等文书责令支付劳动者的劳动报酬后,及时向劳动者支付劳动报酬,阻断公司行政违法风险向刑事违法风险的蔓延。

三、行政执法与刑事司法衔接

除了上述以行政程序性条件为犯罪成立前提的罪名,行政执法机关在查处公司行政违法行为的过程中,还可能同时发现公司存在的其他涉嫌刑事犯罪行为,这就涉及更广泛的行政执法与刑事司法衔接问题。《行政执法机关移送涉嫌犯罪案件的规定》第三条明确规定,行政执法机关在依法查处违法行为过程中,发现违法事实涉及的金额、违法事实的情节、违法事实造成的后果等,根据《刑法》关于破坏社会主义市场经济秩序罪、妨害社会管理秩序罪等罪的规定和最高人民法院、最高人民检察院关于破坏社会主义市场经济秩序罪、妨害社会管理秩序罪等罪的司法解释以及最高人民检察院、公安部关于经济犯罪案件的追诉标准等规定,涉嫌构成犯罪,依法需要追究刑事责任的,必须依照本规定向公安机关移送。知识产权领域的违法案件,行政执法机关根据调查收集的证据和查明的案件事实,认为存在犯罪的合理嫌疑,需要公安机关采取措施进一步获取证据以判断是否达到刑事案件立案追诉标准的,应当向公安机关移送。

但在实践中,有一些企业家或公司高级管理人员由于缺乏刑事法律风险防控视野,不会如上所述将行政执法视为刑事司法的预警,对公司面临的行政执法漫不经心,觉得大不了罚点钱,殊不知公司的有关行政违法行为,从金额、情节、危害后果等方面看都已达到刑事追诉标准,涉嫌构成犯罪,依法需要追究刑事责任。此外,根据笔者实务经验,甚至还有一些公司管理者对查处公司行政违法行为的行政执法机关或人员抱有某种挑衅心理，不但不配合行政机关查处违法行为，或者主动消除或减轻违法行为危害后果，而且变本加厉，最终导致达到刑事追诉标准，显然更是自己往犯罪枪口上撞。另外值得注意的是，反过来看，如司法机关在刑事司法过程中，发现公司等犯罪主体存在行政违法行为，也可能通过向对应的行政主管部门发出"检察建议"或"司法建议"等形式，导致有关公司受到行政处罚，这都离不开公司行政监管合规与刑事法律风险防控的衔接。

四、监察调查与公司刑事法律风险防控

《监察法》的施行，标志着一个加强对所有行使公权力的公职人员的监督，实现国家监察全面覆盖的崭新时代的到来。依据《监察法》第十五条的规定，监察机关对公职人员和有关人员进行监察，其中包括国有企业管理人员。基于此，从表面上看，监察机关似乎管不到民营企业家，因为民营企业家不属于公职人员，但这种想法显然是片面和错误的。民营企业家一旦涉及权力寻租当中的行贿行为，或者与公职人员共同涉嫌职务犯罪，不仅可以作为被监察委调查的对象，还可能被采取一定的调查强制措施，比如"留置"。[①]

民营企业家可能触及的类罪名上，主要有贪污贿赂罪、渎职罪、妨害司法罪和侵犯公民人身权利、民主权利罪，指向的大多是权力设租寻租、国有资产流失、徇私枉法、暗箱操作、司法掮客、利益输送、虚假诉讼等涉嫌职务犯罪现象或行为，需要警惕。特别值得注意的是，依据《监察法》的规定，监察机关行使监督、调查职权，可以依法对被调查人及相关人员采取限制出境措施，调查人员可以依法采取讯问、询问、强制到案、责令候查、管护、留置、搜查、调取、查封、扣押、勘验检查等调查措施，其中留置时间不得超过3个月，在特殊情况下，可以延

---

① 参见朱昱：《面临监察调查的企业家》，载《董事会》2018年第6期。

长一次，延长时间不得超过 3 个月。如杭州某电子技术有限公司股东沈某某因实施行贿，在区纪委监委调查违纪违法问题时，不配合调查，与其他涉案人员进行串供，拒不交代问题并销毁案件证据而被依法采取留置措施。①

---

① 参见朱昱：《面临监察调查的企业家》，载《董事会》2018 年第 6 期。

第十四章
公司解散、破产法律风险与合规管理

优胜劣汰是市场经济的客观规律，也是市场经济竞争机制的体现，而公司的解散、清算、破产则是市场退出机制最关键的环节。实践中，不乏各种原因导致公司无法继续经营下去而不得不解散或破产，但有不少公司管理者未严格按照法律法规的规定，妥善处理公司解散、破产的相关程序，如未依法进行清算等，从而导致公司从解散到注销的过程中隐藏诸多法律风险，如债权人起诉公司股东或公司清算组成员要求清偿公司债务等。因此，公司管理者不能简单地认为公司解散就是自行将公司人员遣散、停止经营、注销公司即可，或者认为破产就是向法院申请受理之后便无须再过多介入了，而是应当重视公司解散、清算过程中的法律风险及合规管理，避免引发不必要的诉讼，承担不必要的民事责任、行政责任，甚至是刑事责任。

第一节 公司解散

笔者从事律师职业多年，遇到不少当事人（通常是某公司的股东）咨询关于其在完全未被告知的情况下，公司突然被注销等相关法律问题。而事实上，公司的解散注销并不是一件随意的事，它有法定的解散事由，应当严格遵守法定程序。公司管理者若不注重公司解散的合规管理，由此导致债权人权益受损的，公司股东或清算组成员等将面临被起诉且就公司债务承担赔偿责任的法律风险。

一、公司内部需先明确是否具备法定的解散事由

实践中，处在关停状态的公司非常多，一方面公司实际已经停止经营，另一方面公司又未依法进行清算，时间越长就越容易导致公司出现一些历史遗留问题无法解决，或者因公司股东失联不能作出有效决议而无法自行解散公司。对此，笔者建议，若公司已经处于关停状态，也无须或无法再进行经营，公司股东或管理层可依法解散公司。但公司只有具备法定的事由，才能依法解散。依据《公司法》及相关司法解释的规定，出现以下几种情形之一，公司可依法解散。

第一，公司章程规定的营业期限届满或者公司章程规定的其他解散事由出现。但公司可通过持有三分之二以上表决权的股东作出有效股东会决议，以修改公司章程的方式让公司存续，针对前述股东会决议，投反对票的股东可以要求公司按照合理的价格收购其股权。

第二，股东会决议解散。股东会作出解散的决议，必须经代表三分之二以上表决权的股东通过。

第三，因公司合并或者分立需要解散。一个公司吸收其他公司，被吸收的公司解散；两个以上公司合并设立一个新的公司，合并各方解散；一

个公司分散为两个以上公司,原公司解散。

第四,依法被吊销营业执照、责令关闭或者被撤销。

第五,公司经营管理发生严重困难,继续存续会使股东利益受到重大损失,通过其他途径不能解决的,持有公司10%以上表决权的股东,可以请求法院解散公司。前述公司经营管理发生严重困难具体情形包括:(1)公司持续两年以上无法召开股东会;(2)股东表决时无法达到法定或者公司章程规定的比例,持续两年以上不能作出有效的股东会决议;(3)公司董事长期冲突,且无法通过股东会解决,公司经营管理发生严重困难的;(4)经营管理发生其他严重困难,公司继续存续会使股东利益受到重大损失。

二、公司解散需根据不同的解散方式,履行不同的法定程序

实践中,公司管理者或股东未严格按照法定的解散程序对公司进行解散清算,而被债权人起诉要求对公司债务承担连带清偿责任的案例,比比皆是。与此同时,实践中也存在很多公司股东在公司存在相关债务的情况下,为了尽快注销公司而向公司登记机关作出虚假承诺,企图通过简易程序注销公司,而被债权人起诉追责的案例。因此,公司应当根据实际情况,慎重选择公司解散注销的方式,并严格按照法律规定履行相应的程序。

(一)通过普通程序解散

这里的普通程序是相对于简易程序而言的,指的是公司在相关债务未全部清偿的情况下,不能通过简易程序注销公司,而需严格按照法律规定,履行相应的解散程序。依据《公司法》及相关司法解释的规定,非简易程序下,公司解散需履行如下法定的程序,同时结合笔者实务经验,公司解散过程中也需注意一些合规细节,否则将可能面临相应的法律风险及责任。

1. 依法作出有效的股东会决议

依据《公司法》的规定,对公司解散、清算作出决议的有权机构为股

东会,且须由经代表三分之二以上表决权的股东通过。若作出解散公司的股东会决议不符合前述法定要求,不同意解散公司的股东则可能向法院申请确认决议无效,若股东会决议被法院确认为无效决议,公司将面临无法解散的法律风险。同时,若公司股东未通知其他股东就公司解散事宜进行表决,甚至冒充其他股东的签名擅自将公司解散注销(实践中这一情况大有存在),则可能面临被其他股东要求赔偿损失的法律风险。

举例而言,在韩某某与尹某某、杨某损害股东利益责任纠纷一案中①,沈阳市沈河区法院认定,有限责任公司解散、清算必须召开股东会并形成解散公司、确认清算报告的决议,或由公司全体股东以书面形式一致表示同意并在决定文件上签名、盖章。本案中,被告未按法律规定及公司章程第十条的规定,通知沈阳某餐饮公司全体股东召开股东会以对公司解散、清算事项形成决议,且《全体投资人承诺书》上原告的签名并非原告本人签名,故被告向工商部门提交的《公司注销登记申请书》《全体投资人承诺书》既未经股东会表决,亦未经全体股东以书面形式一致表示同意,并不符合法律规定和公司章程规定。被告未经原告同意,擅自对沈阳某餐饮公司进行清算,损害了原告作为公司股东的合法权益,对原告因此所造成的损失应承担相应的赔偿责任。据此法院判决:被告尹某某于本判决生效后10日内给付原告韩某某10万元及利息。

2. 由董事会制订解散方案

依据《公司法》的规定,董事会的职权之一就是制订公司解散的方案。虽然在公司解散清算过程中,解散方案并非法律法规强制要求必须具备的相关法律文件,但是公司解散方案的制订及相关内容的合法性、合理性及可行性可能决定后续清算、注销工作能否顺利进行,提前制订符合法律法规要求的解散方案能有效避免不必要的纠纷,如劳动人事纠纷、合同纠纷等。

---

① 参见辽宁省沈阳市中级人民法院(2021)辽01民终4193号二审民事判决书。

3. 依法及时成立清算组

依据《民法典》及《公司法》的规定，公司除因为合并或者分立而需要解散外，应当在解散事由出现之日起 15 日内组成清算组进行清算。公司董事为清算义务人，清算组由董事组成，但是公司章程另有规定或者股东会决议另选他人的除外。若清算义务人未及时履行清算义务，给公司或者债权人造成损失的，应当承担赔偿责任。同时，如果公司章程规定的营业期限届满或者其他解散事由出现，公司逾期不成立清算组进行清算或者成立清算组后不清算的，利害关系人可以申请法院指定有关人员成立清算组进行清算。

此外，依据《市场主体登记管理条例》第三十二条第一款的规定，清算组应当自成立之日起 10 日内将清算组成员、清算组负责人名单通过国家企业信用信息公示系统公告。

需提醒公司管理者及股东注意的是，清算程序是公司注销的法定前置程序，在司法实践中，对清算义务人怠于履行清算义务，在过错的认定上采取举证责任倒置的方式，即只要债权人证明存在未在法定期限内开始清算的情形后，则由清算义务人举证证明自己对于未能及时清算的事实不存在过错，否则法院将认定清算义务人怠于履行清算义务。

4. 摸查债权人情况、通知债权人并登报公告

清算组应当全面了解公司债务情况，确定公司仍在诉讼时效内的债务并做好相关债权人的统计。同时，依据《公司法》第二百三十五条、第二百五十五条的规定，清算组应当自成立之日起 10 日内通知债权人，并于 60 日内在报纸上或者国家企业信用信息公示系统公告，否则公司将可能面临被公司登记机关责令改正，处以 1 万元以上 10 万元以下罚款的行政责任风险。

另外，需提醒公司管理者注意的是，公司应当通过寄送书面债权申报通知书的方式有效通知各债权人，并妥善保存通知书原件及快递底单，同时有效保存债权申报登报的报纸原件或保存系统公告截图，避免后续出现

债权人否认收到相关债权申报通知或否认公司有依法公告的情况，届时公司需就已经履行前述法定程序承担相应的举证责任。

5. 登记并审核债权人申报的债权

依据《公司法》第二百三十五条第一款、第二款的规定，债权人应当自接到通知之日起30日内，未接到通知的自公告之日起45日内，向清算组申报其债权。债权人申报债权，应当说明债权的有关事项，并提供证明材料，清算组应当对债权进行登记。需要提醒注意的是，若债权人未在规定的期限内申报债权，而在公司清算程序终结前补充申报的，清算组也应当予以登记，不能以超过规定时限为由拒绝受理登记。债权人补充申报的债权，可以在公司尚未分配财产中依法清偿。

6. 依法清理公司财产及摸查债权

清算组应当全面摸查公司财产，该财产仅指属于公司所有的财产，不包括公司借用或租赁的财产。财产既包括不动产（如登记在公司名下的房产）、动产（如公司购置的办公设备、车辆等），也包括无形资产（如公司申请注册的商标、专利等）。对财产的摸查既包括财产的数量、种类、未报废财产的清点，也包括法律状态的核查，如动产或不动产的抵押、查封情况，商标许可使用终止等，以避免出现财产虽属于公司所有却因为存在权利瑕疵而无法最终处置的情形。另外，清算组在核查清楚公司财产后，需编制资产负债表和财产清单，对公司财产状况进行统计和核算。此外，清算组还应当对公司的债权进行全面核查，若公司存在尚在诉讼时效内的有效债权，则需及时主张权益，增加公司资产，避免公司注销后难以追讨。

同时，若公司在对财产进行清查时，隐匿财产，对资产负债表或者财产清单作虚假记载，将可能被公司登记机关责令改正，对公司处以隐匿财产金额5%以上10%以下的罚款，且对直接负责的主管人员和其他直接责任人员处以1万元以上10万元以下罚款。

7. 制作清算方案并依法进行确认

依据《公司法》第二百三十六条第一款的规定，清算组在清理公司财产、编制资产负债表和财产清单后，应当制订清算方案，并报股东会或者人民法院确认。若清算组执行未经确认的清算方案给公司或者债权人造成损失，公司、股东或者债权人可向法院主张清算组成员承担赔偿责任的，法院也将依法予以支持。

8. 按顺序清偿公司债务

依据《公司法》第二百三十六条第二款的规定，公司财产应当按照如下顺序清偿债务：（1）支付清算费用、职工的工资、社会保险费用和法定补偿金；（2）缴纳所欠税款；（3）清偿公司债务。

同时，依据《公司法》第二百五十六条的规定，公司在未清偿债务前分配公司财产的，将被公司登记机关责令改正，对公司处以未清偿债务前分配公司财产金额5%以上10%以下的罚款，且对直接负责的主管人员和其他直接责任人员处以1万元以上10万元以下的罚款。

9. 依法分配剩余财产

依据《公司法》第二百三十六条第二款的规定，按法定顺序清偿公司债务后的剩余财产，有限责任公司按照股东的出资比例分配，股份有限公司按照公司持有的股份比例分配。

10. 制作清算报告并办理注销登记

依据《公司法》第二百三十九条的规定，公司清算结束后，清算组应当制作清算报告，报股东会或者人民法院确认，并报送公司登记机关，申请注销公司登记。同时，若公司清算组以虚假的清算报告骗取公司登记机关办理法人注销登记，债权人可向法院主张该股东或实际控制人对公司债务承担相应赔偿责任，法院也将依法予以支持。

举例而言，在夏某某与陈某1等清算责任纠纷一案中①，江苏省盐城市中级人民法院认定，《最高人民法院关于适用〈中华人民共和国公司法〉若干问题的规定（二）》第十九条规定，公司股东未经依法清算，以虚假

---

① 参见盐城市中级人民法院（2017）苏09民终4142号二审民事判决书。

的清算报告骗取公司登记机关办理法人注销登记,债权人主张其对公司债务承担相应赔偿责任的,依法应予支持。陈某2、陈某1在申请对重某公司进行注销时,作为清算组成员向公司登记机关提交了两人签字确认的清算报告,向公司登记机关明确重某公司的债权债务已清理完毕。而陈某2作为公司股东及清算组成员,明知夏某某的该笔债权此时尚未进行清算,应当认定清算组实施了以虚假清算报告骗取公司登记机关办理法人注销登记的行为,且陈某2、陈某1主观上存在过错。陈某2、陈某1上述不当清算行为导致夏某某对重某公司享有的债权无法实现,依法应当对夏某某的相关损失承担赔偿责任。法院据此判决:被告陈某2、陈某1在判决生效后30日内赔偿原告夏某某因重某公司向其借款造成的经济损失200万元并支付利息。

(二)通过简易程序解散

实践中,很多公司设立之后没有进行实质性的经营,或虽有经营但未产生相关债务,这一类公司的解散注销则相对简单一些,故针对这一类公司,《公司法》规定了简易注销的相关程序。这一规定给公司股东提供了很大的便利,但公司股东在适用简易程序注销公司时,也需注意符合如下法定要求。

第一,适用简易程序注销公司的前提是公司在存续期间未产生债务,或者已清偿全部债务,否则公司就需通过普通程序依法对公司进行清算解散。

第二,通过简易程序注销公司的,全体股东应当就公司不存在未结清的债务等事项作出承诺,公司股东的承诺内容不实的,应当对公司注销登记前的债务承担连带责任。对此,建议公司股东在解散公司之前对公司的债务进行全面的核查,避免存在遗漏的债务而导致公司注销后由股东自行清偿。

第三,公司采取简易程序注销的,应当通过国家企业信用信息公示系统予以公告，公告期限不少于 20 日。在公告期限届满后，没有相关人员提出异议的，则公司可以在 20 日内向公司登记机关申请注销公司登记。

（三）被公司登记机关依职权注销

实践中，不少公司被公司登记机关依职权吊销营业执照、责令关闭或者被撤销。笔者曾接到过不少关于公司被吊销营业执照后如何注销的法律咨询。这一类的公司注销确实比较难，因为很多公司被吊销营业执照、责令关闭或者被撤销后，公司的股东或管理层往往都联系不上，公司成了一个"僵尸"企业，无法作出任何的决议，公司基本上无法自行解散，而对于想要从公司退出的股东或法定代表人来说，就成了一个难以解决的心病。针对这一情况，《公司法》规定了公司登记机关依职权注销公司，对于这一规定，公司股东或管理层也需把握如下几点。

第一，在公司被吊销营业执照、责令关闭或者被撤销后，若公司股东认为公司还可能有相关财产供分配，那么公司股东应当在公司被吊销营业执照、责令关闭或者被撤销后的 3 年内向公司登记机关申请注销公司登记，自行对公司作出清算解散，超过 3 年未申请注销的，公司登记机关将依职权对该类公司进行注销。

第二，公司登记机关依职权注销公司的，可以通过国家企业信用信息公示系统予以公告，公告期限不少于 60 日。公告期限届满后，未有异议的，公司登记机关可以注销公司登记。

第三，公司被公司登记机关依职权注销的，并不代表公司的债务就此一笔勾销，相反，原公司股东、清算义务人的责任不受影响。

另外，还需提醒公司股东及管理者注意的是，公司成立需尽快开业经营，依据《公司法》的规定，公司成立后无正当理由超过 6 个月未开业，或者开业后自行停业连续 6 个月以上的，公司登记机关可以吊销营业执照，但公司依法办理歇业的除外。而在公司被公司登记机关吊销营业执照之后，下一步公司登记机关将依职权注销公司登记。

第二节 公司破产

现实中,大量公司因为严重资不抵债(资产不足以清偿全部债务或者明显缺乏清偿能力)而被债权人向法院申请破产或由公司清算组自行向法院申请破产。在笔者经办过的破产案件当中,不乏存在公司股东缺乏对公司破产的正确法律认知而导致自身权益受损或被追责等情况,比如公司股东明知公司已经严重资不抵债却不申请公司破产而被法院判决就公司债务承担连带清偿责任等。因此,公司股东或管理者需充分了解公司破产的相关法律要求,做好公司破产的合规管理。

一、需严格审查公司破产的必要性

结合上文中对公司解散清算的分析可知,公司清算结束并办理注销登记的前提是公司财产足够清偿公司的全部债务或者公司本身不存在债务。如果公司清算组在清理公司财产、编制资产负债表和财产清单后,发现公司财产不足以清偿债务,依据《公司法》及《企业破产法》的规定,清算组应当依法向法院申请宣告破产,公司经法院裁定宣告破产后,清算组应当将清算事务移交给法院。

若公司的清算组成员未按照上述法律规定依法向法院申请进行破产清算,反而以虚假的清算报告骗取公司登记机关办理注销登记,其行为明显损害了债权人的利益,大概率会被法院认定为故意侵权行为,将就公司全部债务承担责任。

举例而言,在林某1、林某2清算责任纠纷一案[①]中,最高人民法院认定,本案中,申请人林某1和林某2夫妻作为康某公司、永某公司仅有的

---

① 参见最高人民法院(2015)民申字第916号申请再审民事裁定书。

两名股东，分别担任两公司的法定代表人，在自行清算的过程中，在明知该两公司的资产不足以清偿案涉某某银行债权的情况下，既未通知某某银行申报债权，亦未依法向法院申请进行破产清算，反而以虚假的清算报告骗取公司登记机关办理了注销登记，其行为损害了债权人某某银行的利益，依法应当认定为故意侵权行为。林某1和林某2的违法清算行为的直接后果，就是债权人某某银行因债务清偿主体消灭而无法主张债权。故原审判决将林某1和林某2的违法清算行为给某某银行所造成的损失认定为债权本息的全部，并无不当，本院予以维持。法院据此判决驳回林某1、林某2的再审申请。

通过上述案例可知，公司清算组严格审查公司破产的必要性，也就是说，一旦出现需向法院申请公司破产清算的情形，清算组成员就应当按照法律规定及时向法院申请，避免承担相应的赔偿责任。

二、公司申请破产需真实可靠，切勿虚假破产

实践中，不乏存在公司股东或清算组成员为了躲避债务而故意向法院申请破产或后续又申请撤回的情况，比如公司欠了银行大量贷款，为了停止计算利息而故意向法院申请破产等。这种恶意申请破产的情形背后必然存在公司为此而隐匿财产、虚构债务或恶意转移、处分财产等行为，殊不知，公司股东或清算组成员实施这些行为并不再是简单地就公司全部债务承担清偿责任，而是可能将触犯刑法，承担刑事责任。

《刑法》第一百六十二条之二规定，公司、企业通过隐匿财产、承担虚构的债务或者以其他方法转移、处分财产，实施虚假破产，严重损害债权人或者其他人利益的，对其直接负责的主管人员和其他直接责任人员，处5年以下有期徒刑或者拘役，并处或者单处2万元以上20万元以下罚金。也就是说，公司实施了虚假破产的行为，将可能构成前述规定中的虚假破产罪。

举例而言，在吴某某等虚假破产罪一案①中，龙某山制药厂和建某公司于1998年3月共同出资成立鹿某公司，鹿某公司成立后承接了龙某山制药厂在某银行的2000万元贷款，后续一直在该行继续办理抵押贷款，截至2009年9月，所欠贷款本息合计8329万余元。2007年初，崔某、王某某、吴某某经过多次预谋，企图借某银行股改上市的机会，通过非法手段将上述贷款列为不良贷款，并注册成立新公司，将抵押资产通过拍卖转移至新公司，将未抵押资产及无形资产通过非法途径转移至新公司，致使鹿某公司成为"空壳"，再通过破产程序宣告公司破产，从而达到核销贷款的目的。2009年1月至2014年7月，崔某、王某某指使倪某某为鹿某公司私设个人账户，管理账外资金，用于转移鹿某公司销售收入。2011年9月，鹿某公司向法院申请破产，鹿某公司在持续营利性生产经营的情况下，通过隐匿、转移资产，于2014年8月破产终结，予以注销，某银行101918760.1元的贷款被核销。法院认为，被告人吴某某、王某某、尹某某、倪某某身为鹿某公司直接负责的主管人员和其他责任人员，通过隐匿、转移公司财产，实施虚假破产，严重损害债权人利益，其行为已构成虚假破产罪。法院据此判决：被告人吴某某、王某某、尹某某、倪某某犯虚假破产罪，处以有期徒刑及罚金。

三、公司有关人员应履行公司破产相关法定义务

结合相关法律规定及司法实践来看，在法院受理了公司的破产申请后，法院会指定管理人对公司进行接管，但这并不意味着公司此后就可以当"甩手掌柜"了。依据《企业破产法》第十五条的规定，在法院受理了破产申请后，公司的有关人员（是指企业的法定代表人；经法院决定，可以包括企业的财务管理人员和其他经营管理人员）在法院受理破产申请的裁定从作出之日起至破产程序终结之日，需承担如下法定义务。

---

① 参见吉林省梅河口市人民法院（2019）吉0581刑初366号一审刑事判决书。

(一) 妥善保管公司的相关财产、印章和账簿、文书等资料

有关人员应妥善保管其占有和管理的财产、印章和账簿、文书等资料,在法院指定管理人之后,按照法院及管理人的要求向管理人移交财产、印章和账簿、文书等资料,并按要求就公司财产状况进行说明。依据《企业破产法》第一百二十七条第二款的规定,有关人员拒不向管理人移交财产、印章和账簿、文书等资料,或者伪造、销毁有关财产证据材料而使财产状况不明的,法院可以对直接责任人员依法处以罚款。

同时,有关人员若不妥善保管公司的相关会计凭证、账簿等资料,还将可能触犯隐匿、故意销毁会计凭证、会计账簿、财务会计报告罪[①]。

(二) 按要求进行工作并如实回答询问

依据《企业破产法》的规定,有关人员应根据法院、管理人的要求进行工作,并如实回答询问,同时有关人员还应当按照法院或管理人的要求列席债权人会议并如实回答债权人的询问。依据《企业破产法》第一百二十六条的规定,若有义务列席债权人会议的债务人的有关人员,经法院传唤,无正当理由拒不列席债权人会议的,法院可以拘传,并依法处以罚款。若有关人员拒不陈述、回答,或者作虚假陈述、回答,法院可以依法处以罚款。

(三) 未经许可不得离开住所地

未经法院许可,有关人员不得离开住所地。依据《企业破产法》第一百二十九条的规定,有关人员擅自离开住所地的,法院可以予以训诫、拘留,还可以依法并处罚款。

---

① 《刑法》第一百六十二条之一规定:隐匿或者故意销毁依法应当保存的会计凭证、会计帐簿、财务会计报告,情节严重的,处五年以下有期徒刑或者拘役,并处或者单处二万元以上二十万元以下罚金。单位犯前款罪的,对单位判处罚金,并对其直接负责的主管人员和其他直接责任人员,依照前款的规定处罚。

（四）不得新任其他企业董事、监事、高级管理人员

有关人员不得新任其他企业的董事、监事、高级管理人员。法院在对公司进行破产清算过程中发现公司的董事、监事或者高级管理人员有违反忠实义务、勤勉义务等情形，致使所在公司破产的，相关董事、监事、高级管理人员还应依法承担民事责任。前述负有责任的董事、监事、高级管理人员自破产程序终结之日起3年内不得担任任何企业的董事、监事、高级管理人员。

（五）不得损害债权人的利益

实践中，经常有公司为了躲避债务而转移财产或低价处置财产，或公司向个别债权人进行清偿。公司股东或管理者可能会认为这种转移或处置行为发生在法院受理破产申请之前，无法进行追溯，但事实并非如此。对于不恰当处置公司财产损害债权人利益的行为，不仅能追溯，有关人员还可能因此而承担赔偿责任。具体包括如下几种情形。

第一，公司在法院受理破产申请前1年内，存在无偿转让财产、以明显不合理的价格进行交易、对没有财产担保的债务提供财产担保、对未到期的债务提前清偿、放弃债权等情形的，管理人有权请求法院予以撤销。

第二，公司在法院受理破产申请前6个月内，明知公司不能清偿到期债务，并且资产不足以清偿全部债务或者明显缺乏清偿能力，仍对个别债权人进行清偿的，管理人有权请求法院予以撤销，但个别清偿使债务人财产受益的除外。

第三，公司为逃避债务而隐匿、转移财产，虚构债务或者承认不真实的债务的，其行为无效。

公司存在上述行为之一，损害债权人利益的，公司的法定代表人和其他直接责任人员将依法承担赔偿责任。

通过上述分析可以看出，公司解散及破产并非简单地将公司直接从

"生"变成"死"的过程。事实上，公司解散、破产是一项复杂且专业性强的法律事务，涉及员工的遣散及经济补偿金的计算、债权债务的处理、资产的处置、清算过程合法、清算报告合法、破产法定义务履行等各个方面的法律风险与合规管理。因此，在公司财产、债务较多且较为复杂的情况下，笔者建议公司聘请专业法律服务团队为公司解散、清算、破产等事项提供全过程的法律服务。一方面，从法律层面对公司清算时的情况进行全方位的法律尽职调查，包括公司财产情况、债权债务情况、未了结的业务情况、劳动人事情况等，并针对具体情况提供相应的法律处理意见与建议；另一方面，对公司解散、清算、破产的法定程序及全过程的法律文件（包括股东会决议、清算方案、债权申报通知书、清算报告等）进行全方位的合法合规性审查，对全过程的法律风险及合规风险进行跟踪提醒，以避免公司产生不必要的诉讼或有关人员承担赔偿责任的风险。

第十五章
证据、时效和期限法律风险与合规管理

尽管我国已进入全面依法治国的新时代，但实务中，还有不少公司管理者对通过诉讼或仲裁解决争议的理解停留在口头上的"摆事实、讲道理"层面，不重视证据在庭审中的重要作用，一旦输了官司，就只会认为法律无用、法院不公正或代理律师不尽责等，而完全不看公司自身是否提交了充足的证据，更遑论关注证据形式的合法性了。这一方面是出于对仲裁或诉讼程序的不了解，不愿参加仲裁或诉讼；另一方面也是源于对仲裁或诉讼程序的误解，认为事实一清二楚，仲裁委或法院自然会公正裁判，或者是过于轻信争议相对方私下的口头承诺，所以难免会在公司遇到仲裁或诉讼案件时不重视举证。必须指出的是，首先，在公司不举证的情况下，仲裁员或法官客观上只能"偏听偏信"，真实的情况是很难被发现的；其次，仲裁员或法官必须基于事实、证据和法律法规进行裁判。因此，为提高仲裁或诉讼解决争议的效率和基于公平公正原则等，法律法规本身就对举证责任进行了分配，并明确了举证时限要求，举证不能自然就要承担相应的不利后果，通俗来讲就是败诉，尤其是在对方有律师代理或充分举证的情况下。

正如西方的一句法律谚语"法律不保护权利上的睡眠者"，最高人民法院也曾在判例中明确指出的"法律不保护躺在权利上睡觉的人"①。这是因为，公司作为民事主体从事民事活动，遵循自愿原则，按照自己的意思设立、变更、终止民事法律关系。如果在出现民事争议后，公司不及时进行维权，将使争议状况以及背后的权利义务关系长期处于不稳定状态，进而将会在整体上提高市场竞争环境中的制度性交易成本，在行政争议、刑事争议领域也存在类似的问题。因此，现代法治国家普遍通过立法明确权利行使的期限，包括民事诉讼中的诉讼时效、行政诉讼中的起诉期限等，并规定了权利行使的各种起算点、逾期行使的不利法律后果，通俗来讲就是权利丧失或败诉，这显然也是企业家、公司管理者们必须高度重视的。

---

① 参见最高人民法院（2021）最高法执监307号执行监督执行裁定书、最高人民法院（2016）最高法行申4521号再审行政裁定书。

第一节 证 据

在较大程度上,除了诉讼策略的把握,打官司就是打证据,官司胜败系于证据,而且在证据充足的情况下,公司可以较大程度地在诉讼或仲裁等案件中处于有利地位,为在坚持己方请求的基础上迅速地调解结案创造条件,或是让审判机关较快驳回对方诉讼请求。因此,公司管理者需加强对证据的法律风险与合规管理。

一、明晰证明责任分配与举证不能的不利法律后果

第一,民事诉讼、商事仲裁中的证明责任分配。依据《民事诉讼法》第六十七条第一款及《仲裁法》第四十三条第一款的规定,当事人对自己提出的主张,有责任提供证据。前述"主张"具体是指,若公司为原告则需对自己提出的诉讼请求所依据的事实举证,若公司为被告则需就反驳对方诉讼请求所依据的事实举证,若公司在案件中提出反诉,也需提供符合反诉条件的证据。概言之,在民事诉讼、商事仲裁中,除法律规定的举证责任倒置或无须举证的事实等情形外,原则上实行"谁主张,谁举证"的原则。

第二,行政诉讼、行政复议中的证明责任分配。依据《行政诉讼法》第三十四条第一款、第三十七条及《行政复议法》第四十四条的规定,行政机关对作出的行政行为负有举证责任,应当提供作出该行政行为的证据和所依据的规范性文件;行政相对人如公司等,为了更好查明事实也可以提供证明行政行为违法的证据。

第三,举证不能的不利法律后果。依据《最高人民法院关于适用〈中华人民共和国民事诉讼法〉的解释》(以下简称《〈民事诉讼法〉司法解释》)第九十条第二款的规定,在作出判决或裁决前,公司作为当事人一

方,若未能就所主张的事实提供相应证据或提供的证据不足以证明其事实主张,将承担不利的后果①,即可能承担败诉的法律后果。同时,依据《行政诉讼法》及《行政复议法》的规定,在行政诉讼、行政复议中,如行政机关不能举证证明其行政行为合法性,同样很可能将承担败诉的法律后果。

二、掌握证据的形成、收集与保全方式

(一)形成证据意识,及时形成、收集并保存证据

根据上述"谁主张,谁举证"的规则,公司若希望通过打官司的方式维护自身的权益,则需有证据支持自身的主张。这就要求公司在日常注重对证据的形成、收集并妥善保存。

其一,证据的形成主要体现在两个方面:一方面是对于相关客观事实需形成证据进行固定,避免后续对方反悔,否认事实的存在,如买卖合同关系中双方签署书面合同,对采购数量、价格等进行固定;另一方面是对自身的主张进行固定,避免出现因无法证明自身向对方进行过主张而超过诉讼时效的情况,如形成催款函、解除合同的通知书等。需要提醒公司管理者注意的是,证据的形成切记不要"唯一化",即虽然形成了一份对自己非常有利的证据,但有且只有一份原件,有时甚至还将原件寄给了相对方,自己仅留一份复印件,又或者仅有的一份原件在真正需要用到时发现遗失了。因此,在形成证据时,尽量多形成并保留几份原件。

其二,证据的收集主要体现在对与自身权益主张有关的证据,要及时掌握并获取,如相关书面文件仅有一份原件且由对方保管时需采取及时拍

---

① 此外,《〈民事诉讼法〉司法解释》第一百零二条第二款、第三款规定:当事人非因故意或者重大过失逾期提供的证据,人民法院应当采纳,并对当事人予以训诫。当事人一方要求另一方赔偿因逾期提供证据致使其增加的交通、住宿、就餐、误工、证人出庭作证等必要费用的,人民法院可予支持。

照、复印等方式收集留底，避免后续双方出现争议且无备份文件时，对方不予配合提供相关证据而导致客观事实无法查明。

其三，证据的保存主要体现在对证据原件的妥善保管。根据司法实践要求，当事人应当就向法院所提供的证据，提供原件或者原物进行质证。而实践当中，经常出现当事人向法院提交了证据的复印件，但在庭审质证过程中却无法提供证据原件供法院及对方进行核对，导致对方对该证据的真实性、合法性予以否认，法院也因此不予采纳该证据。事实上，公司提交的证据复印件再多、再完美，若无法提供原件进行核对，在对方否认该证据的情况下，某种程度上就相当于未提交证据，公司将面临举证不能的法律后果，即很大概率将会败诉。

总的来说，无论是证据的形成还是收集，又或是证据的妥善保存，都主要依托于公司内部形成证据意识，即清楚了解证据形式及证据在诉讼或仲裁中的重要作用，以及证据原件丢失的不利法律后果等，让公司在诉讼或仲裁中处于优势地位，不怕打官司。

举例来说，笔者有两家服务多年的顾问单位，其中一家公司从上而下都具有非常强的证据意识，每次销售的货物都能形成有效的证据链，合同、送货单、发票及签收单、催款函、对账单等齐全且原件保管非常完备，一旦发生相对方拖欠货款的情形，公司在诉讼中基本上都能胜诉，或者在诉讼过程中成功与相对方进行调解和解。

而另外一家顾问单位，在一宗建设工程施工合同纠纷中，缺乏关键证据，即公司增加施工工程量的证据（无补充协议、书面确认文件等）。笔者在诉讼前多次建议公司要尽量收集对方提出或确认工程量增加的证据，但其并未意识到这一证据的重要性且最终未能向法院提供，公司管理者甚至认为增加的工程量就在对方的施工现场，法院直接到现场看就行了，不需要公司过多的举证，导致法院对公司主张的工程量增加部分对应的工程款不予支持，公司遭受了近 100 万元的损失。

（二）向法院申请调查举证

实践中，显然不是所有证据都能掌握在自己手中，因此公司作为案件当事人，除依法自行收集证据外，在符合法定条件的情况下，可以申请法院调查取证，依据《民事诉讼法》第六十七条第二款和《〈民事诉讼法〉司法解释》第九十四条的规定，当事人及其诉讼代理人因客观原因不能自行收集的证据，或者法院认为审理案件需要的证据，法院应当调查收集。当事人及其诉讼代理人因客观原因不能自行收集的证据，如由国家有关部门保存，当事人及其诉讼代理人无权查阅调取的，或者涉及国家秘密、商业秘密或者个人隐私的，可以在举证期限届满前书面申请法院调查收集。

（三）由代理律师向法院申请律师调查令

所谓的律师调查令，是指在民事诉讼程序中，当事人及其代理律师因客观原因不能自行收集证据时，经代理律师申请，由受理案件的法院批准，指定代理律师向接受调查的单位、组织或个人调查收集相关证据的法律文件。律师调查令的申请可在起诉、审理、执行阶段提出。目前全国各省法院都印发了关于律师调查令的一些规范、细则或意见，律师调查令目前在司法实践中也已得到了普遍的运用。

因此，公司在诉讼案件中较难自行取证且又委托了律师代理案件时，可与代理律师沟通，由代理律师向法院申请律师调查令，帮助收集或取得相关证据。

（四）向法院申请证据保全

与此同时，公司作为案件当事人，还可以依法申请诉中和诉前证据保全。《民事诉讼法》第八十四条第一款、第二款规定，在证据可能灭失或者以后难以取得的情况下，当事人可以在诉讼过程中向法院申请保全证据，人民法院也可以主动采取保全措施。因情况紧急，在证据可能灭失或者以后难以取得的情况下，利害关系人可以在提起诉讼或者申请仲裁前向证据所在地、被申请人住所地或者对案件有管辖权的人民法院申请保全证据。需要注意的是，依据《〈民事诉讼法〉司法解释》第九十八条第二款的规定，证据保全可能对他人造成损失的，公司作为申请人还应当向法院提供相应的担保。

三、了解证据的法定形式与司法要求

首先，提交的证据需符合法律法规规定的证据形式。依据《民事诉讼法》第六十六条和《行政诉讼法》第三十三条的规定，通用的证据形式包括当事人的陈述、书证、物证、视听资料、电子数据、证人证言、鉴定意见和勘验笔录八种，《行政诉讼法》中还包括现场笔录。在案件当中，公司作为当事人一方所提交的证据必须符合前述法定的形式，否则所提交的证据很可能不被审判机关采纳。

其次，需按照司法要求提交证据。除了证据的法定形式外，法律法规及司法实践对于一些不同证据还规定了一些特定的司法要求，比如提交外文书证或外文说明资料，必须附有中文译本（实践中还需要由翻译公司出具译本且经公证）；电子数据的内容经公证机关公证的，法院应当确认其真实性（实践中需要由具有资质的公证机构进行公证）等。而很多公司管理者或许基于对前述司法要求不清楚，或者哪怕清楚（如案件代理人已明确告知）仍认为没必要或希望降低案件成本，导致在案件审理过程中法院对公司提交的不符合形式要求的证据不予采纳，公司只能承担败诉的法律后果。

再次，证据需符合法定的"三性"，即合法性、真实性、关联性。第一，证据的形式、来源需符合法律规定。实践中，经常会有当事人为了收集对己方有利的证据采取不合法的手段，如偷拍、偷录等。《〈民事诉讼法〉司法解释》第一百零六条规定，对以严重侵害他人合法权益、违反法

律禁止性规定或者严重违背公序良俗的方法形成或者获取的证据,不得作为认定案件事实的根据。第二,证据本身及其内容需真实。实践中,经常会有当事人为了能在诉讼中胜诉,或者为了能够向法院提起诉讼而伪造证据,如制作假的证人证言或提交经伪造公章盖章的书证等,而一旦被法院查明为假的证据(如对公章进行司法鉴定等),则不被法院采纳,当事人甚至可能触犯伪证罪或虚假诉讼罪等。第三,证据需与案件及待证事实具有关联性。实践中,当事人由于缺乏对诉讼及证据规则的了解,往往会认为证据越多越好,于是向法院提交很多与案件及待证事实本身无任何关联的证据,这样不仅不能对案件胜诉起到积极作用,反而会增加案件的审判难度,给公司带来不利的影响。在笔者代理过的诉讼案件中,也经常会有当事人提供很多与案件无关的证据(在整个诉讼过程中不停地提供证据)。虽然笔者向其解释说明,建议不要向法院提交一些无关联性且无意义的证据,但当事人仍认为证据越多越好,导致法院在开庭时多次询问笔者后续提交的证据与本案有什么关联性,且告诫超过举证期限后不能再向法庭提交证据,最后对当事人后续提交的证据直接不予采纳,也未组织双方当事人进行质证。

最后,证据需形成有效的证据链,避免孤证。司法实践中,针对不同案由的案件,都有相应的证据要求,当事人在起诉或答辩时都应当结合客观事实,尽量收集更多与案件事实有关且对自己有利的证据,形成相应的证据链,避免只有一份证据而形成孤证,从而面临证据不被法院采纳导致案件败诉的风险。实践中,很多当事人认为掌握了一份对自己非常有利的证据,而对代理律师提出的"收集其他对我方有利的证据,对该份证据进行佐证,避免孤证"的建议不以为然,导致最后败诉。

举例而言,笔者曾经代理过一宗民间借贷案件,借款金额达200多万元,当事人向笔者提供了债务人签名的借条,笔者建议当事人前往银行打印借款流水,当事人则告知借款是分几个银行汇出的,且时间较久,打印起来很麻烦。后来笔者又多次向当事人强调要打印银行流水,对借款事实进行佐证，仅有借条这一份孤证，诉讼请求将很大可能不被法院支持，但当事人并未采纳。后续直到案件开庭审理过程中，在审判法官释明民间借贷案件的证据要求且明确要求当事人补充银行流水，否则自行承担举证不能的后果的情况下，当事人方才打印银行流水。虽然最后案件的结果是我方胜诉，但因当事人事先不准备好证据链，无形之中拖延了案件的审判时间，也导致最后执行阶段对方当事人的财产已全部转移，无任何财产可供执行。

四、明确举证时限要求

司法实践中，法院一般会在送达应诉通知书、举证通知书等案件材料中告知当事人的举证期限①。而现实中，一些当事人在收到法院送达的相关材料后并未注意法院指定的举证期限，而是在举证期限届满后才提交证据，导致法院对相关证据不予采纳，或者法院虽采纳证据但对当事人予以训诫等。笔者在代理的案件中就多次遇到此类情况，虽明确告知当事人法院指定的举证期限以及逾期举证的不利法律后果，但当事人仍未积极收集证据，直到开庭前才向笔者提供证据，庭审时对方当事人极力主张我方已超过举证期限，最终人民法院未采纳相关证据。

若确实存在法院指定的举证期限较短且证据较多或因为某些特殊原因来不及在举证期限内收集证据等情形，公司可向法院申请延长举证，且应当在法院指定的举证期限届满前提交书面申请。行政诉讼、行政复议中也是类似处理。

---

① 《最高人民法院关于民事诉讼证据的若干规定》第五十一条第一款、第二款规定：举证期限可以由当事人协商，并经人民法院准许。人民法院指定举证期限的，适用第一审普通程序审理的案件不得少于十五日，当事人提供新的证据的第二审案件不得少于十日。适用简易程序审理的案件不得超过十五日，小额诉讼案件的举证期限一般不得超过七日。

第二节 时 效

一、民事诉讼中的诉讼时效

第一,诉讼时效的法定性。《民法典》第一百九十七条规定,诉讼时效的期间、计算方法以及中止、中断的事由由法律规定,当事人约定无效。当事人对诉讼时效利益的预先放弃无效。前述规定明确了诉讼时效的法定性。换言之,公司在订立合同时,不能通过约定的方式,改变诉讼时效的期间、计算方法以及中止、中断的事由,以及利用优势地位约定相对方自愿同意预先放弃诉讼时效利益,常见的如缩短对方诉讼时效、延长己方诉讼时效。笔者在修改合同时就曾遇到双方当事人约定诉讼时效期间的情况。

在合同中虽不能对诉讼时效进行约定,但可以约定在某一期限内不得提起诉讼。例如,最高人民法院曾指出,合同中约定在付款期限内不得提起诉讼的条款,并非排斥当事人的基本诉讼权利,该条款仅是限制其在一定期限内的起诉权,而不是否定和剥夺当事人的诉讼权利,只是推迟了提起诉讼的时间,故其主张在付款期限内不得提起诉讼的条款无效缺乏事实和法律依据。[①] 对此,公司也可在实践中根据实际需要进行借鉴处理。

第二,诉讼时效的期间及起算。实践中,经常会有当事人因对诉讼时效期间计算错误或不清楚期间,而超过诉讼时效起诉,导致承担诉讼时效届满的不利法律后果,即丧失胜诉权。依据《民法典》第一百八十八条、第一百八十九条的规定,除法律另有规定外,向法院请求保护民事权利的

---

① 参见最高人民法院(2016)最高法民终415号二审民事判决书。

诉讼时效期间为3年。诉讼时效期间自权利人知道或者应当知道权利受到损害以及义务人之日起计算。但是，自权利受到损害之日起超过20年的，法院不予保护，有特殊情况的，法院可以根据权利人的申请决定延长。当事人约定同一债务分期履行的，诉讼时效期间自最后一期履行期限届满之日起计算。

第三，诉讼时效的中断。诉讼时效的中断是法律规定当事人权利延续的一种方式。公司若想中断诉讼时效，必须根据法律规定的情形进行中断，而不能想当然创设一些中断的方式，否则可能导致诉讼时效未中断而届满。结合《民法典》第一百九十五条及《最高人民法院关于审理民事案件适用诉讼时效制度若干问题的规定》（以下简称《民事案件适用诉讼时效制度规定》）的规定，诉讼时效中断主要有如下四种情形。

其一，权利人向义务人提出履行请求，包括：（1）权利人直接向义务人送交主张权利文书，义务人在文书上签名、盖章、按指印或者以其他方式证明该文书到达义务人（如通过EMS寄送且取得妥投证明等）；（2）权利人以发送信件或者数据电文方式主张权利，信件或者数据电文到达或者应当到达义务人；（3）义务人下落不明，权利人在国家级或者下落不明的义务人住所地的省级有影响的媒体上刊登具有主张权利内容的公告，但法律和司法解释另有特别规定的，适用其规定。

其二，义务人同意履行义务，包括义务人作出分期履行、部分履行、提供担保、请求延期履行、制定清偿债务计划等承诺或者行为。

其三，权利人提起诉讼或者申请仲裁，比如权利人向法院提交起诉状或者口头起诉的，诉讼时效从提交起诉状或者口头起诉之日起中断。

其四，与提起诉讼或者申请仲裁具有同等效力的其他情形，主要包括：（1）权利人向法院申请支付令；（2）申请破产、申报破产债权；（3）为主张权利而申请宣告义务人失踪或死亡；（4）申请诉前财产保全、诉前临时禁令等诉前措施；（5）申请强制执行；（6）申请追加当事人或者被通知参加诉讼；（7）在诉讼中主张抵销；（8）向人民调解委员会以及其他依法有权解决相关民事纠纷的国家机关、事业单位、社会团体等社会组织提出保护相应民事权利的请求；（9）向公安机关、检察院、法院报案或者控告，请求保护其民事权利等。

第四，诉讼时效的中止。诉讼时效的中止与中断不同在于：（1）中断要基于权利人的主动请求或义务人的主动履行等，而中止是基于法定的事由；（2）中断的结果导致诉讼时效的重新起算，而中止的结果是诉讼时效的停止计算，待中止事由消除后诉讼时效继续计算；（3）中断可在诉讼时效期间内随时进行，中止则只能发生在诉讼时效期间的最后6个月内。

依据《民法典》第一百九十四条第一款的规定，在诉讼时效期间的最后6个月内，因下列障碍，不能行使请求权的，诉讼时效中止：（1）不可抗力；（2）无民事行为能力人或者限制民事行为能力人没有法定代理人，或者法定代理人死亡、丧失民事行为能力、丧失代理权；（3）继承开始后未确定继承人或者遗产管理人；（4）权利人被义务人或者其他人控制；（5）其他导致权利人不能行使请求权的障碍。

第五，诉讼时效的适用。依据《民法典》第一百九十三条的规定，人民法院不得主动适用诉讼时效的规定，而应当由义务人自行提出诉讼时效期间届满且不履行义务的抗辩理由。公司作为义务人，可关注对应债务的诉讼时效期间，若在诉讼时效届满后权利人才向法院提起诉讼或仲裁主张权益，则公司需及时向法院提出前述抗辩理由，否则法院将按照正常诉讼或仲裁案件处理。同时，需提醒公司管理者注意的是，依据《民事案件适用诉讼时效制度规定》第三条的规定，公司要提出时效抗辩理由的，也需在一审期间提出，在二审期间提出的，法院将不予支持，除非公司是基于新的证据能够证明对方当事人的请求权已过诉讼时效期间。再者，公司若以诉讼时效期间届满为由申请再审或者提出再审抗辩的，法院也将不予支持。

第六，诉讼时效届满的法律后果。结合司法实践及《民法典》第一百九十二条的规定，诉讼时效期间届满的，义务人可以提出不履行义务的抗辩。若诉讼时效确实届满，法院将采纳义务人的前述抗辩理由，驳回权利人的诉讼请求，除非义务人在时效届满后仍同意履行。义务人同意履行后不得再以诉讼时效届满为由进行抗辩。

举例来说，在原告某农村信用合作联社与被告赵某某金融借款合同纠纷一案[①]中，被告赵某某在该联社借款20万元，借款期限自2009年5月4日至2010年5月4日。借款到期后，被告未按约定还款，原告向法院提起诉讼。被告提出前述贷款早已过诉讼时效，不应该受法律保护。法院查明诉讼时效期间应从2010年4月30日开始计算两年，即2012年4月29日诉讼时效届满。由于原告未能提供书面逾期催收通知书，亦无其他证据佐证，以证明在诉讼时效期间内向被告主张过权利，法院对被告提出的诉讼时效届满抗辩理由予以采信，最终法院判决驳回了原告的诉讼请求。

另外，需要提醒公司管理者注意的是，诉讼时效届满不代表权利人不可以再向义务人主张权利，依据《民事案件适用诉讼时效制度规定》第十九条第二款的规定，在时效届满后若权利人向义务人发出到期债务的催缴通知书，而债务人又在通知单上签字或者盖章，能够认定义务人同意履行诉讼时效期间已经届满的义务的，则视为义务人同意放弃诉讼时效抗辩权。比如有一家公司曾有一笔5000万元且超过诉讼时效多年的债权，咨询笔者的法律意见，笔者建议公司仍向义务人发出催缴通知书，结果义务人在通知书上进行了盖章，也对到期债权进行了确认，导致诉讼时效重新起算，最终义务人也返还了该5000万元的款项。

二、商事仲裁时效

《仲裁法》第七十四条规定，法律对仲裁时效有规定的，适用该规定。

[①] 参见吉林省松原市前郭尔罗斯蒙古族自治县人民法院（2014）前民初字第3092号一审民事判决书。

法律对仲裁时效没有规定的，适用诉讼时效的规定。即上述有关诉讼时效中止、中断等规定，在此不再赘述。

三、行政执法中的追究时效

与公司密切相关又比较通用，需要公司管理者高度关注的行政执法中的时效，主要是行政处罚追究时效。依据《行政处罚法》第三十六第一款的规定，除法律另有规定①外，违法行为在二年内未被发现的，不再给予行政处罚；涉及公民生命健康安全、金融安全且有危害后果的，上述期限延长至五年。这显然是对行政机关处罚权的一种限制，以期违法者能够在此期限内自我纠正、改过自新。对作为行政管理相对人的公司而言，总体上固然是有利的，但公司管理者绝对不宜据此对实施违法行为抱有侥幸心理，或者是在理解上有所误解。

一方面，在当前大数据、新媒体等科技赋能以及全面推进依法治国、强化严格执法的大背景下，公司如有违法行为，在二年内未被发现是很难的。另一方面，依据《行政处罚法》第三十六条第二款，"二年"虽一般系从违法行为发生之日起计算，但如果违法行为有连续或者继续状态，则从行为终了之日起计算。其中，违法行为继续状态一般是指行政管理相对人所作的行为在一定期间内处于持续的违法状态，而违法行为连续状态，是指当事人基于同一个违法故意，连续实施数个独立的行政违法行为，并触犯同一个行政处罚规定的情形②。由于违法行为千差万别，在行政处罚具体适用实践中还有一定争议，但公司如有违法行为，基本上不太可能在两年内不被发现。当然，从最大程度维护公司合法权益的角度看，如公司确实存在违法行为，又过了行政处罚追究时效的话，公司也可通过行政处

---

① 如《税收征收管理法》第八十六条规定：违反税收法律、行政法规应当给予行政处罚的行为，在五年内未被发现的，不再给予行政处罚。

② 参见《国务院法制办公室对湖北省人民政府法制办公室〈关于如何确认违法行为连续或继续状态的请示〉的复函》。

罚时效制度依法维权，尤其是对一些争议情形的理解、运用，比如违法行为发生后两年内未发生同类违法行为，两年后再发生同类违法行为的通常不能认定为连续或继续状态①，这也是公司时效法律风险与合规管理的价值体现。

需提醒公司管理者注意的是，并不是所有的违法行为在两年内未被发现，都不再给予行政处罚，也存在某些特殊情形不适用前述两年的追究时效。实践中，从行政执法的角度看，公司涉及比较多的违反劳动保障法律、法规或者规章的行为查处问题，是对行政处罚追究时效的一种具体化适用。依据《劳动保障监察条例》第二十条的规定，违反劳动保障法律、法规或者规章的行为在两年内未被劳动保障行政部门发现，也未被举报、投诉的，劳动保障行政部门不再查处。前款规定的期限，自违反劳动保障法律、法规或者规章的行为发生之日起计算；违反劳动保障法律、法规或者规章的行为有连续或者继续状态的，自行为终了之日起计算。其中，可能违反劳动保障法律、法规或者规章的行为继续状态，常见的有公司作为用人单位不与劳动者签订劳动合同、扣押档案等，连续状态常见的有公司作为用人单位连续数月拖欠工资及加班费的行为、数月欠缴社会保险费行为等。②

四、对违法行政行为的救济时效

第一，行政处罚听证申请期限。依据《行政处罚法》第六十四条第一项规定，当事人要求听证的，应当在行政机关告知后5日内提出。这里的5日是指工作日（不含法定节假日），当事人逾期申请的，行政机关将不再负有组织听证的法定义务。

---

① 参见亓雨、陈涤：《如何确定违法行为"连续或者继续状态"》，载《中国劳动》2010年第6期。

② 参见亓雨、陈涤：《如何确定违法行为"连续或者继续状态"》，载《中国劳动》2010年第6期。

第二,行政复议申请期限。依据《行政复议法》第二十条第一款的规定,公民、法人(如公司等,下同)或者其他组织认为行政行为侵犯其合法权益的,可以自知道或者应当知道该行政行为之日起60日内提出行政复议申请;但是法律规定的申请期限超过60日的除外。此外,为充分保障行政相对人的复议申请权,同时也为督促行政机关依法行政,《行政复议法实施条例》第十五条、第十六条还对行政复议申请期限的起算点作了较为细化的规定。《行政复议法实施条例》第十七条规定,行政机关作出的具体行政行为对公民、法人或者其他组织的权利、义务可能产生不利影响的,应当告知其申请行政复议的权利、行政复议机关和行政复议申请期限。也就是说,通常情况下,公司管理者认为具体行政行为侵犯了其合法权益,只有在法定有效期间内提出行政复议申请,行政复议机关才予受理,否则,行政复议机关不予受理,除非公司确有不可抗力或者其他正当理由未在法定申请期限内提出,且积极提出相关事由。关于前述不可抗力或正当理由,目前未有相关法律法规作出具体明确的规定,且争议较大,通常情况下由法院进行审查认定。如最高人民法院曾认定"当事人因正在进行民事诉讼而未及时提出行政复议申请"构成前述规定中的"正当理由"[①]。

第三,行政诉讼起诉期限。其一,《行政诉讼法》第四十五条规定,公民、法人或者其他组织不服复议决定的,可以在收到复议决定书之日起15日内向法院提起诉讼。复议机关逾期不作决定的,申请人可以在复议期满之日起15日内向法院提起诉讼。法律另有规定的除外。其二,依据《行政诉讼法》第四十六条第一款的规定,除法律另有规定外,公民、法人或者其他组织直接向法院提起诉讼的,应当自知道或者应当知道作出行政行为之日起6个月内提出[②]。其三,《最高人民法院关于适用〈中华人民

[①] 参见最高人民法院(2016)最高法行申1830号审判监督行政裁定书。
[②] 《〈行政诉讼法〉司法解释》第六十六条规定:公民、法人或者其他组织依照行政诉讼法第四十七条第一款的规定,对行政机关不履行法定职责提起诉讼的,应当在行政机关履行法定职责期限届满之日起六个月内提出。

共和国行政诉讼法〉的解释》（以下简称《〈行政诉讼法〉司法解释》）第六十四条规定，行政机关作出行政行为时，未告知公民、法人或者其他组织起诉期限的，起诉期限从公民、法人或者其他组织知道或者应当知道起诉期限之日起计算，但从知道或者应当知道行政行为内容之日起最长不得超过1年。复议决定未告知公民、法人或者其他组织起诉期限的，适用前款规定。

需要特别指出的是，依据《〈行政诉讼法〉司法解释》第六十五条和《行政诉讼法》第四十六条第二款的规定，公民、法人或者其他组织不知道行政机关作出的行政行为内容的，其起诉期限从知道或者应当知道该行政行为内容之日起计算，但因不动产提起诉讼的案件自行政行为作出之日起超过20年，其他案件自行政行为作出之日起超过5年提起诉讼的，法院不予受理。

由上可知，公司管理者认为行政行为侵犯其合法权益，想通过行政诉讼途径维权的，必须依法严守起诉期限，否则即使已经立案，法院也将裁定驳回起诉。

第三节 期　　限

一、实体法上的期限

《民法典》第一百九十九条规定，法律规定或者当事人约定的撤销权、解除权等权利的存续期间，除法律另有规定外，自权利人知道或者应当知道权利产生之日起计算，不适用有关诉讼时效中止、中断和延长的规定。存续期间届满，撤销权、解除权等权利消灭。简单来说，在一方享有撤销权、解除权时，该当事人长期不行使撤销权、解除权，会影响当事人双方权利义务关系的确定，故在民事法律关系中，依法必须及时行使撤销权、解除权等，期满未行使将导致相应权利消灭，这就必然要求公司管理者在发现公司权益受到损害时，在法定期限内及时维权。

具体而言，公司较常涉及的有：一是关于撤销权。如根据《民法典》第一百五十二条的规定，当事人自知道或者应当知道撤销事由（如受欺诈、显失公平）之日起 1 年内、重大误解的当事人自知道或者应当知道撤销事由之日起 90 日内没有行使撤销权，或者当事人受胁迫，自胁迫行为终止之日起 1 年内没有行使撤销权，又或者当事人知道撤销事由后明确表示或者以自己的行为表明放弃撤销权，以及当事人自民事法律行为发生之日起 5 年内没有行使撤销权的，撤销权均消灭。《民法典》第五百四十一条规定，撤销权自债权人知道或者应当知道撤销事由①之日起 1 年内行使。自债务人的行为发生之日起 5 年内没有行使撤销权的，该撤销权消灭。

二是关于解除权。如《民法典》第五百六十四条规定，法律规定或者当事人约定解除权行使期限，期限届满当事人不行使的，该权利消灭。法律没有规定或者当事人没有约定解除权行使期限，自解除权人知道或者应当知道解除事由之日起 1 年内不行使，或者经对方催告后在合理期限内不行使的，该权利消灭。

三是关于返还原物请求权。如《民法典》第四百六十二条规定，占有的不动产或者动产被侵占的，占有人有权请求返还原物。占有人返还原物的请求权，自侵占发生之日起 1 年内未行使的，该请求权消灭。

二、约定中的期限

依据《民法典》第五条的规定，公司等民事主体从事民事活动，应当

---

① 如债务人以放弃其债权、放弃债权担保、无偿转让财产等方式无偿处分财产权益，或者恶意延长其到期债权的履行期限，影响债权人的债权实现；以及债务人以明显不合理的低价转让财产、以明显不合理的高价受让他人财产或者为他人的债务提供担保，影响债权人的债权实现，债务人的相对人知道或者应当知道该情形。

遵循自愿原则，按照自己的意思设立、变更、终止民事法律关系。而在商事交易活动中，最常见的就是双方在合同中约定交货日期、付款日期等，同时为了保障合同履行，往往还会对逾期交货、逾期付款等设置金额较高的违约责任。基于此，公司管理者除了要高度重视法定的期限管理，还要重视约定的期限管理，在设置交货日期、付款日期等商务条款时，应当事先对自身履行能力进行客观、审慎地评估。一旦对履约期限作出了约定就需要严格遵守，否则很容易为对方当事人通过仲裁或诉讼维权埋下重大隐患，导致承担违约责任。

三、程序法上的期限

诉讼程序中涉及的期限管理非常繁杂，比如我国司法制度实行二审终审制，因此公司在参与诉讼活动中，对上诉期的管理就十分重要。换句话说，涉诉公司在一审判决或裁定后，不依法及时提起上诉，将导致公司丧失上诉权且一审判决或裁定发生法律效力的后果。特别值得注意的是，最高人民法院指出，对于无正当理由未提起上诉且二审判决未改变一审判决对其权利义务判定的当事人，一般不应再为其提供特殊的救济机制，否则将变相鼓励或放纵不守诚信的当事人滥用再审程序。[①] 这也就意味着，涉诉公司如无正当理由未依法及时提起上诉，一般应视为其接受一审判决结果，在案件的其他当事人提起上诉且二审判决维持一审判决的情况下，大概率也很难再通过再审程序进行维权。

与此同时，程序法上的期限管理，除了上诉期，还有申请再审期限、诉讼费用缴纳期限、管辖权异议提出期限、举证期限、申请诉讼保全（财产保全、证据保全）期限、答辩期限等也极为重要。公司管理者在公司涉诉时，应第一时间查阅法院送达的有关文件，明确相关期限并严格把控，有不确定的，则应积极联系管辖法院或咨询代理律师等法律专业人士，避

---

① 参见最高人民法院（2016）最高法民申2505号申诉、申请民事裁定书。

免因期限届满而导致相关权利丧失。

综上所述，之所以将证据、时效和期限法律风险与合规管理单列为一章并系统地分析，主要是因为其在公司法律风险与合规管理中处于非常重要的地位，其中任何一方面管理不到位，都极易引发"一招不慎，满盘皆输"的溃败式局面。同时，由于这三个方面的知识与公司日常经营联系不是非常紧密，一些企业家或公司管理者往往轻视甚至忽视，在代理律师充分提示有关法律风险的情况下，还不当回事。但实际上这三方面问题大多数是硬性规定，一旦违反相关法律规定基本上无救济途径可言。因此，公司管理者需要从源头上重视防控证据、时效和期限法律风险，充分尊重专业意见。

第十六章
危机和争议解决法律风险与合规管理

俗话说，危机不可怕，被危机吓倒才可怕。但值得注意的是，战胜危机除了需要勇气，也需要智慧。事实上，公司的发展始终处于激烈的国内外市场竞争环境之中，从概率上讲，难免遇到各种危机和争议。从法律风险与合规管理的角度看，关键在于：其一，通过有效的、体系化的法律风险与合规管理，尽量减少引发危机、争议的各种隐患，不给对手、关联方以可乘之机；其二，根据公司发展实际，结合行业有关情况，对公司在壮大过程中可能碰到的危机和争议进行预判，为精准、快速管控危机、解决争议奠定基础、创造条件；其三，在遭遇危机、争议的时候，选择正确的危机和争议解决方式，让危机和争议尽可能地消弭于无形，甚至是转危为安；其四，从自身实际情况出发，进一步构建公司长效的危机和争议预防、解决机制，形成在战胜危机中不断前行的奋斗文化。其中的复杂性、专业性显而易见。

第一节 解纷手段比较适用

危机和争议解决讲究对症下药,而实践中,公司有关危机和争议具有显著的多样性、复杂性,因此在对应的危机和争议解决方式方法具体适用上,也有较大的差别。总体而言,从法律风险与合规管理的角度而言,公司层面的危机和争议解决主要有非诉讼和诉讼两种手段。

一、非诉讼手段

总体上看,相比于诉讼手段,非诉讼手段耗费的时间、经济成本相对较低(如可省却诉讼费等)、对合作关系的破坏程度较小,通常也不会对公司正常经营造成太大影响。故根据公司危机和争议的不同类型、严重程度、影响大小等主客观情况,一般优先适用非诉讼手段,具体包括谈判(和解)、调解、发律师函、投诉、举报、信访等。

(一)谈判(和解)

通过谈判(和解)的方式解决公司危机或争议,是效率最高也是对合作关系破坏最小的方式,一般是公司首选方案。但公司不得不面对的现实是,谈判(和解)必须基于当事人之间的自愿,而在发生危机或争议的情况下,当事人之间的信任或多或少都已受到影响,又或者合作方基于自身商业考虑有恶意违约的主观冲动等,因此,如果没有足够的谈判技巧,很难达成和解的目标。结合笔者实务经验,要想借助谈判方式实现公司之间和解,关键在于通过凸显我方优势和放大对方劣势相结合的手段,给相对方施加足够大的压力,或者充分了解对方的诉求和需要,合理让渡部分短期或局部利益以争取长期或整体利益最大化。特别需要注意的是,有关对方劣势的认识,不应局限在其法律风险、经济损失方面,而应是一切对其不利的因素（如对方不愿公开诉讼，怕影响其上市等）；同时谈判筹码的释放一定要讲求合适的时机和合理的节奏，不能被对方牵着鼻子走。比如，笔者曾经接受委托处理一宗买卖合同纠纷，交易双方在启动诉讼前组织了一次谈判，在谈判前笔者查询到对方正在上市筹备阶段，于是先提出了较高的和解金额，且提出若和解不行会马上启动诉讼程序，最终对方同意和解并达成了一致意见。

（二）调解

调解可以细分为行政（如政府主管部门）调解、人民调解、行业（如协会商会）调解、专业（如律师）调解、仲裁调解、法院调解等，也遵循双方自愿原则，它与谈判（和解）最大的区别在于，有第三方力量的介入或组织，可以起到居中协调的作用。与谈判（和解）相比，公司采用调解方式解决危机或争议时，除了借鉴上述谈判（和解）策略，还需要额外注意两点：一是调解人员名义上虽属中立，但基于其主持地位，在一定程度上是公司可以争取的"队友"，应通过"情、理、法"相结合的方式方法让调解人员尽力说服双方和解；二是对于经人民调解委员会调解达成的调解协议，应尽量自调解协议生效之日起30日内共同向法院申请司法确认。如法院依法确认调解协议有效，一方当事人拒绝履行或未全部履行，另一方当事人可以省去诉讼程序而直接向法院申请强制执行。

（三）发律师函

在谈判（和解）、调解均无法解决危机或争议的情况下，公司可以考虑尽量在诉讼时效等救济期限届满前，通过发律师函的方式推进解决有关危机或争议。及时向争议相对方发出律师函的好处至少有以下四点：一是通过书面陈述对己方有利的事实和对争议相对方不利的事实，指明对方不尽快解决争议的现实风险，为双方和解创造条件，这也是律师函被通俗地称为"合法的恐吓信"的原因所在；二是可以起到中断诉讼时效的作用，为己方通过仲裁或诉讼等司法手段维权赢得更多准备时间;三是可以在后续的仲裁或诉讼等司法程序中作为证据使用,如证明己方已积极维权、主动催告等,为赢得官司预设铺垫;四是基于律师函的威慑力,对方当事人可能因不想打官司而主动支付款项。比如,曾有一家公司因为对方拖欠90多万元的货款两年多不予支付,公司希望委托笔者提起诉讼,笔者建议可先发律师函进行催告,一方面看看对方的态度,另一方面中断诉讼时效。结果律师函发出去的第七日,对方主动联系要求支付拖欠款项,最后经了解得知,对方正在准备新三板挂牌。需要提请注意的是,律师函虽小,但也是一份严谨的法律文件,在实际运用过程中要慎之又慎,不能要求律师使用过于情绪化的宣泄性语言激怒对方,更不能要求律师违背职业道德和操守在律师函中作出虚假的事实陈述,否则就是"搬起石头砸自己的脚"了。

(四)投诉、举报

实践中,公司在遭遇危机或争议时,如果相对方或关联方涉及违反行政监管规定,还可以通过投诉、举报等途径要求具备相应职权的行政机关及时履行法定查处职责,从而进行维权或解决,并且还可以将行政机关查处结果作为证据在仲裁或诉讼中提交使用。其中,投诉是为了维护自身合法权益而向行政机关反映具体事件,而举报事项可能并非出于维护自身个体合法权益,但两者通常均要求行政机关履行法定职责[①];当然,公司可以就何种事项向哪个行政机关投诉、举报,还得取决于法律、法规或规章的具体规定。

比如,依据《反不正当竞争法》的规定,公司在市场竞争中,遇到竞争对手通过实施混淆行为、商业贿赂行为、虚假交易行为、虚假商业宣传行为、侵犯商业秘密行为、不当有奖销售行为、侵犯商业信誉或商品声誉

---

① 参见最高人民法院(2017)最高法行申281号行政裁定书。

行为等不正当竞争行为扰乱市场竞争秩序、损害公司或其他经营者、消费者合法权益的，就可以要求县级以上政府履行工商行政管理职责的部门对不正当竞争行为进行查处。又如，依据《招标投标法》的规定，公司在投标活动中，遇到招标人以不合理的条件限制、排斥潜在投标人的，对潜在投标人实行歧视待遇的，强制要求投标人组成联合体共同投标的，限制投标人之间竞争的，或者其他投标人相互串通投标或与招标人串通投标的，其他投标人以向招标人或评标委员会成员行贿的手段谋取中标的，又或者其他投标人以他人名义投标或以其他方式弄虚作假，骗取中标的等，都可以依法向工商行政管理机关等有关行政监督部门提出。

二、诉讼手段

公司在无法借助非诉讼手段解决危机和争议，或通过非诉讼手段解决危机和争议不成的情况下，通常就需要考虑采取诉讼手段或准诉讼手段解决，具体包括商事仲裁、民事诉讼、劳动仲裁、行政裁决、申请行政处罚听证、行政复议、行政诉讼和刑事诉讼等。

（一）商事仲裁、民事诉讼

《仲裁法》第二条规定，平等主体的公民、法人和其他组织之间发生的合同纠纷和其他财产权益纠纷，可以仲裁。相较于民事诉讼，商事仲裁在解决公司合同纠纷和其他财产权益纠纷方面具有时间成本较低（一裁终局比二审终审快）、一般不公开进行、程序比较灵活等优势，但实践中商事仲裁程序中不服裁决的救济难度大，且适用范围相对较小，通常适用于与公司有关的经济纠纷。同时，依据《民事诉讼法》第三条的规定，法院受理公民之间、法人之间、其他组织之间以及他们相互之间因财产关系和人身关系提起的民事诉讼。而无论是采用商事仲裁，还是民事诉讼方式解决公司危机或争议，关键在于运用正确的仲裁或诉讼策略，以及举证得当、充分。

针对商事仲裁，需要公司管理者们注意：一是当事人采用商事仲裁方式解决纠纷，应当双方自愿，达成仲裁协议，没有仲裁协议，一方申请仲裁的，仲裁委员会不予受理；二是当事人达成仲裁协议，一方向法院起诉的，法院不予受理，但仲裁协议无效的除外，也就是说公司间在合同中约定争议解决方式时，商事仲裁和民事诉讼只能二选一；三是商事仲裁实行一裁终局制，裁决作出后，当事人就同一纠纷再申请仲裁或者向法院起诉的，仲裁委员会或法院不予受理；四是公司作为被申请人经书面通知，无正当理由不到庭或未经仲裁庭许可中途退庭的，可以缺席裁决；五是公司作为当事人提出证据证明裁决有符合《仲裁法》第五十八条规定的可撤销情形之一的，可以向仲裁委员会所在地的中级人民法院申请撤销。

针对民事诉讼，需要注意的是并非所有的案件都实行两审终审，依据《民事诉讼法》第一百六十五条的规定，基层法院和它派出的法庭审理事实清楚、权利义务关系明确、争议不大的简单金钱给付民事案件，标的额为各省、自治区、直辖市上年度就业人员年平均工资50%以下的，适用小额诉讼的程序审理，实行一审终审。标的额超过各省、自治区、直辖市上年度就业人员年平均工资50%但在2倍以下的，当事人双方也可以约定适用小额诉讼的程序。实践中，前述小额诉讼程序在劳动人事争议纠纷案件中经常适用，笔者就曾遇到一家公司在劳动者提起劳动争议诉讼时，一审阶段不重视收集和提交证据，也怠于应诉，结果一审判决支持劳动者的全部诉讼请求，公司这时才开始重视并找到律师想要提起上诉，但案件是小额诉讼，已经一审终审了，根本无法再提起上诉。

(二) 劳动仲裁

依据《劳动争议调解仲裁法》第五条和第四十七条的规定，发生劳动争议，当事人不愿协商、协商不成或达成和解协议后不履行的，可以向调解组织申请调解；不愿调解、调解不成或达成调解协议后不履行的，可以向劳动争议仲裁委员会申请仲裁；对仲裁裁决不服的，除一裁终局情形外，可以向法院提起诉讼。

从维护公司合法权益角度来看，需要注意：一是与争议事项有关的证据属于用人单位掌握管理的（如员工离职后两年内的人事档案资料），用人单位应当提供，用人单位不提供的，需要承担不利后果，故公司应当妥善保管员工人事档案资料；二是公司作为被申请人收到仲裁委员会的书面通知，无正当理由拒不到庭或未经仲裁庭同意中途退庭的，可以缺席裁决，因此公司应当积极参与仲裁庭审；三是用人单位有证据证明一裁终局仲裁裁决有符合《劳动争议调解仲裁法》第四十九条①规定的撤销裁决情形之一的，可以自收到仲裁裁决书之日起 30 日内向劳动争议仲裁委员会所在地的中级人民法院申请撤销裁决；四是公司对一裁终局以外的其他劳动争议案件的仲裁裁决不服的，可以自收到仲裁裁决书之日起 15 日内向法院提起诉讼，期满不起诉的，裁决书发生法律效力。

（三）行政裁决

目前我国法律没有对行政裁决作出统一规范，相关规定散见于多部法律法规中，比如土地管理法、森林法、草原法、矿产资源法等法律规定了土地、林地、草原、矿区等自然资源权属民事纠纷的行政裁决事项，商标法、专利法、植物新品种保护条例、中药品种保护条例、集成电路布图设计保护条例等法律、行政法规对知识产权侵权纠纷和补偿争议的行政裁决事项作出了规定，政府采购法等法律对政府采购活动争议的裁决处理作出了规定。

行政裁决也是化解民事纠纷的方式，与社会熟知的商事仲裁、民事诉讼相比，其特点在于：一是主体的行政性。裁决主体是法律法规授权的行

---

① 《劳动争议调解仲裁法》第四十九条第一款规定：用人单位有证据证明本法第四十七条规定的仲裁裁决有下列情形之一，可以自收到仲裁裁决书之日起三十日内向劳动争议仲裁委员会所在地的中级人民法院申请撤销裁决：（一）适用法律、法规确有错误的；（二）劳动争议仲裁委员会无管辖权的；（三）违反法定程序的；（四）裁决所根据的证据是伪造的；（五）对方当事人隐瞒了足以影响公正裁决的证据的；（六）仲裁员在仲裁该案时有索贿受贿、徇私舞弊、枉法裁决行为的。

政机关，不同于作出商事仲裁的仲裁机构和受理民事诉讼案件的法院。行政机关在解决特定民事争议方面具有效率高、成本低、专业性强、程序简便等特点。特别是一些纠纷与行政管理密切相关，需要熟悉行政管理且有专门技术、知识的人员才能解决。二是对象的特定性。裁决的受理范围是与行政管理活动密切相关的民事纠纷，主要集中在自然资源权属争议、知识产权侵权纠纷和补偿争议、政府采购活动争议等方面，合同纠纷等一般民事争议不属于行政裁决的受理范围。三是行政裁决结果具有非终局性。当事人不服行政裁决的，可依法向法院提起诉讼，不同于商事仲裁的一裁终局、民事诉讼的两审终审。

（四）申请行政处罚听证

依据《行政处罚法》第六十三条的规定，行政机关拟作出较大数额罚款、没收较大数额违法所得、没收较大价值非法财物，降低资质等级、吊销许可证件，责令停产停业、责令关闭、限制从业，其他较重的行政处罚等行政处罚决定，应当告知当事人有要求听证的权利，当事人要求听证的，行政机关应当组织听证。当事人不承担行政机关组织听证的费用。实践中，行政机关一般只会向公司简单发送行政处罚事先告知书或听证告知书，而不会详细送达有关证据材料，这将导致公司的陈述、申辩权因信息不对称而无法充分保障，因此当公司符合申请行政处罚听证条件时，应当及时申请听证。

通常而言，公司向行政机关申请行政处罚听证的策略有二：一是依法据实争取不予处罚，理由包括公司不存在应受行政处罚的违法行为、违法事实不能成立或主要证据不足；违法行为已过行政处罚追究时效、行政处罚没有法定依据（包括适用法律依据错误、实施主体不具有行政主体资格、作为行政处罚的依据未经公布）或不遵守法定程序（包括超越或滥用职权）；违法行为轻微并及时纠正，没有造成危害后果，或者初次违法且危害后果轻微并及时改正，有证据足以证明没有主观过错；对公司的同一个违法行为,不得给予两次以上罚款的行政处罚等。二是争取依法从轻或减轻行政处罚,理由包括公司主动消除或减轻违法行为危害后果、受他人胁迫或诱骗实施违法行为、主动供述行政机关尚未掌握的违法行为、配合行政机关查处违法行为有立功表现、拟作出的行政处罚明显不当(畸重)等。比如,笔者曾代理某公司向某海洋行政主管部门就其拟作出的"收回海域使用权并注销海域使用权证书"行政处罚申请听证,理由为"经批准使用的海域无正当理由闲置或荒废满二年",但在听证中笔者发现,该行政机关拟作出行政处罚所依据的有关证据与其处罚理由之间没有关联,最终赢得不予处罚的结果。

(五)行政复议、行政诉讼

依据《行政诉讼法》第四十四条的规定,公司对行政行为不服的,在司法途径上通常有两种救济渠道:一是必须先申请行政复议,对复议结果不服的,才可再提起行政诉讼,这种渠道被称为行政复议前置。二是除行政复议前置情形外,公司还可以先向行政机关申请复议,对复议决定不服的,再向法院提起诉讼;也可以直接向法院提起诉讼。但公司无论是通过申请行政复议,还是通过提起行政诉讼维权,要想赢得官司,案涉的具体行政行为或行政机关一般要存在以下情形:一是主要事实不清、证据不足;二是适用法律、法规错误;三是违反法定程序;四是超越或滥用职权;五是具体行政行为明显不当;六是行政机关不履行法定职责;七是行政行为有实施主体不具有行政主体资格等重大且明显违法情形。同时,依据《行政诉讼法》第七十一条和第七十七条的规定,法院判决行政机关重新作出行政行为的,行政机关不得以同一的事实和理由作出与原行政行为基本相同的行政行为。行政处罚明显不当,或者其他行政行为涉及对款额的确定、认定确有错误的,法院可以判决变更,但不得加重原告(如公司)的义务或减损原告的权益。但利害关系人同为原告,且诉讼请求相反的除外。

(六) 刑事诉讼

我国公司领域大部分罪名属于公诉罪名,通常需要由公安机关进行侦查,然后由检察机关提起公诉。但为更好地打击犯罪,《刑事诉讼法》第一百一十条第一款、第二款规定,任何单位和个人发现有犯罪事实或犯罪嫌疑人,有权利也有义务向公安机关、检察院或法院报案或举报。被害人对侵犯其人身、财产权利的犯罪事实或犯罪嫌疑人,有权向公安机关、检察院或法院报案或控告。与此同时,《刑事诉讼法》第二百一十条也规定了三类自诉案件①,对于自诉案件,被害人或其法定代理人、近亲属有权直接向法院起诉,法院应当依法受理。

在民事诉讼司法实践中,不乏存在一些"老赖",穷尽各种手段致使诉讼程序久拖不决,甚至是在判决生效后依然拒不执行,为了加速公司危机或争议解决进程,实践中公司作为被害人时,还可以借助刑事报案的方式进行维权。比如公司、企业的人员,利用职务上的便利,将本单位财物(包括动产和不动产,也包括有形物和无形物,如厂房、电力、煤气、天然气、工业产权等)非法占为己有,数额较大的(如数额在3万元以上的)②,就很可能构成职务侵占罪,类似比较常见的还有涉嫌伪造公司、企业、事业单位、人民团体印章罪等。又如,竞争对手等捏造并散布虚假事实,损害公司的商业信誉、商品声誉,给公司造成重大损失(如给公司造成直接经济损失数额在50万元以上的)或有其他严重情节的(如造成公司、企业等单位停业、停产6个月以上或破产的)③,也很可能构成损害商业信誉、商品声誉罪。

---

① 《刑事诉讼法》第二百一十条规定:自诉案件包括下列案件:(一)告诉才处理的案件;(二)被害人有证据证明的轻微刑事案件;(三)被害人有证据证明对被告人侵犯自己人身、财产权利的行为应当依法追究刑事责任,而公安机关或者人民检察院不予追究被告人刑事责任的案件。
② 详见《最高人民检察院、公安部关于公安机关管辖的刑事案件立案追诉标准的规定(二)》第七十六条。
③ 详见《最高人民检察院、公安部关于公安机关管辖的刑事案件立案追诉标准的规定(二)》第六十六条。

三、非诉讼手段与诉讼手段的组合运用

兵法上说："运用之妙，存乎一心。"公司危机和争议解决也是如此，一一梳理常用的公司危机和争议解决手段，并不意味着这些手段是完全孤立而割裂的。恰恰相反，上述手段虽然有其相对独立的适用领域，但在复杂的公司危机和争议现实中，常常又必须交叉应用多种非诉讼手段或诉讼手段（如先申请政府信息公开，再提起行政复议或行政诉讼，最后提起民事诉讼等），甚至是综合运用非诉讼手段与诉讼手段，才能应对生活中千奇百怪、层出不穷的实际情况，毕竟解决危机或争议才是王道。比如笔者曾服务过的某公司一高级管理人员在公司授意下新设一家公司开展同类业务，后该高级管理人员通过各种手段卷走公司收入达2000多万元，但公司在笔者提供服务前的法律风险与合规管理不到位，以及诉讼策略选择不当，导致只通过民事诉讼追回约600万元。面对困局，在公司和笔者等的共同努力下，选择在异地以其他案由另行起诉维权，同时通过"职务侵占罪"刑事报案的方式，成功实现了公安机关对该高级管理人员的立案，最终借助刑事退赃的渠道挽回公司全部经济损失。

此外，在公司解决危机或争议的过程中，时常会有关证据信息掌握在有关行政机关手中，在公司未掌握有关政府信息的情况下，就很难在谈判或调解中占据有利地位，也难以在仲裁或诉讼中取胜，此时还可能需要申请政府信息公开。比如，在公司作为被征收人面临征地拆迁时，申请政府信息公开可以让被征收人更充分地了解到与自身利益相关联的重要信息，以及政府部门在拆迁过程中的程序合法程度，为依法维权争取时间和获得谈判或诉讼解决的主动权，充分保障自身的合法权益。但需要注意的是，申请政府信息公开不是简单地写一份申请书交上去就行了，申请书的内容要有针对性，具体向哪个行政机关申请、什么时候提交合适等，都有非常专业的讲究，否则很可能适得其反。

第二节　预防性长效机制

无论是通过相对简便的非诉讼手段，还是不得不通过仲裁或诉讼手段来解决公司相关的危机和争议，客观上都必然消耗公司一定的人力、物力、财力，分散公司发展的有限资源。"头痛医头，脚痛医脚"式的被动应对，长期而言也不利于公司快速、健康发展，稍有不慎，还可能给公司发展埋下巨大隐患，甚至给公司带来灭顶之灾。因此，相比于等待危机和争议爆发后的被迫应战，企业家和公司管理者们更应在平时注重从战略层面思考建立、落地公司危机和争议预防、解决之道，也就是笔者所倡导的"让公司不用打官司、不怕打官司"。

第一，从根本上讲，公司危机和争议解决法律风险与合规管理是公司法律风险与合规管理体系的一个子体系，脱离整体来谈局部，其作用和价值都是有限的。这是因为，公司经营本身是一项系统工程，牵涉方方面面，而与之配套的公司法律风险与合规管理也是一样，产生危机或争议的可能性、爆发点可以说是隐藏在公司经营活动中的点点滴滴。所以要想建立、落实危机和争议预防、解决长效机制，公司就必须在从设立到经营等全流程，时刻绷紧"法律风险与合规管理"这根弦，具体包括但不限于本书中提及的其他十五章法律风险与合规管理事务等。风险往往隐藏在日常细节之中，其中如果有任何一个环节的法律风险与合规管理缺位或不当，都可能引发一场官司，最终给公司带来经济损失。

第二，建立健全公司危机和争议预防、解决机制，主要有预防式和破局式两条路径。首先，预防式路径是目标导向，其逻辑思路是"前人蹚过的坑，后人不应再蹚"，适用的是公司设立中的股权纠纷、公司治理中僵局现象、对合同相对方主体资信审查不慎等常见公司法律风险。在当前司法公开的大背景下，学术界和实务界都已有十分丰富的有关研究成果，企业家和公司管理者们完全可以通过事前的专门学习，树立法律风险防范意识，进而根据公司发展需要聘请法律专业人员建立预防为主的专项法律风险与合规管理体系，并借助系统化的培训和激励、监督和保障等工作机制强化实施。其次，破局式路径是问题导向，其逻辑思路是"兵来将挡，水来土掩"，适用的是公司对已经产生的危机或争议，应当立即采取对应的法律风险与合规管理有力措施进行止损，这种应对虽然有应急性和被动性，并非长久有益之道，但好处在于可以迅速实现对"存量问题"的及时控制和解决，同时为将来采用预防式路径赢得更好的时空条件，同时也避免了公司管理层滋生"鸵鸟"心态，对已爆发的问题"捂盖子"，盲目侥幸，寄希望于未来不再发生类似风险。

第三，建立、落实公司危机和争议预防、解决体系，特别要注重克服公司日常经营管理和业务发展同法律风险与合规管理工作"两张皮"的现象。在公司法律风险防控体系建设实践中，常有两种误区：一是盲目追求公司建章立制的数量和形式上的完备性、齐全性，生搬硬套的规章制度脱离业务工作实际，成为流于形式、写在纸上的"废话连篇"，起不到防控法律风险的实际作用；二是公司过多过滥的规章制度不但脱离一线业务实际，还在程序设置上过于保守，客观上反而阻碍了正常业务经营行为。这两类问题实质上反映的都是公司日常经营管理和业务发展同法律风险与合规管理工作脱节，也是建立、落实公司危机和争议预防、解决体系的大忌。因此，在建立、落实公司危机和争议预防、解决体系过程中，无论是采用预防式的路径，还是破局式的路径，企业家和公司管理者们都需要时刻秉持"管用的，才是合适的，也是最好的"理念，充分发挥业务专业人员与法律专业人员的合力优势紧抠细节，将法律风险与合规管理工作深入嵌入或融入公司日常经营管理和业务发展之中，将实现法律风险与合规管理工作作为公司管理和发展服务的核心目标，而不能简单地将其丢给法律专业人员，或仅依托于内部工作人员来实现。

第四，公证手段在公司建立、落地危机和争议预防、解决长效机制中具有独特而重要的作用与价值。公证就是在全面把握当事人基本诉求的基础上，由国家的公证机关证明法律行为以及法律意义的文书和实施的合法性、真实性，是非诉讼性质的活动。① 比如依据《民事诉讼法》第七十二条的规定，除有相反证据足以推翻公证证明的外，经过法定程序公证证明的法律事实和文书，法院应当作为认定事实的根据。因此相对于仲裁、诉讼等司法活动，一般而言，公证手段在公司危机和争议解决法律风险与合规管理中最大的优势在于可以借用公证文书的法定证据效力，有效减少或防止公司有关危机或争议的发生。常见的公证包括合同公证、保全证据公证、股东会和董事会等现场监督公证、跨境投资中的资信公证、知识产权保护公证、公司章程公证、委托公证、声明公证、文书公证、提存公证等。例如，针对公司股东新增、退出或内部之间股权比例调整等股权变更情形，特别是当公司股东内部存在矛盾时，可以考虑结合实际，综合包括股东会决议、董事会决议、法定代表人证明书、授权委托书等法律文书，向公证机构申请股权转让公证。

第三节　法律专业智慧定位

现代社会是建立在知识、数据大爆炸之后的专业分工基础之上的，企业家和公司管理者们是主导公司经营发展的核心，但诸如法律等细分领域的专业知识和实务技能，需要经过长时间的系统训练才能习得，并非一朝一夕之功。而公司危机和争议预防、解决均离不开法律等多方面的专业智慧。这就要求企业家和公司管理者们，应从公司法律风险与合规管理的视角，对律师等专业人员的作用和价值，有相对比较全面、深入而准确的认识与把握，具体包括底线思维、专业思维、管理思维和长线思维四个层面。

---

① 姜金珠：《引入法律公证 推进企业维权》，载《法制与社会》2017 年第 33 期。

一、底线思维

现实生活中,公司决策往往不是在完全的信息对称条件下作出,同时也不可能时刻做到己方利益最大化,更多的是一种平衡、妥协的结果。因此,当公司遭遇危机和争议时,企业家和公司管理者们应首先意识到,法律专业人员的作用和价值在于:从底线思维的角度,对危机和争议进行定性分析和经济损失定量分析,明确危机和争议背后的法律性质或法律关系,进而确定自己请求的合法性、证据充实程度、诉诸仲裁或诉讼等司法手段解决的把握大小、诉讼策略的选择、需要尽快填补的法律漏洞或面临的法律风险等,为公司解决危机和争议提供决断层面的法律底线,即对于己方处于弱势地位的危机和争议,应当考虑作适当让步以争取速战速决;而对于己方处于优势地位的危机和争议,则可以更多地考虑坚持自己的主张。概言之,在公司应对危机或争议时,法律专业人士所提供的,首先应是一种基于法律专业判断的智慧,其最重要的价值不是体现在具体的案件承办工作中,而是为公司科学解决危机或争议、避免产生更大损失提供一种法律方案,为公司正确决策提供法律支撑。

二、专业思维

如上所述,法律专业人士的作用,主要不是以工作量进行评判,而是要看法律服务方案的有效性。一个训练有素的复合型专业律师团队,往往可以在较短时间内针对公司的某一危机或争议提出及时的法律应对方案,这看似简单,背后却是一群人长年累月地对法条、法理、案例等专业知识、诉讼技能的专注学习、研究和实践。因此,企业家在解决公司危机或争议时,应当牢固树立尊重法律专业意见的思维,具体包括:一是评判法律人士的分析意见或诉讼方案是否专业,应当看其是否建立在对公司危机或争议相关材料的透彻分析基础之上、公司请求是否具备明确的法律依据、证据是否足以支撑适用有关法条、是否有类似的法院判例支持，而不是以与网络搜索结果不相符、没有详细看过案件材料的所谓"专家"或同行判断不同等为由随意质疑，甚至是否定，典型地以"不专业"来评判"专业"。二是对于法律人士的专业意见，在尊重的基础上更要高度重视落地执行，如代理律师已明确提出证据不足需要补强的，不要固执地以为法官具有"上帝"视角，可以在己方证据不足的情况下发现真实案情，或者轻信一些所谓"内部承诺"，把代理律师的风险提示、解决方案不当回事，在这种情况下，请再专业的律师团队也无济于事。

三、管理思维

所谓"专业"，都是建立在对局部领域的精深掌握基础上的，换言之，企业家和公司管理者们在解决公司危机或争议时，一方面要充分认识到法律人士的专业作用，另一方面也要深刻了解法律手段在解决问题上的有限性。这是因为：一则并不是所有问题都能通过法律手段进行解决；二则即便是可以通过法律手段解决问题，该手段也不一定是最合适的。基于此，当公司面临危机或争议时，企业家和公司管理者们固然要在第一时间借助法律专业人士运用底线思维和专业思维进行分析、判断，同时也要跳出法律思维的局限，发挥管理思维的比较优势，综合考虑经济、政治、文化、心理、社会关系、社会责任等各种管理资源、手段，以法律武器为保障，而不是解决问题的唯一手段或全部手段。实践中，不乏因过于强调法律手段而导致公司危机或争议扩大化、复杂化的例子，比如网上有一种声音，动辄把"跟我的律师谈"视为公司解决危机或争议的第一法则，事实上是很偏颇的。正确的做法是，在全面分析公司危机或争议背后的法律风险时，应当把法律专业人士的意见放在第一位；但在具体解决公司危机或争议时，法律手段往往又是最后适用的"压箱底"手段。

四、长线思维

古人有言,"明者远见于未萌,智者避危于无形"。面对纷繁复杂的现实世界,尤其是在变幻莫测的市场竞争环境中,企业家和公司管理者们要想完全实现对公司各种风险的精准预测,客观上是不可能的。但从公司法律风险与合规管理的角度审视,企业家和公司管理者们却不能浪费已经爆发的危机或争议的警示作用,即当公司在通过有效的法律风险与合规管理顺利解决某一特定的危机或争议后,不能仅仅停留在赢一时一件官司的自我陶醉层面,而应当具备"解剖麻雀"式的长线思维,透过已经打赢的官司,去总结、反思个案背后是否存在普遍性的问题,如相关的全流程法律风险与合规管理体系是否建立健全等,否则公司下次面临的可能就是一场失败的官司了。长线思维的前提是忧患意识,尤其是在公司局部问题爆发之后,企业家和公司管理者们更需要通过举一反三式的自查自纠,必要时还可以借助目前法律服务市场上已经屡见不鲜的企业法律风险体检等产品进行公司法律风险摸底,有的放矢地适时推动建立、落地公司危机和争议预防、解决之道。

后记：优化法治化营商环境与合规经营

优化营商环境已成为当下党和政府促进经济社会各方面全方位高质量发展的重要举措，而法治化是优化营商环境的基本方向。笔者在广东广信君达律师事务所带领的律师团队长期为不同行业、规模的国企、民企、外企等各类市场主体提供专业法律服务，笔者蒋利更有幸相继担任广州市律政营商环境研究院副秘书长、副院长，对包括世界银行、国家发展改革委等在内的营商环境评价指标体系也进行了较为深入而系统的研究。由于这些特殊的经历，让笔者逐渐开始思考，从降低公司等市场主体在市场竞争中的制度性交易成本角度考虑，除了党和政府自上而下地大力推动以外，是否可以从公司等企业自身的视角，让更多的闲置资金涌入市场，从而更好地释放公司等企业经济活力？比如，实践中有大量的公司涉及诉讼、仲裁或行政处罚、行政复议等案件，导致公司财产相当部分被查封、冻结而失去流动性，事实上让一大部分社会资金闲置在司法或行政执法程序中。这种资金的闲置，不仅影响公司自身做大做强，也是一种巨大的社会资源浪费。

因此，笔者基于所带领的律师团队近些年来的商事法律服务经验，同时借鉴企业合规理念，逐步将企业家本身不想打官司和企业少打官司有利于社会资金的高效利用双重视域相结合，萌生了"通过卓有成效的法律风险与合规管理，让公司不用打官司、不怕打官司"的理念。本书正是在这样一种初心的激励下，笔者经过近6年的持之以恒的努力创作的，力求覆盖公司从设立到终止的经营、管理全过程，让企业家们对公司全生命周期可能涉及的诉讼、仲裁或行政处罚、行政复议等风险防控，有一个相对体系化而又比较精准的认识。

市场经济本质上是法治经济，法治是最好的营商环境，公司是市场经济活动的主要参与者，企业家是企业的灵魂。我们坚信并期待，当越来越多的企业家聚焦在合法合规经营的基础上，最大程度地发挥企业资金的效用，既为个人和公司创造与传播最大价值，也为全社会、全国人民的整体福祉提升贡献更多智慧与力量的时候，我们所共同站立的地方——中国，将不可阻挡地迎来中华民族伟大复兴。律师作为中国特色社会主义法治工作队伍的重要角色，如能为这一理想中的法治化营商环境体系建设贡献绵薄之力，我们也将无比自豪。

本书作为笔者蒋利、陈小英筹划与主导的法律服务新业态丛书系列的第二本，主要由蒋利提出"商事法律管理筹划"和"让公司不用打官司、不怕打官司"的理念以及全书初步的构想和目录，由蒋利、陈小英共同商定理念内涵与全书目录，由蒋利、陈小英按照撰写分工共同进行第一轮和第三轮统稿，由蒋利负责第二轮、第四轮统稿和最终定稿。其中，第一章至第七章、第十一章、第十四章由陈小英执笔，第八章、第十五章由蒋利、陈小英共同执笔，第九章、第十章、第十二章、第十三章、第十六章由蒋利执笔。囿于笔者智识与能力所限，本书在一些方面难免有所疏漏甚至谬误，敬请读者诸君不吝惠赐教益，笔者当闻过则喜。

最后，特别感谢在本书撰写过程中，在工作方面予以参与和支持的律师团队同事们。在本书出版过程中，中国法治出版社编辑王佩琳女士、朱自文女士也给予了全程的专业指导，我们对此同样感铭于心。

诸君雅正。

是为跋。

蒋利　陈小英
2025 年 7 月于广州

图书在版编目（CIP）数据

公司全程法律风险与合规管理 / 陈小英，蒋利著. -- 北京：中国法治出版社，2025.8. -- ISBN 978-7-5216-5173-7

Ⅰ．D922.291.914

中国国家版本馆 CIP 数据核字第 2025HG1657 号

责任编辑　朱自文　　　　　　　　　　　　　封面设计　李　宁

公司全程法律风险与合规管理
GONGSI QUANCHENG FALÜ FENGXIAN YU HEGUI GUANLI

著者/陈小英，蒋利
经销/新华书店
印刷/保定市中画美凯印刷有限公司
开本/710 毫米×1000 毫米　16 开　　　　　　印张/ 18.5　字数/ 197 千
版次/2025 年 8 月第 1 版　　　　　　　　　　2025 年 8 月第 1 次印刷

中国法治出版社出版
书号 ISBN 978-7-5216-5173-7　　　　　　　　定价：69.00 元

北京市西城区西便门西里甲 16 号西便门办公区
邮政编码：100053　　　　　　　　　　　　　传真：010-63141600
网址：http://www.zgfzs.com　　　　　　　　 编辑部电话：010-63141836
市场营销部电话：010-63141612　　　　　　　 印务部电话：010-63141606

（如有印装质量问题，请与本社印务部联系。）